WOLFGANG F. ROTHE

Missbrauchte Kirche

Eine Abrechnung mit der katholischen Sexualmoral und ihren Verfechtern

Besuchen Sie uns im Internet:
www.droemer.de

Aus Verantwortung für die Umwelt hat sich die Verlagsgruppe Droemer Knaur zu einer nachhaltigen Buchproduktion verpflichtet. Der bewusste Umgang mit unseren Ressourcen, der Schutz unseres Klimas und der Natur gehören zu unseren obersten Unternehmenszielen. Gemeinsam mit unseren Partnern und Lieferanten setzen wir uns für eine klimaneutrale Buchproduktion ein, die den Erwerb von Klimazertifikaten zur Kompensation des CO_2-Ausstoßes einschließt. Weitere Informationen finden Sie unter: www.klimaneutralerverlag.de

Originalausgabe September 2021
© 2021 Droemer Verlag
Ein Imprint der Verlagsgruppe
Droemer Knaur GmbH & Co. KG, München
Alle Rechte vorbehalten. Das Werk darf – auch teilweise – nur mit Genehmigung des Verlags wiedergegeben werden.
Covergestaltung: Isabella Materne
Coverabbildung: Christian Kaufmann
Satz: Adobe InDesign im Verlag
Druck und Bindung: CPI books GmbH, Leck
ISBN 978-3-426-27869-7

2 4 5 3 1

Inhalt

VORWORT DES VERFASSERS 7

EINLEITUNG
»*Bei euch aber soll es nicht so sein*«   13

ERSTES KAPITEL
Unsäglicher Sex   27

Erster Exkurs:
Zur Bedeutung der kirchlichen Sexualmoral   41

ZWEITES KAPITEL
Wir Auserwählten   55

Zweiter Exkurs:
Zu Stellung und Aufgabe der Frauen in der Kirche   70

DRITTES KAPITEL
Römische Rituale   86

Dritter Exkurs:
Zur Frage der Unauflöslichkeit der Ehe   105

VIERTES KAPITEL
Mission impossible   117

Vierter Exkurs:
Zur Frage der Zölibatspflicht 137

FÜNFTES KAPITEL
In Schwulitäten 153

Fünfter Exkurs:
Zur Frage der Homosexualität 176

SECHSTES KAPITEL
Mit Macht 195

Sechster Exkurs:
Zum Missbrauchs- und Vertuschungsskandal 221

FAZIT
»Zur Freiheit hat uns Christus befreit« 239

NACHWORT VON DORIS REISINGER 255

DANK 261

VERZEICHNIS DER ZITIERTEN LITERATUR 263

Vorwort des Verfassers

Dieses Buch zu schreiben war eine Qual. Es gibt Erlebnisse und Erfahrungen, die so bitter und belastend sind, dass man sie am liebsten vergessen möchte. Man sehnt sich nicht nach Mitleid, nicht nach Genugtuung, nicht nach Wiedergutmachung, sondern einfach nur nach Ruhe. Man möchte so weiterleben wie zuvor und all das, was dazwischenkam, für immer beiseiteräumen. Man versucht, so zu tun, als hätte es diese Erlebnisse und Erfahrungen nie gegeben. Eine Zeit lang gelingt einem das auch, aber irgendwann ist alles wieder da, fällt mit aller Wucht, aller Macht und allem Schmerz über einen her. Ich wusste seit Langem, dass ich dieses Buch würde schreiben müssen – irgendwann einmal, in ferner Zukunft. Und dann war es plötzlich so weit, völlig ungeplant und doch nicht überraschend.

Dieses Buch zu schreiben war eine Qual, denn es setzte die schmerzliche Erkenntnis voraus, dass die heile katholische Welt, in der und für die ich früher zu leben glaubte, eine Illusion war. Spätestens seit dem Aufkommen des Missbrauchsskandals ist offenkundig, dass die Kirche weit davon entfernt ist, eine Oase des Heils inmitten einer vermeintlich unheilvollen Welt zu sein. Nach Einschätzung vieler bildet der Missbrauchsskandal eine tiefere Zäsur in der Kirchengeschichte als selbst die Reformation. Was zuvor, sofern überhaupt jemand wagte, darüber zu sprechen, als unvorstellbar und unglaublich abgetan wurde, konnte mit einem Mal von niemandem mehr bestritten werden.

Die Kirche selbst hat dafür gesorgt, dass nichts, wirklich nichts mehr unvorstellbar und unglaublich ist.

Dieses Buch zu schreiben war eine Qual, denn es setzte die noch schmerzlichere Erkenntnis voraus, dass Missbrauch nicht etwas ist, das von außen her in die Kirche eingedrungen wäre, das sie wie eine ansteckende Krankheit befallen, geschädigt und geschwächt hätte. Missbrauch in all seinen verschiedenen Formen ist vielmehr aus der Kirche selbst hervorgegangen, aus ihrem Selbstverständnis, ihrer Verfassung, ihren Strukturen. Missbrauch ist systemischen Ursprungs. Ungeachtet der individuellen Schuld jedes Missbrauchstäters trägt darum die Kirche als Ganze eine erhebliche Mitschuld. Aus dieser Mitschuld der Kirche aber erwächst die Mitverantwortung aller Kirchenmitglieder, nicht länger wegzusehen und zu schweigen, sondern sich der schmerzlichen Wahrheit zu stellen.

Dieses Buch zu schreiben war eine Qual, denn es setzte schließlich eine nochmals schmerzlichere Erkenntnis voraus – die Erkenntnis, dass Missbrauch nicht etwas ist, das irgendwo und irgendwann von irgendjemandem an irgendjemand anderem begangen wird, sondern dass jede und jeder hätte betroffen sein können, dass es jede und jeden treffen kann. Mir selbst und anderen gegenüber einzugestehen, dass auch ich von Missbrauch betroffen war (und für immer sein werde), fällt mir nach wie vor schwer. Niemand stellt sich gerne als Opfer dar, schon gar nicht als Opfer von Missbrauch. Künftig verhindert werden kann Missbrauch aber nur dann, wenn jede und jeder (nicht nur) in der Kirche erkennt, dass Missbrauch jede und jeden treffen kann und darum jede und jeden betrifft.

Dieses Buch zu schreiben war eine Qual, weil es eine Erkenntnis voraussetzte, die schmerzlicher kaum sein könnte – die Erkenntnis, dass ich als Katholik und umso mehr als katholischer Priester nach meiner Erfahrung selbst Teil eines Systems bin, in dem Missbrauch begünstigt, Missbrauch ignoriert und Missbrauch vertuscht wurde (und nach wie vor wird). Lange, viel zu lange wollte ich nicht wahrhaben, wie viel Unheil von diesem System ausgehen kann, von seiner unersättlichen Machtlust und Menschenverachtung, wie sie insbesondere in seiner lebensfremden Sexualmoral zum Ausdruck kommt. Viel zu lange habe ich dieses System kritiklos mitgetragen und dadurch Schuld auf mich geladen. Insofern war das Schreiben dieses Buchs auch so etwas wie ein Akt des Bekenntnisses, der Reue und der Buße.

Dieses Buch zu schreiben war aber nicht nur eine Qual, es war auch eine Befreiung – eine Befreiung vom Trugschluss, dass man, um ganz und richtig katholisch zu sein, die kirchliche Machtlust und Menschenverachtung, wie sie nicht zuletzt in der lehramtlichen Sexualmoral zum Ausdruck kommt, zumindest stillschweigend befürworten muss. Davon habe ich mich befreit. Nicht trotzdem, sondern gerade deswegen fühle ich mich nach wie vor katholisch, vielleicht sogar mehr denn je. Dieses Buch ist auch ein Appell oder besser: eine Einladung an alle Katholiken, insbesondere alle Priester, sich ebenfalls davon zu befreien, denn bei alledem handelt es sich – wie ich im Folgenden hoffe, deutlich machen zu können – um nichts anderes als ein Zerrbild dessen, was eigentlich katholisch ist.

Dieses Buch trägt autobiografische Züge, ist aber keine Autobiografie. Den Erlebnissen und Erfahrungen, von denen ich berichten werde, ist eines gemeinsam: Sie zeigen, wie bestimmte Personen, Kreise und Organisationen in der katholischen Kirche mithilfe der lehramtlichen Sexualmoral versuchen, Macht zu gewinnen, Macht auszuüben und diese Macht unter Umständen auch zu missbrauchen. Dabei tritt in den Hintergrund, dass durch solche Personen, Kreise und Organisationen selbstverständlich auch Gutes geschieht. Was in diesem Buch dargestellt wird, ist ein Aspekt ihres Daseins – ein entscheidender –, aber keineswegs das Ganze. Das sei um der Gerechtigkeit willen vorab ausdrücklich festgestellt und sollte im Folgenden stets mitbedacht werden.

In diesem Buch werden – und zwar sehr bewusst – Namen genannt. Zum einen war dies kaum anders möglich, da es sich bei vielen der erwähnten Personen um Persönlichkeiten des öffentlichen Lebens handelt. Zum anderen vermag die Nennung von Namen die Authentizität und Transparenz des Geschilderten zu erhöhen – ungeachtet der sich dadurch bietenden Angriffsflächen. Um eines objektiven Kriteriums willen werden die Namen aller Personen, über die ein eigener Wikipedia-Artikel existiert, mit ihrem wirklichen Namen genannt; alle anderen Namen wurden durch Pseudonyme ersetzt. In jedem Fall waren sowohl der Verfasser als auch der Verlag und seine Rechtsabteilung sehr darauf bedacht, die Persönlichkeitsrechte aller erwähnten Personen uneingeschränkt zu wahren.

Einige der in diesem Buch geschilderten Erlebnisse und Erfahrungen könnten auf Personen, die Ähnliches erlebt haben oder ähnliche Erfahrungen machen mussten, retraumatisierend wirken. Diesen Personen sei bei der Lektüre zu besonderer Vorsicht, unter Umständen auch zu Zurückhaltung oder gar Abstandnahme geraten. Auf Personen, denen vergleichbare Erlebnisse und Erfahrungen erspart geblieben sind, könnten manche Schilderungen ebenfalls verstörend wirken. Dass sich Verfasser und Verlag ungeachtet aller Bedenken entschlossen haben, die geschilderten Erlebnisse und Erfahrungen öffentlich zu machen, hat seinen Grund darin, dass Missstände nur dann überwunden werden können, wenn man bereit ist, der Wahrheit ins Auge zu sehen – so bitter und belastend sie auch sein mag.

Wolfgang F. Rothe
München, im Juni 2021

EINLEITUNG
»Bei euch aber soll es nicht so sein«

Es war im Herbst 2018, kurz nach Erscheinen der von der Deutschen Bischofskonferenz in Auftrag gegebenen Missbrauchsstudie, der sogenannten MHG-Studie, als eine Frau nach dem Sonntagsgottesdienst auf mich zukam und mit einiger Bitterkeit in der Stimme sagte: »Das mit der heiligen Kirche«, sie meinte damit die entsprechende Passage im Glaubensbekenntnis, »das könnten wir langsam mal lassen.« Um eines gleich zu Beginn deutlich zu machen: Die katholische Kirche ist nach meinen Erfahrungen eine Täterorganisation – genauer ausgedrückt: eine Missbrauchs- und Vertuschungstäterorganisation! Dass die katholische Kirche zu Recht so genannt werden kann, haben mittlerweile nicht nur Missbrauchsbetroffene, Betroffenenorganisationen und Fachleute, sondern sogar etliche Bischöfe eingeräumt.

Sie ist eine Täterorganisation zwar nicht in dem Sinn, dass sie von Missbrauchstätern zum Zweck des Missbrauchs gegründet wurde, und sie ist auch weit davon entfernt, eine Organisation zu sein, deren Mitglieder allesamt und ausnahmslos Missbrauchstäter wären. Sie ist aber sehr wohl eine Organisation, die Missbrauch über lange Zeit hinweg begünstigt, ignoriert und vertuscht hat, in der sich Missbrauchstäter nahezu ungehindert bewegen und behaupten konnten, von der Missbrauch achselzuckend hingenommen und dreist geleugnet wurde, in der Missbrauchstäter Deckung, Unterstützung und Schutz fanden.

Und sie ist eine Organisation, in der dies alles – allen gegenteiligen Beteuerungen und Bemühungen zum Trotz – weder überall noch zur Gänze der Vergangenheit angehört.

Die katholische Kirche ist eine Täterorganisation in dem Sinn, dass sich in ihr ein ganz eigenes Schema von Missbrauch herausbilden und verfestigen konnte. So mancher Missbrauch wäre ohne die katholische Kirche nicht begangen worden, weil er ohne sie nicht hätte begangen werden können. Dieses »spezifisch katholische Gepräge von Machtmissbrauch und sexueller Gewalt sowie deren Vertuschung« hat Matthias Remenyi und Thomas Schärtl zufolge systemische Ursachen, geht also unmittelbar auf die besonderen Gegebenheiten innerhalb der katholischen Kirche zurück, auf ihre Verfassung und Struktur, aber auch auf die ihr eigenen Regeln, Rituale und Reflexe: »Der Missbrauch in der katholischen Kirche hat (leider) ein spezifisch katholisches Gesicht.« (Einleitung, S. 10)

Die katholische Kirche ist eine Täterorganisation, weil sie Schuld oder zumindest eine erhebliche Mitschuld an nahezu jedem Missbrauch trägt, der von jemandem aus ihren Reihen und in ihrer Mitte begangen wurde. Bei anderen Organisationen ist das in der Regel nicht so: Ob ein Missbrauchstäter beispielsweise bei einer Bank arbeitet, sich in einem Trachtenverein engagiert oder Mitglied einer Partei ist, hat, wenn überhaupt, dann allenfalls mittelbaren Einfluss auf das Zustandekommen und den Hergang seiner Tat; er hätte sie höchstwahrscheinlich auch dann begangen, wenn er sein Gehalt in einem anderen Unternehmen verdienen, sich für einen anderen Verein begeistern oder einer anderen Partei angehören würde.

Hingegen ist die Zugehörigkeit des Täters zur katholischen Kirche fast immer, wenn jemand aus ihren Reihen und in ihrer Mitte Missbrauch begeht, für das Zustandekommen und den Hergang der Tat wesentlich, wenn nicht sogar ursächlich. Ein, wenn nicht der Grund dafür ist das – vorsichtig formuliert – ausgesprochen spezielle Verhältnis der katholischen Kirche zur Sexualität. Denn einerseits herrscht in der katholischen Kirche eine verbissene, beinahe neurotische Fixierung auf alles, was auch nur entfernt mit Sexualität zu tun hat, während andererseits alles Sexuelle auf eine nicht minder verbissene und neurotisch anmutende Weise tabuisiert, reglementiert und – im wahrsten Sinn des Wortes – verteufelt wird.

Beides zusammen – die Fixierung auf Sexualität in Verbindung mit ihrer gleichzeitigen Tabuisierung – ist der ideale Nährboden für Missbrauch. Dieser Nährboden ist aber keine natürliche Gegebenheit, den die katholische Kirche wohl oder übel beackern müsste. Sie hat ihn nicht vorgefunden, sondern bewusst und mit einiger Anstrengung angehäuft. Und damit seine ungesunde Fruchtbarkeit nur ja nicht verloren geht, bestreut sie ihn unablässig mit frischem Dünger. Denn auf diesem Nährboden gedeiht etwas, ohne das die katholische Kirche in ihrer derzeitigen Gestalt und Struktur meint nicht existieren zu können: Macht. Und um den Bestand und das Gedeihen ihrer Macht nur ja nicht zu gefährden, ist sie, ungeachtet mancher Symptombekämpfung, bereit, auch das Unkraut des Missbrauchs weiterhin wuchern zu lassen.

»Nahezu alle Machtbeziehungen, alle Intrigen und Erpressungen zumal, sind in der katholischen Kirche sexualisiert«, stellt Christiane Florin lapidar fest. (Trotzdem!, S. 12). Sie hat vollkommen recht. Sexualität ist schon für sich genommen ein altbewährtes und überaus verlässliches

Instrument der Manipulation, der Unterwerfung und der Kontrolle, der Machtergreifung, des Machtzuwachses und des Machterhalts. Die katholische Kirche hat dieses Machtinstrument schamlos für sich entdeckt und gewissenlos an sich gerissen. Und sie setzt es nicht nur hemmungslos ein, sondern hat seine Handhabung durch die gleichzeitige Tabuisierung sogar noch perfektioniert. Christiane Florin bringt es einmal mehr auf den Punkt: »Kein Sex – davon aber viel.« (Trotzdem!, S. 114)

Dass sich die katholische Kirche damit in ein unheilvolles Dilemma manövriert hat, scheint ihr nicht sonderlich viel auszumachen. Weder in ihrer Fixierung auf Sexualität noch in deren Tabuisierung kann sie sich, obwohl sie es absurderweise immer wieder versucht, auf Jesus von Nazareth berufen. Dieser hat zu Fragen der Sexualität, wenn überhaupt, dann nur widerwillig und ausweichend Stellung genommen. Er hat weder einen moralischen Ratgeber verfasst noch ein Sexualstrafrecht erlassen, sondern »ein Beispiel gegeben« (Joh 13,15). Dem Beispiel Jesu zu folgen hieße, tunlichst davon abzusehen, die legitimen sexuellen Vorlieben, Bedürfnisse und Handlungen anderer Menschen ermitteln, analysieren, bewerten, reglementieren oder gar unterdrücken zu wollen.

Schließlich ist auch über die sexuellen Vorlieben, Bedürfnisse und Aktivitäten von Jesus selbst nichts bekannt. Ob Jesus beispielsweise hetero-, homo- oder wie auch immer sexuell orientiert war, kann niemand wissen – und braucht auch niemand zu wissen, denn es ist vollkommen unerheblich. Worauf es ankommt, ist einzig und allein, dass Jesus, obwohl er »Gott gleich« war, »den Menschen gleich« (Phil 2,6–7) wurde. »Sein Leben war das eines Menschen« (Phil 2,7) – und dazu gehört eben auch die Sexualität, gehören sexuelle Vorlieben, sexuelle Bedürfnisse und, in welcher Form und welchem Umfang auch immer, sexuelle Handlungen. Das mag in manchen Ohren blasphemisch klingen, ist aber tatsächlich nichts anderes als ein unverzichtbarer Aspekt des Glaubens an die Menschwerdung Gottes.

Wenn man das Leben und die Botschaft Jesu zum Maßstab nimmt, ist die verbissene, beinahe neurotische Fixierung der katholischen Kirche auf alles, was auch nur entfernt mit Sexualität zu tun hat, ebenso wie deren gleichzeitige Tabuisierung schlichtweg unchristlich. Die katholische Sexualmoral mit all ihren Regeln, Restriktionen und Tabus ist aber keineswegs nur eine bedauernswerte Verkürzung der christlichen Liebesbotschaft, sondern sie pervertiert, verzweckt und missbraucht diese Botschaft. Und dadurch wird sie, zumindest mittelbar, selbst zum Auslöser und Antrieb von Missbrauch – und zwar keineswegs nur des explizit sexuellen. Denn wie Christiane Florin einmal mehr trefflich analysiert, besteht ein unmittelbarer »Zusammenhang zwischen Sexualmoral, Macht und Gewalt«. (Trotzdem!, S. 115)

Damit ist »das Böse«, nämlich der Missbrauch, »nicht von außen in die Kirche eingedrungen, und es beschmutzt sie auch nicht nur äußerlich«, wie Matthias Remenyi und Thomas Schärtl zu Recht feststellen. (Einleitung, S. 11) Es waren keine kirchenfeindlichen Mächte oder bösen Zeitgeister, die die Bestie des Missbrauchs gezeugt und großgezogen haben, sondern die Kirche selbst. Und solange diese Bestie Nahrung findet, wird sie sich von keinen Präventionsmaßnahmen oder Schutzkonzepten ein für alle Mal bändigen lassen; sie wird weiterhin zerstören, verletzen und töten. Denn ihre Nahrung ist die Angst – die

Angst, die mit einer alles durchdringenden, alles vergiftenden Sexualmoral unausweichlich einhergeht: die Angst vor Sünde und Verdammnis, die Angst vor Schande und Skandal.

Wenngleich immer weniger Katholiken die kirchliche Sexualmoral ernst nehmen, geschweige denn befolgen, gibt es sie nämlich noch: die frommen, gefügigen und sittenstrengen Katholiken. Man findet sie aber kaum noch in den herkömmlichen Pfarreien und Verbänden. Umso zahlreicher vertreten sind sie dafür in den sogenannten Neuen Geistlichen Bewegungen und Gemeinschaften sowie in ähnlich strukturierten Organisationen, denen zweierlei gemeinsam ist: Zum einen werden sie nicht müde, ihre Ergebenheit, ihre Treue und ihren Gehorsam gegenüber der Kirche und der kirchlichen Hierarchie zu beteuern, und zum anderen kommt der kirchlichen Sexualmoral in ihrer internen Doktrin und Spiritualität ein überdurchschnittlich hoher, wenn nicht sogar zentraler Stellenwert zu.

Infolge dessen haben diese Organisationen innerhalb der katholischen Kirche hohe Anerkennung, nahezu unbeschränktes Vertrauen und immense Macht erlangt – und es steht zu befürchten, dass es ihnen genau darum geht: um Macht. Denn sie verstehen sich als die Elite der Kirche, wenn nicht sogar, wie Wolfgang Beinert richtig beobachtet, als »die wahre, die eigentliche Kirche«. (Geleitwort, S. 12) Und tatsächlich liegen sie mit dieser Selbsteinschätzung gar nicht so falsch, denn mittlerweile sind sie es, die in der Kirche den Ton angeben. Womöglich hätte die katholische Kirche ihre rigide, lebensfremde und von zahlreichen wissenschaftlichen Erkenntnissen überholte Sexualmoral längst revidiert, wenn es nicht die gäbe, die sie darin bestärken, nur ja alles so zu belassen, wie es ist.

Wenn es aber stimmt, dass durch die offizielle kirchliche Sexualmoral Missbrauch, falls nicht verursacht, dann doch zumindest begünstigt wird, und wenn es außerdem stimmt, dass bestimmte kirchliche Organisationen maßgeblich dazu beitragen, dass die Kirche mit ihrer Sexualmoral in einer Art Zeitschleife festhängt, dann ist es dringend an der Zeit, das Übel an der Wurzel zu packen. Missbrauch geschieht nicht nur in der Kirche, Missbrauch geschieht auch an der Kirche! Die Kirche selbst, einschließlich ihrer ureigenen, auf Jesus Christus zurückgehenden, eigentlich frohen und befreienden Botschaft, wird von jenen Organisationen um ihres Machterhalts willen verzweckt, entwürdigt und missbraucht! Es ist darum an der Zeit, dass sich die missbrauchte Kirche zur Wehr setzt.

Zu dieser missbrauchten Kirche gehören nicht nur diejenigen, die Missbrauch – in welcher Form auch immer – am eigenen Leib erfahren haben. Zur missbrauchten Kirche gehören auch die zahllosen Gläubigen, die sich ungeachtet der offiziellen kirchlichen Sexualmoral weder in ihrem Glauben beirren lassen noch von der Kirche abwenden, dazu gehören die gar nicht so wenigen Seelsorgerinnen und Seelsorger, die nicht müde werden, die frohe und frei machende Botschaft des Evangeliums zu verkünden, dazu gehören die Bischöfe, die entgegen ihrer kirchenrechtlichen Pflicht davon absehen, solche Seelsorgerinnen und Seelsorger zu maßregeln, und dazu gehört vielleicht sogar der amtierende Papst.

Insofern ist der viel zitierten und nicht minder viel kritisierten Metapher des Hildesheimer Bischofs Heiner Wilmer, wonach »der Missbrauch von Macht« gleichsam »in der DNA der Kirche« stecke, tatsächlich nur bedingt zuzustimmen: Der Missbrauch von Macht steckt nicht im Erbgut der Kirche selbst, sehr wohl aber im Erbgut bestimmter kirchlicher Organisationen. Das Erbgut der Kirche ist nämlich nichts anderes als das Beispiel und die Botschaft von Jesus Christus, der jeglichem Streben nach Macht eine unmissverständliche Abfuhr erteilt hat: »Ihr wisst, dass die, die als Herrscher gelten, ihre Völker unterdrücken und ihre Großen ihre Macht gegen sie gebrauchen. Bei euch aber soll es nicht so sein.« (Mk 10,42f.)

Dennoch ist es so – nicht überall in der Kirche, aber eben in bestimmten kirchlichen Organisationen. Das weiß jeder, der die Macht solcher Organisationen schon mal zu spüren bekommen hat – sei es nun positiv, indem er davon profitiert hat, sei es negativ, indem er Blessuren, Verletzungen und Narben davongetragen hat. Ich bin so jemand. Ich habe selbst erlebt, über welche Macht solche Organisationen verfügen. Ich habe auf die Macht solcher Organisationen gesetzt und ich habe erfahren, wie hoch der Preis ist, den sie dafür verlangen. Ich habe die Macht solcher Organisationen in Anspruch genommen und ich habe geglaubt, keine Gegenleistung erbringen zu müssen. Ich wähnte mich von ihrer Macht beschützt und habe mich eben dadurch angreifbar gemacht. Und dafür schäme ich mich.

Ich schäme mich dafür, dass ich mich von den Kulissen der scheinbar heilen und heiligen, ach so katholischen Welt jener Organisationen habe täuschen lassen, bis diese Kulissen krachend über mir zusammengebrochen sind. Ich schäme mich dafür, so manche Anzeichen und Indizien nicht gesehen zu haben, weil ich sie nicht habe sehen wollen. Und ich schäme mich dafür, denen nicht zugehört zu haben, die mich hätten warnen wollen. Was ich selbst erlebt und, zumindest teilweise, mitverschuldet habe, kann ich nicht wiedergutmachen. Aber ich kann davon berichten – zur Warnung für alle, die ebenfalls in der Gefahr stehen, von der Macht jener Organisationen profitieren zu wollen, sich durch deren Macht korrumpieren zu lassen, sich deren Macht zu unterwerfen.

Denn »in diesen neuen geistlichen Gemeinschaften gibt es all das, was in der Weltkirche und in den alten Gemeinschaften in Gefahr zu sein scheint«, warnen Doris Reisinger und Christoph Röhl: »Es gibt eine große und immer weiter wachsende Zahl junger Priester und Ordensfrauen. Es gibt absolute Treue zur kirchlichen Lehre«, »es gibt Eheleute, die fünf, sieben, zehn und mehr Kinder haben«, und »es gibt Jugendliche, die feierlich Enthaltsamkeit bis zur Ehe geloben.« (Nur die Wahrheit rettet, S. 121) Gleichwohl komme ich aufgrund meiner Erfahrungen mit einigen dieser Organisationen nicht umhin, mich der Warnung von Doris Reisinger und Christoph Röhl anzuschließen, dass es sich bei ihnen letztlich um eine »Herde trojanischer Pferde« handelt. (Nur die Wahrheit rettet, S. 151)

Die Einblicke, die ich gewonnen habe und von denen ich mich verpflichtet fühle zu berichten, sind weder das Ergebnis einer investigativen Recherche noch einer systematischen Studie. Sie sind biografisch bedingt und können von daher weder verallgemeinert werden noch den Anspruch auf Vollständigkeit erheben. Eines aber sind sie: authentisch. Was ich erlebt habe und was mir passiert ist, hätten viele andere ebenso erleben und hätte vielen anderen auch passieren können. Und wie ich mittlerweile weiß, ist das, was ich zu berichten habe, beileibe nicht so ungewöhnlich und unglaublich, wie ich selbst über lange Zeit hinweg gemeint habe: Was ich erlebt habe, haben andere – wenn auch unter anderen Umständen – ebenso erlebt, was mir passiert ist, ist auch anderen passiert.

Die Einblicke, die ich gewonnen habe und von denen ich mich verpflichtet fühle zu berichten, sind – das muss ich aufrichtigerweise vorausschicken – fast durchweg Einblicke eines Außenstehenden. Ich habe die Organisationen aber immerhin gut genug kennengelernt, um aus eigener Erfahrung berichten zu können. Somit handelt es sich nicht um die beiläufigen und dementsprechend unscharfen Eindrücke eines Fernstehenden, sondern um Nahansichten: Ich war immerhin nah genug dran, um mir mehr als nur die Finger zu verbrennen. Gleichwohl handelt es sich durchweg um Momentaufnahmen, denn ich habe mich – vielleicht aus einer Art intuitivem Selbstschutz heraus – nie dazu hinreißen lassen, längere Zeit im unmittelbaren Einflussbereich jener Organisationen zu verbringen.

Es ist mir nicht leichtgefallen, diese Einblicke und Erfahrungen aufzuschreiben; noch weitaus schwerer fällt es mir, sie nun öffentlich zu machen. Mir ist durchaus bewusst, dass ich mich damit weit aus dem Fenster lehne und bei denen, die mich einst als ihren Parteigänger betrachtet haben – und die ich umgekehrt für meine Freunde und Verbündeten hielt –, einiges an Enttäuschung, Verärgerung und Wut hervorrufen werde. Ihrerseits wird man das, was ich zu berichten habe, womöglich zu ignorieren, zu verdrängen und totzuschweigen versuchen. Oder man wird versuchen, es als Übertreibung, Lüge oder plumpe Retourkutsche abzutun. Es könnte sogar dazu kommen, dass man versuchen wird, mir den Mund zu verbieten oder mich zum Widerruf zu zwingen.

Damit muss ich rechnen und damit rechne ich. In jedem Fall habe ich nichts Gutes davon zu erwarten, dass ich meine Einblicke und Erfahrungen öffentlich mache – zumindest nicht für mich selbst. Dennoch muss ich es tun – und zwar auch und gerade um meiner selbst willen: Ich muss es tun, um mein Gewissen zu erleichtern. Denn ich habe Schuld auf mich geladen. Ich habe Schuld auf mich geladen, indem ich Missbrauch begünstigt habe. Und ich habe Missbrauch begünstigt, indem ich eine Täterorganisation, nämlich die katholische Kirche, über lange, zu lange Zeit hinweg unkritisch mitgetragen, unterstützt und verteidigt habe. Ich habe Missbrauch begünstigt, indem ich den missbrauchsbegünstigenden Moralismus der Kirche stillschweigend gebilligt und verteidigt habe.

Dass ich dies wider besseres Wissen und Empfinden getan habe, macht die Sache nicht besser. Ich war nämlich niemals selbst ein Moralist. Ich habe die moralistische Doktrin der Kirche niemals aktiv vertreten und niemals verbreitet. Ich habe niemals über Sexualität gepredigt, niemals gegen die Pille, außerehelichen Sex oder Ehescheidung gewettert, niemals Homosexuelle geschmäht oder diskriminiert, niemals schwangere Frauen, die sich, aus welchen Gründen auch immer, zur Abtreibung entschieden haben, unter Druck gesetzt oder verurteilt. Aber ich habe geschwiegen, wenn andere dies taten, und ich habe es schweigend hingenommen, dass sie sich dabei auf die offizielle Lehre der katholischen Kirche berufen konnten. Und wer schweigt, der stimmt nun einmal zu.

Und wer der kirchlichen Sexualmoral zustimmt – egal, ob lauthals oder schweigend –, der stimmt einer Doktrin zu, die nicht nur weithin unmenschlich und unzeitgemäß ist, sondern auch gefährlich, weil sie nur allzu leicht missbraucht werden kann und von der Kirche, näherhin von bestimmten kirchlichen Organisationen, möglicherweise auch aus ebendiesem Grund bewahrt und bekräftigt wird. Wer aber schweigt, wenn Missbrauch begünstigt, Missbrauch begangen und Missbrauch vertuscht wird, der stimmt nicht nur zu, der macht sich auch mitschuldig. Wer schweigt, macht mit den Tätern gemeinsame Sache, macht sich zum Komplizen, wird zum Mittäter. Wer schweigt, treibt gutgläubige, arglos fromme und folgsame Menschen in die Fänge von Missbrauchstätern.

In Anbetracht dessen kann und will ich nicht länger schweigen. In Anbetracht dessen stellt sich aber auch die Frage, warum ich mich nicht längst von der katholischen Kirche losgesagt habe – und ich habe mir diese Frage wahrlich oft genug selbst gestellt. Die Frage ist umso berechtigter, als ich nicht nur katholisch, sondern auch katholischer Priester und als solcher tätig bin. Die Antwort auf diese Frage mag überraschen: Ich bin nach wie vor gern katholisch und nach wie vor gern als katholischer Priester tätig. Auch auf die Gefahr hin, pathetisch zu klingen, komme ich nicht umhin zu sagen: Ich liebe die katholische Kirche – genauer ausgedrückt: Ich liebe sie trotz allem, was mich an ihr befremdet, trotz allem, was ich an ihr kritisiere, trotz allem, was mich gegen sie aufbringt.

Es gibt so vieles, das ich an der katholischen Kirche liebe, dass ich es einfach nicht über mich bringe, all das einfach so aufzugeben. Ich liebe die Kraft ihrer Spiritualität, die Kontinuität ihrer Geschichte, die Vielfalt ihrer Traditionen, die Virtuosität ihrer Rituale und den Reichtum an Kunst und Kultur, den sie hervorgebracht hat. Was mich bleiben lässt, ist aber keineswegs nur Liebe, es ist auch ein gewisser Trotz. Ich will die Kirche einfach nicht den machtgeilen Moralisten und ihren Organisationen überlassen. Denn es ist auch meine Kirche, die sie an sich gerissen haben, die sie nach ihren Vorstellungen umformen, die sie für ihre Zwecke missbrauchen. Mit dem Titel eines Buchs von Daniel Bogner sage auch ich: »Ihr macht uns die Kirche kaputt ... doch wir lassen das nicht zu!«

Ich schreibe dieses Buch also nicht, obwohl ich Katholik und Priester bin. Ich schreibe es, weil ich Katholik und Priester bin. Ich schreibe es, weil ich die Kirche liebe und mich um sie sorge. Dabei geht es mir allerdings weniger um die Kirche als Institution. Eine Institution wie die katholische Kirche, die Organisationen herangezüchtet hat und groß werden ließ, in denen Machtgier, Moralismus und Missbrauch zum Kerngeschäft gehören – eine solche Institution hat es weder verdient, dass man sie liebt, noch dass man sich um sie sorgt. Worum es mir geht, sind vielmehr meine katholischen Glaubensgeschwister, sind die zahllosen gutgläubigen Menschen, die unter dem wachsenden Einfluss jener Organisationen leiden oder gar Gefahr laufen, in deren Fänge zu geraten.

Zahlreiche Missbrauchsskandale auch und gerade in solchen moralistisch geprägten Organisationen haben deren Machtbasis allerdings brüchig werden lassen. »Vor dem Hintergrund des hohen, inzwischen weit über alle gesellschaftlich nachvollziehbaren Normen hinausschießenden Ideals, das das Lehramt der katholischen Kirche im Bereich der Sexualmoral durch rigorose Verbote und eine theologische Überhöhung der Liebe aufgerichtet hat und aufrechterhält, fällt der Sturz gerade ihrer Elite«, wie Stephan Ernst richtig beobachtet, »besonders tief, fatal und peinlich aus.« (Sexueller Missbrauch, S. 127) Umso mehr gehören zusammen mit der kirchlichen Sexualmoral auch jene elitären Organisationen auf den Prüfstand gestellt, die zu ihren eifrigsten und unbeirrbarsten Verfechtern zählen.

Eben dazu hoffe ich mit diesem Buch beizutragen. Anhand eigener Erlebnisse werde ich versuchen aufzuzeigen, welchen Machtanspruch jene Organisationen erheben, über welche Machtfülle sie innerhalb der Kirche verfügen, wie sie vorgehen, um ihre Macht nicht nur zu wahren, sondern stetig auszuweiten, und wie sie ihre Macht missbrauchen. Mit Doris Wagner erwarte ich »nicht ernsthaft, dass diese Gemeinschaften sich besinnen oder dass die Kirche diesen Gruppen ihre Unterstützung entzieht«. (Nicht mehr ich, S. 10) Wenn es allerdings gelänge, die kirchliche Sexualmoral aus der von jenen Organisationen mitverschuldeten Überhöhung und Tabuisierung zu befreien, verlören sie mit einem Schlag ihr wichtigstes Machtinstrument – und damit womöglich ihre Existenzgrundlage.

ERSTES KAPITEL
Unsäglicher Sex

Wenn man wie ich in den Siebzigerjahren des 20. Jahrhunderts im Grenzgebiet zwischen dem streng katholisch geprägten Sauerland und dem kaum weniger streng protestantisch geprägten Nordhessen aufgewachsen ist, lagen die Achtundsechziger nicht in der jüngeren Vergangenheit, sondern in einer fernen Zukunft. Auch wenn damals die Schwarz-Weiß-Fernseher nach und nach durch Farbfernseher ersetzt wurden, waren in Sachen Sexualität nicht einmal Grautöne vorstellbar: Ehescheidung galt als Kapitalverbrechen, außereheliche Beziehungen nannte man Techtelmechtel, und Homosexuelle waren vom anderen Ufer – wobei dieses andere Ufer mindestens so weit entfernt war wie die amerikanische Küste. Über solch schmuddelige Dinge sprach man aber, wenn überhaupt, dann ohnehin nur im Flüsterton.

Nur im Flüsterton sprachen manche Leute über meine Großmutter. Sie war die beste Großmutter, die man sich nur vorstellen konnte: sparsam und großzügig, fleißig und klug, fürsorglich und fromm. Doch in den Augen mancher Leute hatte sie einen Makel – einen Makel namens Heinrich. Onkel Heinrich, wie er gewöhnlich genannt wurde, starb nicht lange nach meiner Geburt. Im Sommer gehörte es zu meinen Aufgaben, die Blumen auf seinem stets liebevoll gepflegten Grab zu gießen. Dass wir ein eigenes Haus hatten und es uns auch sonst vergleichsweise gut ging, verdankten wir nicht zuletzt ihm. Erst viele Jahre später kam ich darauf, wer Onkel Heinrich eigentlich gewesen war: der Lebensgefährte meiner Großmutter. Offen darüber gesprochen wurde nie.

Ich dürfte ungefähr sieben oder acht Jahre alt gewesen sein, als ich meine Mutter eines Tages fragte, wie es eigentlich kommt, dass manche Frauen und Männer zusammen ein Kind kriegen. Meine Mutter war gerade dabei, das Ehebett neu zu beziehen; ich stand in der Schlafzimmertür und schaute ihr nachdenklich zu. Es dauerte eine ganze Weile, bis ich eine Antwort bekam; meine Mutter musste offenbar erst überlegen, was sie mir antworten sollte. »Das kommt«, sagte sie schließlich, ohne mich dabei anzusehen, »wenn ein Mann und eine Frau sich sehr lieb haben.« Mehr erfuhr ich damals nicht; ich fragte auch nicht weiter nach, denn ich spürte, dass ihr die Frage irgendwie unangenehm war. Sie wusste zweifellos, dass ihre Antwort nur die halbe Wahrheit war. Für die ganze Wahrheit aber fehlten ihr die Worte.

Anfang der Achtzigerjahre machte ich mit meiner Familie Urlaub in der Schweiz. Eines Nachmittags schlenderten wir durch Zürich, als mein Vater plötzlich meine Mutter mit dem Ellbogen anstieß und flüsterte: »Guck mal – einer vom anderen Ufer!« Meine Mutter schaute betreten auf die Gestalt, die uns da mit ausladenden Schritten und wogendem Hintern entgegenkam, und sagte gar nichts. Es war ein Mann, zweifellos. Doch er war geschminkt, trug eine weit geschnittene Hose und ein blusenartiges Oberteil; in seiner Armbeuge schwang eine Handtasche. So also sehen sie aus, die »vom anderen Ufer«, dachte ich mir, denn ich hatte den eigentlich nur für meine Mutter bestimmten Hinweis meines Vaters sehr wohl mitbekommen. Ich war ebenso verblüfft wie fasziniert.

In den Schulbüchern für den Biologieunterricht fanden sich damals durchaus ein paar Seiten, auf denen die körperlichen Unterschiede von Frau und Mann sowie die menschliche Fortpflanzung thematisiert wurden. Um das Interesse der Schüler aber nicht allzu sehr auf diese Seiten zu lenken, gab es dort nur wenige Fotos. Geschlechtsorgane und Fortpflanzungsakt wurden lediglich durch Zeichnungen veranschaulicht. Ich kann mich nicht erinnern, dass diese Seiten je im Unterricht behandelt wurden. In den Pausen hingegen fanden sie lebhaftes Interesse. Größeres Interesse noch fand das abgegriffene Pornoheft, das ein älterer Schüler einmal mitgebracht hatte und stolz herumzeigte. Es wurde gierig beäugt, während die Münder der Betrachter sprachlos offen standen.

Ungeachtet all dieser Sprachlosigkeit hat auch meine Generation früher oder später – wenn später, dann zumindest nicht zu spät – erfahren, was Sexualität ist, welchen Zweck Sexualität erfüllt und wie Sexualität funktioniert. Sie hat die damit verbundenen Eigenschaften, Empfindungen, Eindrücke, Erkenntnisse, Enttäuschungen und Erschütterungen kennengelernt und – in welcher Form und welchem Umfang auch immer – erlebt. Und obwohl es für bestimmte Personen und Personenmehrheiten, darunter vor allem die Angehörigen sexueller Minderheiten, gewiss nicht immer leicht und mitunter sogar leidvoll war, ihr Leben unter solchen Umständen zu leben, hatte die damals herrschende Sprachlosigkeit in Bezug auf alles, was auch nur entfernt mit Sexualität zu tun hatte, auch ihr Gutes.

Dieselbe Sprachlosigkeit herrschte damals nämlich auch in der Kirche – zumindest dort, wo ich Kirche erlebt habe. Nach fast drei Jahrzehnten seelsorglichen Wirkens in meiner Heimatgemeinde starb 1976 unser Pastor, wie man im

Sauerland den katholischen Pfarrer zu nennen pflegt. (Wobei das Wort nicht auf dem a, sondern auf dem o betont wird.) Er wurde ebenso geachtet wie gefürchtet, denn er war nicht minder volksnah wie autoritär. Er war auf beinahe kindliche Weise fromm, pflegte einen äußerst bescheidenen Lebensstil und hatte ein großes Herz für Arme, Kranke und die damals noch so genannten Gastarbeiter. In religiösen Fragen hingegen war er extrem konservativ, bestimmend und unerbittlich. Ungeachtet seines Hangs zu Disziplin und Strenge war er jedoch kein Moralist.

In seinen ebenso stimm- wie wortgewaltigen Predigten, denen er durch wohldosierte Faustschläge auf die Kanzelbrüstung größtmöglichen Nachdruck zu verleihen pflegte, ging es um Gott, Glaube, Gebet und Gottesdienst; aus dem, was hinter den Schlafzimmertüren seiner Gemeindemitglieder vor sich ging, hielt er sich hingegen tunlichst heraus. Es konnte zwar durchaus vorkommen, dass er den allgemeinen Sittenverfall beklagte, sich über die Zunahme von Ehescheidungen aufregte oder seine Gemeindemitglieder aufforderte, bei der nächsten Wahl für eine Partei zu stimmen, die christliche Wertvorstellungen verträte. Begriffe wie »Sex«, »(Antibaby-)Pille« oder »Pariser« – wie man damals das Kondom zu nennen pflegte – wären ihm aber niemals über die Lippen gekommen.

Damit gehörte er zu einer aussterbenden Generation – auch und gerade innerhalb der Geistlichkeit. Es wurde in jenen Jahren nämlich immer mehr üblich, dass Geistliche öffentlich, und zwar auch im Rahmen von Predigt und Katechese, zu Fragen der Sexualität und der kirchlichen Sexualmoral Stellung bezogen. Während die einen gegen die Zölibatspflicht, das Pillenverbot und den Ausschluss wiederverheirateter Geschiedener von den Sakramenten wetterten – um nur ein paar Beispiele zu nennen –, meinten die anderen, dies alles umso vehementer verteidigen zu müssen. Was vorher, wenn überhaupt, dann nur hinter vorgehaltener Hand vermittelt und diskutiert worden war, rückte mit einem Mal ins Zentrum des kirchlichen Interesses und der kirchlichen Verkündigung.

Damit wurde der Sexualmoral – und zwar von progressiver ebenso wie von konservativer Seite – mit einem Mal eine Bedeutung zugesprochen, die sie in der Kirche nie zuvor innegehabt hatte. Beide Seiten blieben sich dabei nichts schuldig; sie schaukelten sich gegenseitig hoch und entfesselten dadurch eine regelrechte Sexualisierung von Theologie und kirchlichem Leben. Doch es sollte noch schlimmer kommen: Unter Johannes Paul II., der 1978 zum Papst gewählt wurde und dieses Amt über ein Vierteljahrhundert ausüben sollte, stieg die kirchliche Sexualmoral mit einem Mal zum Kennzeichen des Katholischen schlechthin auf: Katholisch sein bemaß sich plötzlich vor allem am Bekenntnis zu den jüngeren päpstlichen Lehraussagen in Sachen Sexualmoral.

Dazu trug vor allem die von Papst Johannes Paul II. ebenso enthusiastisch wie exzessiv entfaltete »Theologie des Leibes« bei. Im Rahmen der gewöhnlich jeden Mittwoch stattfindenden Generalaudienzen hielt der Papst zwischen 1979 und 1984 nicht weniger als 133 Katechesen, in denen er sich eine ganzheitliche Sicht des menschlichen Daseins zu entwerfen bemühte – angefangen von der Gottesebenbildlichkeit des Menschen über die menschliche Beziehungsfähigkeit und -bedürftigkeit bis hin zu einzelnen Aspekten der Sexualität und des Sexuallebens. In letzter Konsequenz ist die »Theologie des Leibes« ziemlich unverhohlen darauf angelegt, der Ausübung menschlicher

Sexualität einen einzigen legitimen Ort zuzuweisen: die nach kirchlichem Verständnis gültige Ehe.

Man wird Johannes Paul II. gewiss zugutehalten können, dass es seine ehrliche Absicht war, die seinerzeit außerhalb der Kirche längst überwundene, innerkirchlich aber weiter fortbestehende Beklemmung und Sprachlosigkeit in Bezug auf alles, was mit Sexualität zu tun hatte, zu überwinden und den Menschen zu sagen: »Die Kirche meint es gut mit uns! Sie will mit ihrer Moral vor Verletzungen schützen! Es geht nicht um Verbote, es geht um die Liebe im göttlichen Heilsplan«, wie Christiane Florin seine Absicht wohlwollend zusammenfasst; wer allerdings »weiblich, homosexuell, unglücklich verheiratet oder wiederverheiratet geschieden sein sollte, spürt« in der lehramtlichen Sexualmoral »wenig Heil und viel Plan, wenig Liebe und viel Machtanspruch.« (Trotzdem!, S. 111)

Ich selbst hatte Glück. Obwohl ich in einem überwiegend, aber keineswegs komplett katholisch geprägten Umfeld aufgewachsen bin, habe ich von den damals innerhalb der Kirche aufbrechenden und mit zunehmender Erbitterung geführten Kontroversen um Sexualität und Sexualmoral so gut wie nichts mitbekommen. Wie Christiane Florin »bin ich körperlich und seelisch einigermaßen heil durch diese Jugend im katholischen Milieu gekommen, weil ich die detailreichen Anweisungen zum korrekten Gebrauch der Geschlechtsorgane nur aus den Augenwinkeln wahrgenommen habe«. (Trotzdem!, S. 106) In meinem Fall habe ich das vor allem jenem Priester zu verdanken, der von 1977 an mein Heimatpfarrer war und mich wie kaum eine andere Persönlichkeit geprägt hat.

Dass Pastor Hirmer in unsere kleine, abgelegene Gemeinde kam, war vor allem seiner angeschlagenen Gesundheit geschuldet. Eigentlich war er für diesen Posten überqualifiziert: Er war hochgebildet, umfassend belesen, kannte sich in Geschichte und Kunstgeschichte fast ebenso gut aus wie in Philosophie und Theologie, beherrschte Latein, als wäre es seine Muttersprache, und war auch des Griechischen weit über das unter Theologen übliche Maß hinaus mächtig. In seinen Predigten bot er, ohne seine Zuhörerinnen und Zuhörer inhaltlich oder sprachlich zu überfordern, regelmäßig tiefe Einblicke in das Leben und Denken von Kirchenvätern und Heiligen und vermittelte – nicht zuletzt auch durch sein persönliches Beispiel – eine ebenso gediegene wie nüchterne Spiritualität.

Als er seinen Posten antrat, war er gerade einmal siebenunddreißig Jahre alt – ein junger, moderner Geistlicher also, wie ich damals dachte. Anders als sein Vorgänger feierte er die Messe nämlich nicht mehr ausnahmslos auf Latein, sondern lediglich, und selbst dann nur teilweise, zu besonderen Anlässen. Dass andernorts überhaupt keine Gottesdienste auf Latein gefeiert wurden, weil viele Geistliche den Gebrauch der lateinischen Liturgiesprache – anders als vom Zweiten Vatikanischen Konzil gewünscht – generell ablehnten, wusste ich nicht. Anders als sein Vorgänger stieg unser neuer, junger Pastor auch nur mehr ausnahmsweise auf die Kanzel; stattdessen predigte er gewöhnlich vom Ambo aus. Dass die Kanzel andernorts, genauso wie das Latein, als No-Go galt, war mir ebenfalls nicht bekannt.

Wenige Wochen nachdem Pastor Hirmer die Leitung meiner Heimatpfarrei übernommen hatte, ging ich zur Erstkommunion und wurde anschließend Messdiener. Messdiener nannte man in meiner Heimat die Ministranten – und damals gab es bei uns tatsächlich nur Ministranten, keine Ministrantinnen. Anders als in den meisten anderen Pfarreien sollte das auch noch lange, nämlich noch fast drei Jahrzehnte, so bleiben. Pastor Hirmer sah keine Notwendigkeit, daran etwas zu ändern. Dementsprechend wurden auch die Ausstattung und der Schmuck der zur Pfarrei gehörenden Kirchen und Kapellen im Unterschied zu vielen anderen Orten nicht reduziert, sondern sorgsam gepflegt, wenn nicht sogar bereichert. Und was verwendbar war, blieb selbstverständlich in Verwendung.

Ich könnte noch etliche andere Beispiele anführen, um aufzuzeigen, dass in meiner Heimatpfarrei eine religiöse Geisteshaltung herrschte, die man im Vergleich zu den meisten anderen Pfarreien als traditionell, und zwar als unverkrampft traditionell bezeichnen könnte. Dessen war ich mir allerdings nicht bewusst. Das, was ich in meiner Heimatpfarrei erlebte, war für mich alltäglich, war normal, war nicht nur richtig, sondern vorbildlich. Denn Pastor Hirmer war mein Vorbild; was er sagte und tat, war der Maßstab, nach dem ich alles andere beurteilte, selbst meine Eltern. Ich habe viel von ihm gelernt, unter anderem Respekt und Wertschätzung gegenüber dem, was Menschen früherer Generationen geglaubt, gedacht und geschaffen haben. Und dafür bin ich ihm bis heute dankbar.

Im Lauf der Jahre wurde ich de facto so etwas wie ein Oberministrant, auch wenn es diese Aufgabe und diesen Titel bei uns nicht gab. Jedenfalls habe ich Ministrantenstunden gehalten und den jeweils neuen Ministranten das Ministrieren beigebracht. Dass ich beim Üben mit den Jüngeren ganz selbstverständlich die Rolle des Priesters einnehmen konnte, erfüllte mich mit heimlichem Stolz, fühlte sich richtig und passend an. Denn längst war mir klar, was ich einmal werden wollte: dasselbe wie Pastor

Hirmer. Ich wollte Priester werden! Ich wollte ein Priester werden, wie Pastor Hirmer einer war! Darum ahmte ich ihn, wenn ich mit den angehenden Ministranten übte, auch ganz unwillkürlich bis in die Wortwahl und Gestik hinein nach.

Ob Pastor Hirmer geahnt hat, dass ich Priester werden wollte, weiß ich nicht. Wenn ja, hat er sich zumindest nichts anmerken lassen. Denn weder hat er mir zur damaligen Zeit besondere Aufmerksamkeit zugewandt, noch mich in irgendeiner Weise in meinem Berufswunsch bestärkt, geschweige denn bedrängt. Dennoch hatte ich mit der Zeit immer öfters mit ihm zu tun, denn ich nahm nicht nur häufig und gern am Gottesdienst teil, sondern wurde auch Lektor – ein Dienst, den Pastor Hirmer in unserer Pfarrei neu eingeführt hatte – sowie Aushilfsküster. So verbrachte ich immer mehr Zeit in und mit der Kirche, die dadurch zunehmend zum Zentrum meines Lebens wurde. Kirche war für mich alles: Lebensinhalt und Daseinszweck, Zufluchtsort, Sehnsuchtsziel, Seelenheimat.

Als ich 1988 in Würzburg das Theologiestudium aufnahm, geriet meine heile katholische Welt jedoch unvermittelt ins Wanken. Ich erinnere mich noch gut an meine allererste Vorlesung, gehalten vom Professor für biblische Einleitung und biblische Hilfswissenschaften, Karlheinz Müller. Er begann diese Vorlesung mit einer ebenso überraschenden wie klaren Ansage: »Meine Aufgabe ist es«, erklärte er mit Nachdruck, »Ihren Kinderglauben zu destruieren!« Diese Worte schockierten mich, empörten mich, verletzten mich: Gewiss, ich war begierig darauf, mehr über meinen Glauben zu erfahren; ich war nur allzu bereit, mir meinen Kinderglauben erweitern und vertiefen zu lassen. Aber mir das, was ich bisher geglaubt hatte,

»destruieren«, also kaputt machen und wegnehmen zu lassen – das wollte ich keinesfalls!

Doch es sollte noch ärger kommen: Wenige Wochen später, am 6. Januar 1989, wurde die sogenannte Kölner Erklärung veröffentlicht. Deren Unterzeichner, allesamt Theologieprofessorinnen und -professoren, traten darin »wider die Entmündigung« und »für eine offene Katholizität« ein. Konkret beklagten sie den zunehmend autoritären Leitungsstil von Papst Johannes Paul II., wie er sich vor allem in der Ernennung lehramtstreuer Bischöfe, der Disziplinierung lehramtskritischer Theologen und einer Ausweitung der päpstlichen Lehrautorität manifestiere. Als Beispiel für das letzte der drei genannten Problemfelder wurde die zunehmend »intensive Fixierung des päpstlichen Lehramts« auf das kirchliche Nein zur sogenannten Antibabypille angeführt.

Ich war völlig verunsichert. Innerkirchliche Konflikte dieser Art waren mir absolut fremd, überforderten mich. Auf einmal musste ich mich mit Themen befassen, die mit meinem Glauben, zumindest meiner bisherigen Erfahrung nach, wenn überhaupt, dann nur am Rand zu tun hatten. Nie war in meiner Familie über kirchliche Reizthemen wie umstrittene Bischofsernennungen oder die kirchliche Sexualmoral gesprochen, geschweige denn diskutiert worden. Nie hatte ich Pastor Hirmer über solche Themen predigen gehört. Mit einem Mal aber sprachen und diskutierten alle um mich herum darüber – und zwar sowohl jene, die die dazu ergangenen römischen Machtworte vehement infrage stellten, als auch jene, die sie nicht minder vehement verteidigten.

Ich begann mich umzuschauen, suchte Orientierung und Halt, suchte nach einem religiösen Umfeld, in dem ich mich – wie in meiner Heimatpfarrei – zu Hause fühlen konnte. All dies fand ich in einer Gruppe von Studentinnen und Studenten, die ich – wo auch sonst – in der Kirche kennenlernte, wo sie mir durch bestimmte, mir aus meiner Heimatpfarrei vertraute, ansonsten aber eher unübliche Frömmigkeitsformen aufgefallen waren. Die meisten von ihnen waren weiblichen Geschlechts, etwas älter als ich und absolvierten ein Lehramtsstudium. Da wir uns auf Anhieb verstanden, luden sie mich zu ihren monatlichen Gebetstreffen in der Kapelle eines kirchlichen Studentenwohnheims ein. Ich nahm die Einladung nur allzu gerne an – glücklich darüber, endlich Gleichgesinnte gefunden zu haben.

Die Gebetstreffen, von denen ich mich fortan keines zu versäumen bemühte, folgten stets demselben Ablauf: Den Auftakt bildete eine Stunde stiller Anbetung vor dem in der Monstranz ausgesetzten Allerheiligsten. Währenddessen bestand die (von den etwa zehn bis fünfzehn Anwesenden eifrig genutzte) Möglichkeit, bei dem Priester, der das Gebetstreffen leitete, zu beichten. Die daran anschließende Messfeier wurde von einigen musikalisch begabten Studentinnen gewöhnlich durch mehrstimmigen Gesang verschönert. Den Abschluss bildeten ein geistlicher Vortrag des anwesenden Priesters sowie ein gemütliches Beisammensein, bei dem die mitgebrachten Speisen und Getränke verzehrt wurden. Ich fühlte mich, menschlich wie religiös, verstanden und geborgen.

Geleitet wurden die Gebetstreffen von zwei Priestern, und zwar im monatlichen Wechsel: Entweder reiste aus Bamberg der Inhaber des dortigen Lehrstuhls für Dogmatik, Prof. Dr. Johannes Stöhr, an oder ein gewisser P. Richard Pühringer. Beide Priester, hatten mich die Studentinnen und Studenten wissen lassen, als sie mich erstmals zu einem ihrer Gebetstreffen einluden, seien »gut« und »richtig« katholisch. Die Unterscheidung zwischen guten und weniger guten sowie richtigen und falschen Katholiken oder katholischen Priestern war mir zwar neu, doch verstand ich, was damit gemeint war. Dass die beiden Priester, ebenso wie die meisten der Studentinnen und Studenten selbst, zwei mir damals gänzlich unbekannten kirchlichen Organisationen angehörten, wusste ich zunächst nicht.

Prof. Stöhr war, wie mir einige Zeit später hinter vorgehaltener Hand erzählt wurde, nicht nur Diözesanpriester, sondern auch Mitglied des Opus Dei, näherhin Mitglied der dem Opus Dei angegliederten Priesterlichen Gesellschaft vom Heiligen Kreuz. Dabei handelt es sich um eine Organisation für Diözesanpriester, deren Ziel nach eigenem Bekunden darin besteht, ihre Mitglieder im Streben nach Heiligkeit zu unterstützen. Wer sich der Priesterlichen Gesellschaft vom Heiligen Kreuz anschließt, bleibt zwar dem Bischof der Diözese unterstellt, für die er geweiht wurde beziehungsweise in der er tätig ist, orientiert sich ansonsten aber sowohl in der Ausübung seines priesterlichen Dienstes als auch in seiner Lebensführung an der Spiritualität und Disziplin des Opus Dei.

Weit weniger geheimnisumwittert als die Zugehörigkeit von Prof. Stöhr zum Opus Dei – er sprach von sich aus nie darüber und gab, wenn man ihn danach fragte, eher ausweichende Antworten – war das Engagement von P. Richard in der Katholischen Pfadfinderschaft Europas. Dabei handelt es sich um eine in der Tradition des Pfadfindertums stehende Erziehungs- und Jugendorganisation, die als Gegenbewegung zu den etablierten katholischen

Pfadfinderorganisationen in Deutschland entstanden ist. In ihrer Erziehungsarbeit hält die Katholische Pfadfinderschaft Europas an den klassischen pfadfinderischen Prinzipien und Methoden fest, legt großen Wert auf die Vermittlung von Glaubensinhalten und praktiziert eine strikte Geschlechtertrennung.

Äußerlich betrachtet hätten die beiden Priester unterschiedlicher kaum sein können: Prof. Stöhr habe ich als asketische, elegante und würdevolle Erscheinung in Erinnerung, wenngleich er immer ein wenig nervös und gehetzt wirkte. Die massige Gestalt von P. Richard hingegen strahlte nach meinem Empfinden Gemütsruhe und Gelassenheit ebenso wie Willenskraft und eine gewisse Abgebrühtheit aus. Dessen ungeachtet gab es zwischen den beiden auch manche Gemeinsamkeit: nicht nur, dass sie stets in tiefes Schwarz gekleidet waren und alle gottesdienstlichen Feiern mit sichtlicher Ehrfurcht und Ergriffenheit vollzogen, sondern auch, dass sie ganz in ihrem Priestersein aufgingen. Insofern entsprachen beide dem Priesterbild, das ich von klein auf kannte, das mir Vertrauen und Verlässlichkeit vermittelte.

Es gab aber noch eine weitere Gemeinsamkeit zwischen den beiden – eine, die mir zwar etwas eigenartig vorkam, die aber beide für so selbstverständlich und bedeutsam zu halten schienen, dass sie wohl unbedingt dazugehören musste: Beide sprachen, zumindest nach meinem Empfinden, nicht nur sehr häufig, sondern auch sehr ausführlich über Sexualität, näherhin über die kirchliche Sexualmoral. Von Sexualität (oder gar Sex) war dabei allerdings nie ausdrücklich – oder wenn ausnahmsweise doch einmal, dann nur mit gesenkter Stimme – die Rede. Das Stichwort, das sowohl Prof. Stöhr als auch P. Richard stattdessen zu verwenden pflegten und das beide übereinstimmend als Schlüsselwort für ein gottgefälliges Leben anzusehen schienen, lautete vielmehr: Keuschheit.

Dieses Wort sollte ich in den folgenden Jahren noch unzählige Male und bei vielerlei Gelegenheiten zu hören bekommen. Es war mir zwar bekannt, aber nicht geläufig. Dennoch habe ich mich schließlich daran gewöhnt, ohne es allerdings Eingang in meinen eigenen Wortschatz und Sprachgebrauch finden zu lassen. Erst sehr viel später erkannte ich, dass sich hinter diesem Wort eine ganz eigene Gedanken- und Glaubenswelt, eine Ideologie, ein komplettes religiös verbrämtes Manipulations-, Unterdrückungs- und Kontrollsystem verbarg! Denn dieses Wort bietet die Möglichkeit, sich mit Sexualität zu befassen, über Sexualität zu sprechen, sich und andere auf Sexualität zu fixieren, ohne die damit zumindest innerhalb der Kirche verbundene Tabuisierung aufgeben zu müssen!

Unbewusst habe ich damals, und zwar für mich selbst wie für andere, akzeptiert: Um ein »guter«, ein »richtiger« Katholik zu sein, musste man – und zwar immer, uneingeschränkt und ausnahmslos – gegen Abtreibung eintreten, außerehelichen Sex verdammen, künstliche Empfängnisverhütung ablehnen, Ehescheidung und Wiederheirat verabscheuen sowie, keineswegs zuletzt, Homosexualität ächten. Um ein »guter« und »richtiger« Katholik zu sein, musste man, und zwar ohne Wenn und Aber, die kirchliche Sexualmoral bejahen und ein dementsprechendes Leben führen. Um ein »guter« und »richtiger« Katholik zu sein, musste man bereit sein, sich in Bezug auf seine Sexualität manipulieren, unterdrücken und kontrollieren zu lassen. Ich hatte den Köder geschluckt.

Erster Exkurs:
Zur Bedeutung der kirchlichen Sexualmoral

Indem ich dieses Buch schreibe, tue ich etwas, das der Absicht, die ich damit verfolge, eigentlich komplett zuwiderläuft: Um aufzeigen zu können, wie sehr bestimmte Personen und Organisationen in der katholischen Kirche auf alles fixiert sind, was mit Sexualität zu tun hat, komme ich nicht umhin zu schildern, welche Bedeutung Sexualität, näherhin die katholische Sexualmoral, in den Worten und Taten dieser Personen und Organisationen de facto einnimmt. Ich werde mich also in diesem Buch intensiv mit der Bedeutung und Beantwortung sexualmoralischer Fragen auseinandersetzen müssen. Mit Büchern über Sexualität ist es aber wie mit Büchern übers Essen: Je ausführlicher, ausgefeilter und anspruchsvoller die Rezepte sind, desto schneller vergeht einem der Appetit.

Ich hoffe natürlich, dass das mit diesem Buch anders sein wird. Diese Hoffnung gründet in der Tatsache, dass ich nur vordergründig über Sexualität und die katholische Sexualmoral schreibe; eigentlich geht es nämlich um etwas ganz anderes, nämlich um den ganzen Rest – um all das, was weitaus tiefer in der biblischen Offenbarung und der kirchlichen Tradition verwurzelt ist als die derzeitige lehramtliche Sexualmoral, aber mittlerweile sowohl innerhalb der Kirche als auch in ihrer Außenwahrnehmung unter ferner liefen läuft. Viele Menschen sehen die Kirche nur mehr als moralische Regulierungs- und Aufsichtsbehörde – und zwar als eine Behörde, die nicht einmal ihr eigenes Personal im Griff hat. Dabei könnte – und sollte – es eigentlich ganz anders sein.

Margaret A. Farley weist zu Recht darauf hin, dass das Christentum »nicht mit einem systematischen ethischen Kodex« begonnen hat: »Die Lehren von Jesus und seinen Jüngern, wie sie im Neuen Testament aufgezeichnet sind, sehen einen Schwerpunkt für das moralische Leben von Christen in dem Gebot, Gott und den Nächsten zu lieben.« (Verdammter Sex, S. 55) Wenn Jesus der biblischen Überlieferung zufolge zu sexualmoralischen Fragen Stellung bezogen hat, dann immer nur dann, wenn ihm eine entsprechende Frage gestellt wurde – und selbst in solchen Fällen auch nur, wenn er kaum anders konnte, weil man ihn bedrängte oder auf die Probe stellte. Seinen Antworten auf solche Fragen merkt man durchweg an, dass er sie nur widerwillig gegeben hat; sie wirken barsch und bleiben vage.

Bekanntestes und bestes Beispiel ist der biblische Bericht über Jesus und die Ehebrecherin. Obwohl der Bericht als Tatsache voraussetzt, dass die namenlose Frau Ehebruch begangen hat, ignoriert Jesus die provokante Frage ihrer Ankläger, was er dazu zu sagen habe. Vielmehr vollzieht er, als sie hartnäckig weiterbohren, einen kompletten Perspektivwechsel. Anstatt die Frau mit ihrer vermeintlichen Schuld zu konfrontieren, konfrontiert er ihre Ankläger mit deren vermeintlicher moralischer Überlegenheit: »Wer von euch ohne Sünde ist, werfe als Erster einen Stein auf sie.« (Joh 8,7) Nachdem sich die Ankläger einer nach dem anderen beschämt davongemacht haben, sagt Jesus zu der Frau: »Auch ich verurteile dich nicht. Geh und sündige von jetzt an nicht mehr!« (Joh 8,11)

Aus dem zuletzt zitierten Satz geht unmissverständlich

hervor, dass Jesus die der Frau zur Last gelegte Tat, also den von ihren Anklägern als bewiesen behaupteten und von ihr selbst nicht in Abrede gestellten Ehebruch, weder im Allgemeinen gutgeheißen noch im konkreten Fall zu rechtfertigen versucht hat. Jesus bezeichnet ihr Tun ausdrücklich als Sünde, das heißt als eine mit dem Willen Gottes unvereinbare und somit unmoralische Tat. Trotzdem verurteilt er sie nicht, das heißt, er lehnt es ab, über sie zu richten, geschweige denn, ihre Bestrafung zu verlangen. Er fordert sie lediglich auf, ihre Tat zu überdenken und nicht zu wiederholen, wobei seine Worte weniger nach einer autoritativen Belehrung oder Anweisung denn nach einer wohlmeinenden Orientierungshilfe klingen.

Exakt dieselbe Haltung legt Jesus gegenüber ihren Anklägern, den Schriftgelehrten und Pharisäern, an den Tag: Auch ihnen macht er, was leicht übersehen wird, weder Vorwürfe noch verurteilt er sie. Er bringt sie lediglich zum Nachdenken über ihr Tun und schafft es so, sie innehalten und von ihrem Vorhaben absehen zu lassen. Dabei trägt er, wie Margaret A. Farley aufzeigt, »nur ein Argument vor: Wir sind alle Sünder, die Steine auf eigene Gefahr werfen«. (Verdammter Sex, S. 208) Verurteilt wird in dieser Konstellation keine Person – weder Ankläger noch Angeklagte –, verurteilt wird lediglich eine Haltung: nämlich die vermeintliche moralische Überlegenheit, die auf Selbsttäuschung beruhende Selbstgerechtigkeit und Selbstgefälligkeit – kurz: der Moralismus.

Tatsächlich steht der Moralismus in krassem Widerspruch zum biblischen Gebot der Gottes- und Nächstenliebe: Denn der Moralist erniedrigt nicht nur andere Menschen, er erniedrigt auch Gott, indem er sich selbst quasi göttliche Zuständigkeit und Autorität anmaßt. Dasselbe gilt für die Kirche, näherhin jene Theologen und kirchlichen Amtsträger, die meinen, aus der Bibel eine zeitlos und allgemein gütige Sexualmoral ableiten zu können. Demgegenüber macht Margaret A. Farley deutlich, dass man in der Bibel »keinen systematischen Kodex der Sexualethik« finden kann, »sondern nur gelegentliche Antworten auf bestimmte Fragen in bestimmten Situationen«. (Verdammter Sex, S. 206–207) Eine zeitlos und allgemeingültige biblische Sexualmoral gibt es nicht.

Ähnlich ist es mit der kirchlichen, näherhin der theologischen und lehramtlichen Tradition: Auch in ihr gibt es keine einheitliche, durchgängige, unveränderte und unveränderliche Sexualmoral. »Wie in anderen religiösen und kulturellen Traditionen sind die christlichen Lehren zur Sexualität komplex«, erläutert einmal mehr Margaret A. Farley: »Sie wurden von unterschiedlichster Seite beeinflusst und haben sich über Generationen hinweg gewandelt und weiterentwickelt.« (Verdammter Sex, S. 55) Wenn es in der kirchlichen Sexualmoral überhaupt eine nahezu durchgängige Tradition gibt, dann allenfalls die, dass sie – zumindest bis in die jüngere Gegenwart hinein – stets eine Randerscheinung sowohl in den theologischen Debatten als auch in der lehramtlichen Verkündigung bildete.

Um demgegenüber eine vermeintlich überragende, wenn nicht sogar entscheidende Bedeutung der aktuellen lehramtlichen Sexualmoral zu belegen, wird von ihren Befürwortern regelmäßig auf bestimmte, ohne Zweifel bedeutende Theologen und Kirchenlehrer verwiesen, die sich in ihren Werken ebenso ausführlich wie detailliert zu den entsprechenden Fragen geäußert haben. Die in diesem Zusammenhang am häufigsten, wenn nicht sogar ausschließlich genannten Namen sind die des heiligen Augustinus und des heiligen Thomas von Aquin. Allerdings hat jeder der beiden ein derart umfangreiches Schrifttum hinterlassen, dass die darin enthaltenen Ausführungen zu Fragen der Sexualmoral aufs Ganze gesehen doch wieder nur eine Randerscheinung bilden.

Im Blick auf die lehramtliche Verkündigung bietet sich ein ganz ähnliches Bild: Die ältesten allgemein verbindlichen Dokumente des kirchlichen Lehramts, in denen Fragen aus dem Gebiet der Sexualmoral nicht nur beiläufig oder zur Klärung eines ganz konkreten Sachverhalts, sondern grundsätzlich und umfassend thematisiert wurden, sind die Dekrete des Konzils von Trient über das Sakrament der Ehe und die Reform der kirchlichen Eheschließungsform, die am 11. November 1563 beschlossen wurden. Zuvor ist die Kirche also gut 1500 Jahre ohne eine erschöpfende lehramtlich definierte Ehedoktrin ausgekommen – um von den zahlreichen anderen Fragen aus dem Gebiet von Sexualität und Sexualmoral einmal ganz zu schweigen.

Auf die Veröffentlichung von päpstlichen Enzykliken, in denen es hauptsächlich oder zur Gänze um Sexualmoral geht, mussten Kirche und Welt sogar noch länger warten: Die ältesten Dokumente dieser Art stammen aus dem 19. Jahrhundert und behandeln ebenfalls Fragen um Ehe und Eheschließung; Sexualität und eheliches Zusammenleben werden darin allerdings, wenn überhaupt, dann nur am Rand thematisiert. Ebenfalls vom 19. Jahrhundert an begannen sich die Päpste mit zunehmender Häufigkeit und Leidenschaft zum priesterlichen Zölibat zu äußern. Zwar hatten ihre Vorgänger schon seit dem Mittelalter immer wieder über die mangelnde Zölibatsdisziplin des Klerus geklagt – offenbar mit mäßigem Erfolg –, auf den Versuch einer systematischen theologischen und spirituellen Begründung des Zölibats aber weitgehend verzichtet.

Zu einer regelrechten Sexualisierung der lehramtlichen Verkündigung kam es im 20. Jahrhundert. Am 31. Dezember 1930 veröffentlichte Papst Pius XI. die erste Moralenzyklika, die diesen Namen wirklich verdient; »Casti conubii« heißt sie nach ihren Anfangsworten. Darin kommt ein Papst erstmals so richtig zur Sache, indem er nicht nur, wie seine Vorgänger, gegen sogenannte Mischehen und Ehescheidung wettert, sondern auch Abtreibung, jede Form einer Emanzipation der Frau über die Rolle von Hausfrau und Mutter hinaus sowie den sogenannten Ehemissbrauch verdammt. Unter Ehemissbrauch versteht der Papst jedweden ehelichen Akt, »der durch die Willkür der Menschen seiner Kraft zur Weckung neuen Lebens beraubt wird«, also die absichtliche Empfängnisverhütung.

Auch zum Zölibat äußerte sich Pius XI. ebenso ausführlich wie leidenschaftlich, und zwar in seiner Enzyklika »Ad catholici sacerdotii« vom 20. Dezember 1935. Dass die Einführung des Pflichtzölibats, wie Hubert Wolf aufgezeigt hat, ursprünglich und hauptsächlich durch »ökonomische Interessen« (Zölibat, S. 55) begründet war, weil man auf diese Weise verhindern wollte, dass Priester die ihnen anvertrauten kirchlichen Besitztümer an ihre Nachkommen vererben, verschweigt der Papst. Stattdessen begründet er den Zölibat vor allem mit der – wie er sogar ausdrücklich zugibt – ursprünglich heidnischen Vorstellung, dass ein Priester, dessen Amt »in gewisser Hinsicht selbst jenes der reinsten Geister überragt«, »möglichst wie ein reiner Geist leben muss«.

Papst Pius XII. legte noch einmal ordentlich nach: In seinem Apostolischen Schreiben »Menti nostrae« über die

Heiligkeit des Priesterlebens vom 23. September 1950 beklagte er wortgewaltig den allgemeinen Sittenverfall und warnte die Priester vor der »heutzutage allzu zwanglos gewordenen Beziehung zwischen beiden Geschlechtern« – wohlgemerkt: im Jahr 1950! Am 25. März 1954, als die berüchtigten Fünfzigerjahre gerade ihrem Höhepunkt zusteuerten, warnte er in seiner Enzyklika »Sacra Virginitas« Eltern, Lehrer und Erzieher davor, »unschuldige Knaben und Mädchen in die Geheimnisse des Werdens des menschlichen Lebens einzuführen auf eine Weise, die ihre Schamhaftigkeit verletzt«, und die Jugend »vor verdächtiger Vertraulichkeit mit Personen des anderen Geschlechtes«.

In den Sechzigerjahren geriet der lehramtliche Vormarsch in die Schlafzimmer der Gläubigen kurzfristig ins Stolpern. In seiner Enzyklika »Pacem in terris« vom 11. April 1963 begrüßte Papst Johannes XXIII., dass Frauen aufgrund zunehmender Emanzipation »sowohl im häuslichen Leben wie im Staat jene Rechte und Pflichten in Anspruch« nehmen, »die der Würde der menschlichen Person entsprechen«. Und das Zweite Vatikanische Konzil wagte es sogar, in seiner am 7. Dezember 1965 verabschiedeten Pastoralkonstitution »Gaudium et spes« den Eheleuten zuzugestehen, in »christlicher Verantwortlichkeit« selbst über die Zahl ihrer Kinder zu entscheiden – ohne allerdings »in der Geburtenregelung Wege zu beschreiten, die das Lehramt in Auslegung des göttlichen Gesetzes verwirft«.

Da das Zweite Vatikanische Konzil ausdrücklich davon abgesehen hatte, bestimmte Methoden der Geburtenregelung zu erlauben oder zu verwerfen, sah sich diesbezüglich Papst Paul VI. in die Pflicht genommen. Am 25. Juli 1968 veröffentlichte er die Enzyklika »Humanae vitae«, die als »Pillenenzyklika« in die Geschichte eingegangen ist. Darin erklärte er jede Handlung für »verwerflich, die entweder in Voraussicht oder während des Vollzugs des ehelichen Aktes oder im Anschluss an ihn beim Ablauf seiner natürlichen Auswirkungen darauf abstellt, die Fortpflanzung zu verhindern, sei es als Ziel, sei es als Mittel zum Ziel« – kurz: Er verwarf jede Form künstlicher Empfängnisverhütung. Jetzt war es also so weit: Das kirchliche Lehramt war im katholischen Schlafzimmer angekommen!

Die überwiegende Mehrheit selbst der loyalsten und engagiertesten Katholiken beförderte es allerdings unversehens wieder nach draußen und schlug ihm die Schlafzimmertür mit einem Knall vor der Nase zu, der bis heute nachhallt! »Humanae vitae« blieb bezeichnenderweise die letzte Enzyklika Pauls VI., obwohl er noch ein volles Jahrzehnt als Papst amtierte. Auf untergeordneter Ebene schritt die Sexualisierung der lehramtlichen Verkündigung aber weiter fort: So veröffentlichte die Kongregation für die Glaubenslehre am 29. Dezember 1975 eine mit den Worten »Persona humana« beginnende Erklärung, in der jedweder außereheliche Geschlechtsverkehr, Selbstbefriedigung sowie homosexuelle Handlungen als »Missbräuche der Geschlechtskraft« verdammt wurden.

Unter Papst Johannes Paul II. erreichte die lehramtliche Sexualisierung ihren bisherigen (und schwerlich überbietbaren) Höhepunkt. Denn es gibt so gut wie kein Thema aus dem Gebiet der Sexualmoral, zu dem sich der frühere Professor für Moraltheologie in seinem über 26 Jahre dauernden Pontifikat nicht geäußert hätte. Während er in seiner Enzyklika »Veritatis splendor« vom 6. August 1993 über einige grundlegende Fragen der kirchlichen Morallehre »eine globale und systematische Infragestellung der sittlichen Lehrüberlieferung« ausmacht, beklagt er in der vom

25. März 1995 datierenden Enzyklika »Evangelium vitae« sogar eine regelrechte »Verschwörung gegen das Leben«, die unter anderem in einer sich ausbreitenden »Verhütungsmentalität« sichtbar werde.

Besondere Bedeutung unter den zahlreichen Äußerungen von Papst Johannes Paul II. zur Sexualmoral kommt dem am 11. Oktober 1992 approbierten »Katechismus der katholischen Kirche« zu. Dieser ist nämlich ebenso als Kompendium des Glaubens wie der Moral (einschließlich der Sexualmoral) angelegt. Dem Kapitel über das sechste der Zehn Gebote zufolge sind sexuelle Handlungen, wenig überraschend, ausschließlich zwischen einem Mann und einer Frau statthaft, die in einer nach kirchlichem Verständnis gültigen Ehe leben. Als moralisch unzulässig gelten demgegenüber sowohl Pornografie, Prostitution und Vergewaltigung als auch Selbstbefriedigung, künstliche Empfängnisverhütung, außerehelicher Sex, Ehescheidung sowie nicht zuletzt auch homosexuelle Handlungen.

Papst Benedikt XVI. befasste sich mit der kirchlichen Sexualmoral gleich in seiner ersten, vom 25. Dezember 2005 datierenden Enzyklika »Deus caritas est«. Auf die rhetorische Frage, ob »uns die Kirche mit ihren Geboten und Verboten nicht das Schönste im Leben«, nämlich den Sex, vergälle, antwortet er, dass die sexuelle Begierde einen Weg »der Verzichte, der Reinigungen und Heilungen« beschreiten müsse, um wahrhaft menschlich und moralisch zu werden. Worin diese Verzichte, Reinigungen und Heilungen bestehen, führt Benedikt XVI. erstaunlicherweise nicht näher aus – was aber auch kaum notwendig ist, da er als Präfekt der Kongregation für die Glaubenslehre an den zahlreichen sexualmoralischen Verlautbarungen seines Vorgängers maßgeblich mitbeteiligt war.

Seit dem Amtsantritt von Papst Franziskus ist es um die kirchliche Sexualmoral – zumindest was lehramtliche Verlautbarungen anbelangt – erheblich stiller geworden als unter seinen Vorgängern. Das liegt zweifellos an einer gewissen Abneigung des Papstes, sich mit den Schlafzimmergewohnheiten anderer Leute zu befassen, dürfte aber auch mit dem Missbrauchsskandal zu tun haben, der die Glaubwürdigkeit nicht nur, aber im Besonderen der katholischen Kirche in den letzten Jahren bis in die Fundamente erschüttert hat. Doch mit verschämtem Schweigen ist es nicht getan: Der von Wunibald Müller klar benannte »Zusammenhang zwischen dem hohen Vorkommen sexualisierter Gewalt im Kontext der Kirche und ihrer Sexuallehre« (Aus dem Dunkeln ans Licht gebracht, S. 165) schreit nämlich zum Himmel!

Durchbrochen wurde das beredte Schweigen des amtierenden Papstes in Sachen Sexualmoral lediglich durch ein »Responsum« der Kongregation für die Glaubenslehre vom 22. Februar 2021, in dem die fiktive Frage, ob homosexuelle Paare von der Kirche gesegnet werden können, mit einem donnernden Nein abgeschmettert wurde. Auch wenn es nicht vom Papst selbst verfasst wurde, hat dieses Schreiben für einige Irritationen gesorgt. Schließlich hatte der Papst die Frage, was er einem Homosexuellen sagen würde, 2013 mit einer berühmt gewordenen Gegenfrage beantwortet: »Wer bin ich, ihn zu verurteilen?« 2020 hatte er sogar dafür plädiert, Homosexuellen eine staatlich anerkannte Partnerschaft zu ermöglichen: »Homosexuelle haben das Recht, in einer Familie zu leben.«

Wie ist das Nein der Glaubenskongregation zur Segnung homosexueller Paare mit diesen und ähnlichen Äußerungen vereinbar? Die Antwort findet man im »Responsum«

selbst. Damit Entscheidungen kurialer Behörden und Einrichtungen Rechtskraft erlangen, bedürfen sie der päpstlichen Approbation. Dementsprechend konnte man unter Dokumenten dieser Art bis dato immer lesen, der amtierende Papst habe es approbiert und seine Veröffentlichung angeordnet. Beim »Responsum« zur Segnung homosexueller Paare wurde die seit alters her übliche Formel erstmals verändert: Dort steht nicht, dass der Papst das Dokument approbiert hätte, sondern nur, dass er darüber informiert worden sei; auch habe er dessen Veröffentlichung nicht angeordnet, sondern lediglich gutgeheißen.

Über etwas informiert worden zu sein ist nicht dasselbe wie es gutgeheißen zu haben; und etwas gutzuheißen ist nicht dasselbe wie es anzuordnen. In beiden Fällen ist es weniger. Die amtlichen italienischen und englischen Fassungen des Dokuments geben sogar noch weniger her: Ihnen zufolge habe der Papst die Veröffentlichung nicht gutgeheißen, sondern ihr lediglich zugestimmt. Und damit kann man die Sache drehen und wenden, wie man will: Dem Dokument fehlt eine ausdrückliche Approbation durch den Papst, womit dessen Rechtskraft zumindest fraglich ist. Hat die Glaubenskongregation am Ende vielleicht versucht, den Papst über den Tisch zu ziehen? Und hat der Papst das Spiel durchschaut und seinerseits der Glaubenskongregation ein Schnippchen geschlagen?

So erfreulich die ansonsten von Papst Franziskus geübte Zurückhaltung in Sachen Sexualität und Sexualmoral auch sein mag – jetzt, nach dem Offenbarwerden des Missbrauchsskandals, wäre es feige und fatal, so zu tun, als hätte es all die lebensfernen und lebensverachtenden lehramtlichen Aussagen, die so viel Unheil ermöglicht, wenn nicht sogar (mit-)verursacht haben, nie gegeben. Denn das Gegenteil ist der Fall: Sie sind nach wie vor in der Welt und beanspruchen nach wie vor Geltung. Allein durch Verschweigen verschwinden sie nicht. Um die verheerenden Folgen, die sie in der Vergangenheit verursacht haben, in der Zukunft zu vermeiden, müssten sie entweder ausdrücklich widerrufen oder durch andere, angemessenere lehramtliche Aussagen ersetzt werden.

Sofern die derzeitige lehramtliche Zurückhaltung in Sachen Sexualmoral mehr ist als nur ein taktisches Manöver, um vom – zumindest punktuellen – Zusammenhang zwischen der kirchlichen Sexualmoral und dem Missbrauchsskandal abzulenken, könnte diese Zurückhaltung aber durchaus ein Schritt in die richtige Richtung sein. Denn genau das ist es, was kirchlicherseits zu tun wäre, wenn man nicht auch noch den letzten Rest an Glaubwürdigkeit aufs Spiel setzen will: Zurückhaltung üben! Immerhin hat selbst Papst Benedikt XVI., und das sogar noch zu seiner Zeit als Präfekt der Kongregation für die Glaubenslehre, zugegeben, dass in Sachen Sexualmoral vonseiten des kirchlichen Lehramts womöglich »zu viel und vieles zu oft gesagt worden« ist. (Salz der Erde, S. 182)

Eine Art lehramtliches Moratorium wäre also durchaus eine Möglichkeit, um der kirchlichen Sexualmoral die Bedeutung zurückzugeben, die ihr zukommt – keine geringere, aber eben auch keine größere. Margaret A. Farley hat nämlich vollkommen recht: »In der westlichen Kultur, zumindest in ihrer christlichen Prägung, hat es die ständige Tendenz gegeben, der Sexualmoral eine zu große Bedeutung zuzumessen. Das Sexuelle hat den moralischen Schwerpunkt ganzer Generationen von Menschen eingenommen. Alles Sexuelle wird als ›moralisch‹ oder ›unmoralisch‹ angesehen. ›Moral‹ wird oft beinahe auf ›sexuelle

Moral‹ reduziert.« (Verdammter Sex, S. 26–27) Und die Kirche hat in erheblichem, wenn nicht sogar entscheidendem Maß zu dieser unheilvollen Entwicklung beigetragen.

Dabei hat die Kirche, näherhin das kirchliche Lehramt, den Bogen allerdings weit überspannt: Zum einen hat es die christliche Moral zu einer kleinlichen »Geschlechtsverkehrsordnung« erniedrigt – um eine spitze, aber treffliche Begriffsschöpfung von Christiane Florin aufzugreifen (Trotzdem!, S. 172) –, zum anderen eben diese Sexualmoral zum Maßstab des Katholischseins erhoben. Eine solche Verrenkung hält niemand schadlos aus. Insofern kann es nicht verwundern, dass die geltenden lehramtlichen Aussagen zur Sexualmoral mittlerweile »auch von der Mehrheit der Katholiken«, wie Stephan Ernst bestätigt, »nicht mehr verstanden und nicht mehr geteilt« werden. (Sexueller Missbrauch, S. 126) Der ärgste Feind der Moral ist nicht die Unmoral, sondern der Moralismus.

Um den Menschen Halt bieten zu können, muss die kirchliche Sexualmoral erreichbar, zugänglich, lebensnah sein – nein: sie muss es wieder werden. Sie darf nicht, wie es derzeit der Fall ist, zu hoch und immer höher gehängt werden. Dabei wäre schon mal viel gewonnen, wenn man sich in der Kirche bewusst machte und zugäbe, dass die Sexualmoral nicht im ersten, sondern erst im sechsten der Zehn Gebote zur Sprache kommt – und dass dort lediglich von Ehebruch, nicht aber von Selbstbefriedigung, Empfängnisverhütung, Homosexualität oder was auch immer die Rede ist. Selbst der Katechismus der katholischen Kirche gibt in Nr. 2336 beinahe verschämt zu, dass es lediglich eine »Überlieferung der Kirche« ist, jenes Gebot auf »die gesamte menschliche Geschlechtlichkeit« zu beziehen.

All die anderen moralischen Prinzipien und Vorschriften, die vom kirchlichen Lehramt so vehement eingefordert werden, als seien sie von Gott selbst in Stein gemeißelt worden, haben in den Zehn Geboten keine Erwähnung gefunden. Sie finden sich in der Bibel, wenn überhaupt, dann weit verstreut, beiläufig, skizzenhaft, bezogen auf ganz konkrete Situationen und ohne jedweden Anspruch, als allgemein verbindliche und unumstößliche Gesetze zu gelten. Man möge mich jetzt bitte nicht falsch verstehen: Ich bin keinesfalls der Meinung, es gäbe keine verbindliche Sexualmoral und es bräuchte auch keine – im Gegenteil: Mit Margaret A. Farley meine ich, »dass wir einerseits der Sexualmoral zu viel Gewicht beimessen, andererseits jedoch zu wenig«. (Verdammter Sex, S. 27)

Die Kirche braucht mehr denn je eine Sexualmoral – aber eine Sexualmoral, die die Menschen dort, wo sie mit am verwundbarsten sind, nämlich in ihrer Sexualität, stärkt und schützt. Die derzeitige kirchliche Sexualmoral hingegen verunsichert und verletzt Menschen – und zwar gerade diejenigen, die sie noch ernst nehmen. Und sie liefert diese Menschen denjenigen aus, die eben diese Sexualmoral als Instrument verwenden, um Macht zu erlangen und Macht auszuüben, um Menschen zu unterdrücken, zu kontrollieren und gefügig zu machen. Und darum ist es an der Zeit, den Missbrauch der Sexualmoral als Machtinstrument zu unterbinden, diesem Instrument seine Wucht und Schärfe zu nehmen, sie von einer Waffe zu einem Schild umzuschmieden. Abrüstung ist angesagt.

ZWEITES KAPITEL
Wir Auserwählten

Ich hatte den Köder also geschluckt. Was ihn so verlockend und vielversprechend gemacht hatte, dass ich ungeachtet seines scharfen Beigeschmacks geradezu begierig darauf gewesen war, ihn zu schlucken, war das Gefühl des Auserwähltseins, an dem ich nun teilhatte. Es gab die böse, die glaubens- und sittenlose Welt da draußen, und es gab uns, die guten, die glaubenstreuen und sittenstrengen, die dem Lehramt der Kirche treu ergebenen Katholiken. Wir waren aber nicht nur die »guten«, wir waren die »wahren«, die »eigentlichen« Katholiken, wir waren die »wahre«, die »eigentliche« Kirche. Wir waren die kleine Herde und die letzten Gerechten. Wir waren diejenigen, die Gott auf den rechten Weg geführt hatte und die bereit waren, diesem Weg zu folgen. Wir waren die Auserwählten.

Dabei war völlig klar, dass man den Weg des Auserwähltseins nicht allein beschreiten konnte. Die böse, unkatholische Welt da draußen war so gefährlich, so voller Versuchungen, Verlockungen und Verführungen, dass man unbedingt Gleichgesinnte benötigte, Verbündete und Mitstreiter. Nur so würde man standhalten können, nur so würde man sich davor schützen können, irgendwann um- und abzufallen, nur so würde man dem Teufel Widerstand leisten können. Das war uns bei vielen Gelegenheiten mit Nachdruck eingebläut worden. Natürlich galt das vor allem für die gefährlichsten, tückischsten und teuflischsten aller Versuchungen, die Versuchungen gegen die Keuschheit. Denn wer die Keuschheit verlöre, verlöre früher oder später unweigerlich auch den Glauben.

In der »normalen« Kirche, in den Pfarreien ebenso wie in den etablierten kirchlichen Verbänden und Gruppierungen, würden wir diese Unterstützung nicht finden – im Gegenteil: Gerade dort, in der »normalen« Kirche, waren die Gefahren und Versuchungen mit am größten. So wie eine Halbwahrheit den wahren Glauben weitaus mehr gefährdete als eine eindeutige Irrlehre – auch das war uns nachdrücklich eingebläut worden –, so gefährdete jede Zweideutigkeit die Keuschheit mehr als offenkundige Unzucht. Man musste sich also vor allem vor denen hüten, die Halbwahrheiten verbreiteten und Zweideutigkeiten duldeten, die den Glauben verwässerten und die Keuschheit aufs Spiel setzten. Man musste sich von denen fernhalten, die nicht zu den Auserwählten gehörten.

Aber, dem Himmel sei Dank, gab es Rettung, gab es Abhilfe und Auswege: Um den vielfältigen Gefahren und Versuchungen, die da draußen in der bösen Welt und der letztlich um keinen Deut besseren, weil zutiefst verweltlichten »normalen« Kirche lauerten, musste man sich nur der »wahren« und »eigentlichen« Kirche anvertrauen. Man musste sich, um ganz und für immer zu den Auserwählten zu gehören, einer Organisation anschließen, die der »wahren« und »eigentlichen« Kirche angehörte und einen darin unterstützte, »gut« und »richtig« katholisch zu sein. Man musste sich einer »gut« und »richtig« katholischen Organisation anschließen. Zwei solche Organisationen hatte ich bereits kennengelernt: das Opus Dei und die Katholische Pfadfinderschaft Europas.

Kirchliche Organisationen, welcher Art und Ausrichtung auch immer, waren mir bis dahin fremd gewesen. In meiner Heimatpfarrei hatte es dergleichen nicht gegeben, und ich hatte auch nie das Gefühl gehabt, dass mir etwas fehlen würde. Umso mehr stand ich nun vor einem Dilemma: Um so katholisch sein und leben zu können, wie ich es gewohnt war, genügte es scheinbar nicht, einfach nur katholisch zu sein. Denn das, was ich als »normal« katholisch kennengelernt hatte, war offenbar nicht normal, war nicht die Regel, sondern die Ausnahme. Katholiken wie ich waren in der Minderheit. Wir waren eine Minderheit aber nicht nur in der Gesellschaft, sondern auch in der Kirche. Und von den anderen, den »normalen« Katholiken, wurden wir verspottet, heruntergemacht und ausgegrenzt.

Aber das machte uns nichts aus – im Gegenteil. Denn verspottet, heruntergemacht und ausgegrenzt zu werden gab uns das Gefühl, etwas Besonderes zu sein. Und genau dafür hielten wir uns ja: für die »guten«, die »besseren« Katholiken – die Auserwählten. Aber um mich wirklich zu den Auserwählten zählen zu können, musste ich mich zunächst entscheiden, welcher der infrage kommenden Organisationen ich mich anschließen sollte. Diese Entscheidung fiel mir nicht leicht, denn keine der beiden Organisationen, die ich bis dahin kennengelernt hatte, begnügte sich mit dem, was ich als ganz normal katholisch empfand. Beide hatten ihre je eigenen, zusätzlichen Anliegen, Aufgaben und Ansprüche, die ich offenbar in Kauf nehmen musste, wenn ich dazugehören wollte.

Die Frage lautete darum auch: In welcher der beiden Organisationen würde ich weniger zusätzlichen Ballast auf mich nehmen müssen? Die Antwort war eindeutig: Während die Katholische Pfadfinderschaft Europas, ungeachtet der ihr eigenen pfadfinderischen Ideale, doch eher eine Freizeitbeschäftigung war, würde sich das Opus Dei, wie mir alsbald klar wurde, nicht mit einem Teil von mir, einem Teil meines Lebens, einem Teil meiner Zeit, begnügen. Der Anspruch des Opus Dei war umfassend und vorbehaltlos – anders ausgedrückt: totalitär. Das Opus Dei wollte Kontrolle – und zwar die totale Kontrolle. Wer sich dem Opus Dei anschloss, verlor nicht nur die Kontrolle über seinen Terminkalender, sondern auch über sein Bankkonto und seine Unterwäsche.

Also wurde ich Pfadfinder – Pfadfinder in der KPE, wie der Name der Katholischen Pfadfinderschaft Europas gewöhnlich abgekürzt wird. Als Quereinsteiger tat ich mich nicht gerade leicht: Zum einen mangelte es mir an vielen der praktischen Kenntnisse und Fertigkeiten, mit denen sich ein Pfadfinder normalerweise von klein auf vertraut machen kann, und zum anderen gab es wohl nichts, was mir von meinem ganzen Wesen her mehr widerstrebte, als ohne jegliche Privatsphäre und fernab jedweder sanitären Anlage im Zelt zu übernachten. Aber das war ich gerne bereit in Kauf zu nehmen – denn umgekehrt konnte ich überall dort, wo ich mit anderen KPElern zusammenkam, wieder so unbefangen und selbstverständlich katholisch sein, wie ich es von Kindheit an gewohnt war.

Mittlerweile hatte ich Würzburg und seiner Katholisch-Theologischen Fakultät den Rücken gekehrt und war nach Eichstätt gezogen, um mein Theologiestudium an der dortigen Katholischen Universität fortzusetzen. Deren Theologische Fakultät galt zur damaligen Zeit als Oase der Rechtgläubigkeit. Nicht zuletzt der Inhaber des Lehrstuhls für Dogmatik, Prof. Dr. Michael Seybold, war für seine grundkatholischen Positionen bekannt. In einem Punkt allerdings schwächelte er, wie ich alsbald feststellen musste: Er plädierte nämlich ungeniert dafür, Frauen nicht länger vom Empfang des Weihesakramentes auszuschließen, da keiner der Gründe, die vom kirchlichen Lehramt angeführt würden, um diesen Ausschluss zu rechtfertigen, theologisch überzeugen könnte.

Ich war empört! Wir waren empört – denn ebenso wie in Würzburg war ich mittlerweile Teil einer kleinen, aber gut vernetzten Gruppe von Studentinnen und Studenten, die der Tradition und dem Lehramt der Kirche treu ergeben waren. Was uns einte, war einmal mehr das Gefühl der Zugehörigkeit zu den Auserwählten. Und darum hatten wir einen Auftrag! Eines Tages kam der damals wohl bekannteste Verfechter der Frauenordination, der Inhaber des Lehrstuhls für Dogmatik an der Universität Regensburg, Prof. Dr. Wolfgang Beinert, zu einer Gastvorlesung nach Eichstätt. Unsere Gruppe hatte sich abgesprochen, seiner Vorlesung geschlossen beizuwohnen und ihn im Rahmen der anschließend üblichen Diskussion mit vereinten Kräften zu lehren, was katholisch war.

So geschah es auch. Nachdem Prof. Beinert seine bekannten Thesen vorgetragen hatte, endete er mit einem Hinweis auf einen im Saal angebrachten Wandteppich, auf dem mehrere Frauen zu sehen waren, die ihre Arme gen Himmel reckten. Genau so, erklärte er, wünschte er sich das Auftreten von Frauen in der Kirche: unverkrampft und selbstbewusst! Am Ende der nun folgenden hitzigen Diskussion meldete auch ich mich zu Wort und wies den schon sichtlich genervten Referenten darauf hin, dass es sich bei den Frauen auf jenem Wandteppich um die törichten Jungfrauen aus dem entsprechenden biblischen Gleichnis handelte. Prof. Beinert raffte daraufhin seine Unterlagen zusammen, ließ einen zornigen Kraftausdruck vernehmen und stürmte unter hämischem Gelächter aus dem Saal.

Ich war unsagbar stolz auf mich. Es war uns, es war mir gelungen, einen renommierten Theologen so weit zu bringen, dass er vollkommen die Fassung verlor! Unter den Studentinnen und Studenten, die zusammen mit mir Prof. Beinert Paroli geboten hatten, galt ich nun als Held – als Auserwählter unter den Auserwählten! Doch mein Stolz schlug bald in Scham um. Mein Hinweis auf das, was jener bedeutungsträchtige Wandteppich tatsächlich darstellte, mochte zwar korrekt gewesen sein, hatte aber, wie ich mir eingestehen musste, allein der Provokation gedient. Dadurch hatte ich jede weitere Diskussion verunmöglicht. Verunmöglicht hatte ich das wechselseitige Vortragen und Abwägen von Argumenten, verunmöglicht hatte ich die Suche nach dem, was wahr und richtig war.

Auch wenn ich damals meine Meinung in der Sache nicht änderte, nahm ich mir doch vor, künftig erst einmal zuzuhören, Argumente zu überdenken und zu überprüfen, meine Überzeugungen zu hinterfragen – kurz: Ich begann zu studieren – richtig zu studieren. Eine große Hilfe war mir dabei der Inhaber des Lehrstuhls für Kirchenrecht und kirchliche Rechtsgeschichte, Prof. Dr. Peter Krämer, bei dem ich mich, um finanziell einigermaßen über die Runden zu kommen, auf eine frei gewordene Stelle als studentische Hilfskraft beworben hatte. Ich bekam die Stelle. Fortan musste ich Prof. Krämer jeden Freitagnachmittag in dessen Wohnung aufsuchen, um ihm vorzulesen. Er war damals nämlich bereits stark sehbehindert und wusste, dass er früher oder später komplett erblinden würde.

Ich las Prof. Krämer sowohl kirchenrechtliche Fachbücher und -artikel vor als auch wissenschaftliche Arbeiten, die er zu bewerten hatte – unter anderem die Habilitationsschrift seiner damaligen Assistentin, der heutigen Inhaberin des Lehrstuhls für Kirchenrecht an der Universität Regensburg, Prof. Dr. Sabine Demel, über »Abtreibung zwischen Straffreiheit und Exkommunikation«. Ich hatte ihm stets zunächst den Haupttext einer Seite einschließlich der Nummern etwaiger Anmerkungen vorzulesen und erst danach die Anmerkungen selbst. Dass er stets wusste, worauf sich eine Anmerkung bezog, beeindruckte mich zutiefst. Oft kommentierte er das Gehörte auch oder gab mir zusätzliche Erläuterungen. Auf Prof. Krämers beiger Couchgarnitur habe ich mehr gelernt als in jeder Vorlesung.

Daneben bemühte ich mich auch, meine pfadfinderischen Defizite zu verringern, indem ich verschiedene Aus- und Fortbildungskurse der KPE besuchte. Außerdem kümmerte ich mich um die Pfadfindergruppe, die ich in Eichstätt mit eher mäßigem Erfolg aufzubauen versuchte. An Wallfahrten und anderen überregionalen Treffen nahm ich ebenfalls immer wieder teil. Dabei lernte ich auch P. Andreas Hönisch kennen, einen der Gründer der KPE. Er war ursprünglich Jesuit gewesen, hatte den Orden allerdings um der KPE willen verlassen und war zu jener Zeit, wenn auch nur vorübergehend, Diözesanpriester des Bistums Augsburg. Als Bundeskurat war er nach wie vor eine, wenn nicht die prägende Gestalt der KPE.

P. Hönisch war eine ebenso vielseitige und charismatische wie willensstarke und durchsetzungskräftige Persönlichkeit – ein »Alphatier« wie aus dem Lehrbuch. Er wusste Menschen zu beeindrucken, aber auch zu beeinflussen. Zu der Zeit, als ich ihn kennenlernte, lebten bereits seit Längerem mehrere junge Männer mit ihm zusammen. Wie er selbst wollten auch sie an den ursprünglichen Idealen des Jesuitenordens festhalten, die vom eigentlichen Jesuitenorden in der Zeit nach dem Zweiten Vatikanischen Konzil ihrer Meinung nach preisgegeben, wenn nicht sogar verraten worden waren. Die neue Gemeinschaft nannte sich »Diener Jesu und Mariens« und wurde 1994 kirchlich anerkannt. P. Hönisch stand ihr bis zu seinem Tod 2008 als Generaloberer vor.

Über welch ungeheure spirituelle Macht P. Hönisch verfügte, habe ich selbst erlebt. Eines Abends – es war noch vor der kirchlichen Anerkennung der neuen Gemeinschaft – rief er mich an. Ich war völlig überrascht, denn ich war ihm bis dahin nur wenige Male persönlich begegnet. Er befände sich gerade im Wallfahrtsort Marienfried, ließ er mich wissen, wo er schon seit dem Nachmittag Beichte hörte. Dabei sei ihm soeben eine Eingebung »von oben« zuteilgeworden: Ich sei dazu berufen, mich der neu entstehenden Gemeinschaft, den »Dienern Jesu und Mariens«, anzuschließen! Ich war absolut baff. Zwar wollte ich nach wie vor Priester werden, aber nicht Ordenspriester – und schon gar nicht Mitglied der Gemeinschaft, die P. Hönisch um sich geschart hatte.

Zwar hatte ich mich durchaus schon mit dem Gedanken eines Eintritts in die neue Gemeinschaft beschäftigt, war aber zu der klaren Überzeugung gelangt, dass ein solcher für mich nicht infrage kam: Zum einen wollte ich mich nicht vorrangig und dauerhaft an die Jugendarbeit der KPE binden, und zum anderen schreckte mich das weitgehende Desinteresse der »Diener Jesu und Mariens« an fundierter, geschweige denn wissenschaftlicher Aus- und Fortbildung. Durch die Arbeit für und mit Prof. Krämer war in mir nämlich inzwischen ein solches Interesse an der wissenschaftlichen Theologie, näherhin am Kirchenrecht, erwacht, dass ich insgeheim bereits begonnen hatte, von einem kirchenrechtlichen Promotionsstudium zu träumen.

Aber zunächst einmal musste und wollte ich Priester werden – und ich hatte nach wie vor keine Ahnung, wo und wie. In meiner damaligen Ungewissheit erschien mir der Anruf von P. Hönisch tatsächlich wie ein Zeichen »von oben«. Was, wenn es wahr wäre, was er mir mitgeteilt und wozu er mich aufgefordert hatte? Was, wenn ich der Aufforderung nicht Folge leisten würde? Einerseits fühlte ich mich geschmeichelt, fühlte mich einmal mehr als Auserwählter, andererseits war das, wozu ich angeblich auserwählt war, etwas völlig anderes als das, was ich eigentlich wollte. Ich wusste nicht, was ich tun sollte, war monatelang völlig verwirrt und verstört. Heute weiß ich, dass das, was sich P. Hönisch mir gegenüber herausgenommen hat, nichts anderes war als Machtmissbrauch!

Es war, präziser ausgedrückt, spiritueller Missbrauch – und ich frage mich heute mit einigem Bangen, ob ich wohl der Einzige war, dem dergleichen widerfahren ist. Wie Doris Wagner aufgezeigt hat, ist spiritueller Missbrauch dadurch gekennzeichnet, dass jemand versucht, eine Person »zu einer bestimmten spirituellen Wahrnehmung oder zu bestimmten Entscheidungen und Handlungen zu drängen« (Spiritueller Missbrauch, S. 101); dabei genügt mitunter, wie in meinem Fall, allein »schon der besondere Ruf oder die besondere Ausstrahlung eines geistlichen Begleiters oder Führers«, denn diese vermeintliche Aura der Heiligkeit macht es einem schwer, wenn nicht sogar unmöglich, »das spirituelle Angebot dieses Führers für sich selbst zurückzuweisen.« (Spiritueller Missbrauch, S. 102)

Obwohl ich mich durch den Anruf von P. Hönisch umschmeichelt und umworben fühlte, hatte ich ihm zunächst nicht mehr zugesagt, als über seine Aufforderung nachzudenken. Das tat ich auch – allerdings mit der sehr bald zur

Gewissheit werdenden Tendenz, ihr nicht nachzukommen. Ihm meinen Entschluss mitzuteilen fühlte ich mich nicht verpflichtet – und sowohl aus Respekt vor seiner Autorität als auch aus Angst vor seiner möglichen Reaktion tat ich auch nichts dergleichen. Er selbst rief ebenfalls nicht wieder an. Einige Monate später begegneten wir einander bei einem überregionalen Pfadfindertreffen. Er kam auf mich zu, ging, ohne mich eines Blicks zu würdigen, an mir vorüber und stieß dabei zwischen den Zähnen hervor: »Ich bin sehr enttäuscht von dir!«

So ernst und wichtig genommen ich mich zuvor gefühlt hatte, so sehr fühlte ich mich nun verachtet und verstoßen. Hatte ich in den Augen von P. Hönisch meine Berufung etwa verraten und meine Bestimmung verschmäht? Auch das ist ein typisches Kennzeichen spirituellen Missbrauchs, wie Doris Wagner darlegt: »In der Manipulation spielen Gefühle und Wertungen eine wichtige Rolle. So wie man jemanden durch inszeniertes Glück manipulieren kann, kann man das auch durch mehr oder weniger subtile Abwertungen tun.« (Spiritueller Missbrauch, S. 112) Die angebliche Eingebung von P. Hönisch hat mich noch lange beschäftigt und belastet. Immerhin ließ mich P. Hönisch fortan in Ruhe; er hatte jegliches Interesse an mir verloren. Ich hatte mein Auserwähltsein verwirkt.

Letztlich hat diese Erfahrung mit dazu beigetragen, dass meine aktive Zeit in der KPE nach gerade einmal vier Jahren zu Ende ging. In diesen vier Jahren habe ich allerdings auch viele positive Erfahrungen sammeln können: Ich lernte großartige, ebenso engagierte wie idealistische Menschen kennen, von denen nicht wenige Glaubensstärke mit Großherzigkeit zu verbinden wussten, ich konnte mir einiges an nützlichem Wissen und Können aneignen, und ich entdeckte das pfadfinderische Ideal des Unterwegsseins sowie den damit einhergehenden Verzicht auf scheinbar selbstverständliche Bequemlichkeiten und Sicherheiten als eine urchristliche Glaubens- und Lebensschule. Einige der damals entstandenen Kontakte und Freundschaften haben bis heute Bestand.

Dem Thema Sexualität wurde in der KPE normalerweise kein besonderer Stellenwert zugemessen – es sei denn, es war ein Priester anwesend. Namentlich P. Hönisch, P. Richard und die über kirchenrechtliche Umwege geweihten Neupriester der »Diener Jesu und Mariens« sprachen in ihren Predigten und Vorträgen häufig und wenn, dann ebenso detailliert wie ausführlich über Sexualmoral, Sexualität und Sex. Ein ganz großes Thema war damals das sogenannte Petting, also die gegenseitige sexuelle Stimulation ohne Vollzug des eigentlichen Geschlechtsakts. Die genannten Priester wurden nicht müde, alle nicht oder noch nicht im kirchlichen Sinn verheirateten Personen eindringlich davor zu warnen, denn dabei käme man dem Abgrund der Unmoral unweigerlich viel zu nahe.

Die Welt der KPE war strikt eingeteilt in moralisch und unmoralisch, katholisch und unkatholisch, gut und böse, richtig und falsch, schwarz und weiß. Dazwischen gab es jeweils nichts. Grauzonen (wie das viel beschworene Petting) wurden durchweg der dunklen, unerlaubten Seite zugeschlagen. Dieses zutiefst dualistische Weltbild hatte die KPE mit anderen katholischen Organisationen gemeinsam – wie zum Beispiel dem berüchtigten Engelwerk, mit dem die KPE mitunter in Verbindung gebracht wird. Um der Wahrheit willen ist es mir allerdings ein Bedürfnis festzuhalten, dass diese Verbindung, wenn es sie denn überhaupt je gegeben hat, nach meiner Wahrnehmung keinerlei Auswirkungen auf den pfadfinderischen Alltag und die Erziehungsarbeit der KPE gehabt hat.

Ein ähnlich dualistisches Welt- und Menschenbild wie in der KPE erlebte ich auch in einer anderen Organisation, die ich damals kennenlernte: die sogenannte Geistliche Familie »Das Werk«. Gegründet wurde »Das Werk« von der 1997 verstorbenen gebürtigen Belgierin Julia Verhaeghe, die von ihren Anhängern gewöhnlich als »Mutter« bezeichnet wird. Die Organisation setzt sich aus einer Gemeinschaft von Männern, bei denen es sich größtenteils um Priester handelt, und einer Gemeinschaft von Frauen zusammen. Diözesanpriester und andere Personen können sich der Organisation als Mitglieder im weiteren Sinn anschließen, legen aber im Unterschied zu den Mitgliedern im eigentlichen Sinn keine Gelübde ab. 2001 wurde »Das Werk« kirchlich anerkannt.

Als ich Horst Zimmermann kennenlernte, hatte ich zunächst keine Ahnung davon, dass er dem »Werk« angehörte. Ich wusste lediglich, dass er einige Zeit zuvor für die Diözese Eichstätt zum Priester geweiht worden war und seither in einer Pfarrei als Kaplan wirkte. Ich kann mich nicht erinnern, wo und wie er auf mich aufmerksam wurde. Jedenfalls trat er plötzlich mit einer Wucht in mein Leben, der ich wenig entgegenzusetzen hatte. Insofern verlief meine erste Begegnung mit der Geistlichen Familie »Das Werk« ähnlich wie die von Doris Wagner: »Es war unmöglich, ihr auszuweichen.« (Nicht mehr ich, S. 31) Dabei fühlte ich mich einerseits überrumpelt, andererseits aber auch wieder einmal auserwählt: Ein Priester, noch dazu ein junger Priester, interessierte sich für mich!

Kaplan Zimmermann rief mich von nun an alle paar Tage an, besuchte mich, machte lange Spaziergänge mit mir, lud mich zum Essen ein, nahm mich auf Ausflüge mit und überschüttete mich unentwegt mit Lob und Schmeicheleien: Die Kirche, die sich, wie ich ja wüsste, im Niedergang befände, bräuchte Leute wie mich, Leute wie uns, Leute wie die Brüder und Schwestern aus der Geistlichen Familie, um zu alter Größe und neuem Glanz zu finden. Ich war beeindruckt. »Mindestens genauso sehr beeindruckte mich« – auch das eine Erfahrung, die ich mit Doris Wagner teile –, »dass wie nebenbei erwähnt wurde, dieser Priester habe promoviert und der arbeite im Vatikan. Diese Schwester studiere in Rom und jene habe einen Doktor in Philosophie.« (Nicht mehr ich, S. 36)

Mit am meisten beeindruckten mich jedoch die von Kaplan Zimmermann stets wie zufällig in unsere Gespräche eingestreuten Namen von Persönlichkeiten, die der Organisation nahestünden, sie förderten und große Hoffnungen auf sie setzten: der bedeutende Theologe Leo Scheffczyk hätte sich ihr als Mitglied im weiteren Sinn angeschlossen; Klaus Küng, der dem Opus Dei angehörende Bischof von Feldkirch, besuchte häufig das in seiner Diözese gelegene Mutterhaus; Kardinal Meisner, der Erzbischof von Köln, sei dort auch schon zu Besuch gewesen; niemand Geringerer als Kardinal Joseph Ratzinger griffe regelmäßig auf die Dienste einer der Gemeinschaft angehörenden Schwester zurück; und sogar der Heilige Vater selbst hätte sich schon wohlwollend über »Das Werk« geäußert.

All diese Lichtgestalten der Kirche strahlten umso heller vor dem Hintergrund des düsteren Szenarios, das Kaplan Zimmermann regelmäßig vom Zustand der Kirche zeichnete – eine weitere Übereinstimmung mit den Erfahrungen von Doris Wagner: »Priester, die ihr Amt aufgaben, Theologen, die der Lehre der Kirche nicht mehr treu waren, Laien, die die Lehre der Kirche nicht mehr kannten. Was konnte es Traurigeres geben?« (Nicht mehr ich, S. 131) Der schlimmste Niedergang der Kirche aber kam Kaplan Zimmermann zufolge darin zum Ausdruck, dass Theologen, Priester und selbst Bischöfe die kirchliche Sexualmoral nicht mehr ernst nähmen, sie offen ablehnten oder gar bekämpften! Ohne Moral sei der Glaube schließlich wertlos; ohne Moral sei die Kirche verloren!

Dagegen gäbe es aber Abhilfe: Denn »Das Werk«, wie es auch Doris Wagner vermittelt wurde, »war von Gott dazu auserwählt worden, die Not der Kirche unserer Zeit zu lindern.« (Nicht mehr ich, S. 131) Ich hatte da allerdings so meine Zweifel. Zwar machten die Priester der Organisation, die ich kennenlernte, auf mich einen durchaus überzeugenden Eindruck, aber die Schwestern in ihren wadenlangen Woll- oder Faltenröcken, den bis zum Hals zugeknöpften Blusen sowie den sackartigen Strickjacken, die manche von ihnen darüber trugen, erschienen mir doch ziemlich aus der Zeit gefallen. Auch der merkwürdige Kult, der innerhalb der Organisation um »Mutter«, die damals ja noch lebende Gründerin der Organisation, betrieben wurde, befremdete mich nicht wenig.

Dasselbe galt auch für die bizarre Leidensmystik, der man dort anhängt – auch wenn davon bezeichnenderweise nicht oder kaum in der Öffentlichkeit, sondern vornehmlich intern die Rede ist. Selbst die Liturgie ist davon geprägt: »Eine goldene Dornenkrone krönt die Tabernakel der Kapellen des ›Werkes‹, während die Schwestern beim feierlichen Gebet eine stilisierte Dornenkrone auf dem Kopf tragen«, wie Doris Reisinger und Christoph Röhl bestätigen: »Auf viele Menschen, die beim ›Werk‹ zu Gast sind, wirkt das zunächst unheimlich.« (Nur die Wahrheit rettet,

S. 132) Mir erging es nicht anders. Weder mit dieser überzeichneten Symbolik noch mit dem ständigen Schwelgen in Leid und Opfer vermochte ich etwas anzufangen. Das Ganze trug für mich beinahe schon masochistische Züge.

Nach einigen Monaten fasste ich mir ein Herz und teilte Kaplan Zimmermann in einem abendlichen Telefonat mit, dass ich, obwohl ich ihn persönlich sehr schätzte, nach reiflicher Überlegung zu dem Schluss gekommen sei, dass ein Eintritt in »Das Werk« für mich nicht infrage käme. Dieses Telefonat war der letzte Kontakt, den ich zu ihm hatte. Danach hat er sich nie wieder bei mir gemeldet. Ich hatte einmal mehr mein Auserwähltsein verwirkt. Allerdings wurde mir nun klar, dass ich aus einem ganz anderen Grund auserwählt worden war, als ich mir eingebildet hatte: nicht als Gleichgesinnter, nicht als Freund, nicht als Bruder, sondern als Beute. Auch meinerseits unternahm ich nichts, um den Kontakt fortzuführen. Ich war froh, ihm und dem »Werk« entkommen zu sein.

Von kirchlichen Organisationen, wie katholisch und lehramtstreu sie auch immer sein mochten, hatte ich danach erst einmal die Nase voll. Da kam es mir gerade zupass, dass der Bischof von St. Pölten, Kurt Krenn, ein sogenanntes Biennium gegründet hatte. Mithilfe dieser Einrichtung würde man, wenn man sein Theologiestudium bereits abgeschlossen hätte, innerhalb von nur zwei Jahren zur Priesterweihe geführt. Nach einem verheißungsvollen Gespräch mit dem Bischof schloss ich mein kirchenrechtliches Promotionsprojekt, das ich inzwischen begonnen hatte, so schnell wie möglich als Lizenziat ab, packte meine wenigen Habseligkeiten in einen auf Pump gekauften, gerade noch fahrtüchtigen Gebrauchtwagen und verließ Eichstätt in Richtung St. Pölten.

Zweiter Exkurs:
Zu Stellung und Aufgabe der Frauen in der Kirche

Erkenntnissen gegenüber kann man sich abschotten, Erfahrungen sickern durch. In der zweiten Hälfte der 1990er-Jahre und in den 2000er-Jahren bin ich regelmäßig nach England gereist. Was mich dorthin zog, war vor allem die ungebrochene liturgische und kirchenmusikalische Tradition, die sich in den anglikanischen Kathedralen, Kollegiatkirchen und Collegekapellen erhalten hat. Anders als in der katholischen Kirche kann man diese eigentlich urkatholische Tradition in der Church of England nämlich nicht nur zu besonderen Anlässen erleben, sondern nahezu täglich und noch dazu auf allerhöchstem Niveau. Die Teilnahme am Evensong in einer der großartigen englischen Kathedralen, Kollegiatkirchen oder Collegekapellen gehört für mich zum Schönsten, das man in dieser Welt erleben kann.

Doch ausgerechnet dort sah ich sie eines Tages: Frauen! Frauen in priesterlichen Gewändern! Als Priester verkleidete Frauen! Priesterinnen mochte ich sie nicht nennen; denn obwohl sie gekleidet waren wie Priester, waren sie ja keine Priesterinnen, denn Priesterinnen konnte es nicht geben. Ich wusste zwar, dass in der Church of England seit 1994 Frauen zu »Priesterinnen« geweiht wurden, doch es war noch einmal etwas ganz anderes, solche Frauen zu erleben – und noch dazu in liturgischer Funktion. Ich ärgerte mich über diese Frauen, denn sie trübten das – im wahrsten Sinn des Wortes – herrliche Bild, das mir die anglikanische Liturgie bis dahin geboten hatte. Das Gesamtkunstwerk aus Architektur, Musik und Liturgie war, so empfand ich es zumindest, durch diese Frauen empfindlich gestört.

Mit der Zeit aber gewöhnte ich mich an sie. Ich gewöhnte mich daran, dass sie da waren, ich gewöhnte mich daran, dass sie priesterliche Gewänder trugen, und ich gewöhnte mich daran, dass sie priesterliche Funktionen vollzogen. Sie waren da – und sie machten ihre Sache nicht schlecht. Sie machten sie sogar gut, wie ich mir irgendwann eingestehen musste. Die »Priesterinnen« machten zwar manches anders als die Priester, bewegten sich anders im liturgischen Raum, trugen die priesterlichen Gewänder anders – aber eben nur anders, nicht falsch und nicht schlechter. Es kam sogar vor, dass »Priesterinnen« ihre Sache besser machten als ihre männlichen Kollegen: gewissenhafter, ehrfürchtiger, würdiger, wie ich nicht umhinkam zuzugeben – wenn auch zunächst nur insgeheim.

Infolge dessen musste ich noch etwas insgeheim zugeben: Meine strikte Ablehnung von »Priesterinnen«, näherhin meine ausdrückliche, uneingeschränkte, absolute Zustimmung zur Lehre und Tradition der katholischen Kirche, wonach nur Männer die Priesterweihe gültig empfangen können, basierte im Wesentlichen nicht auf Überzeugung, sondern auf Gewohnheit. Frauen in priesterlichen Gewändern und Funktionen war ich schlichtweg nicht gewöhnt. Als dann die Erfahrung, dass Frauen durchaus eine gute Figur in priesterlichen Gewändern und Funktionen machen können, langsam durchsickerte, und als infolgedessen meine vermeintliche Überzeugung als bloße Gewohnheit entlarvt wurde, musste ich mit Schaudern feststellen, dass darunter nicht viel übrig blieb.

Denn die Argumente, die gewöhnlich angeführt werden,

um den Ausschluss von Frauen vom Empfang der Priesterweihe zu rechtfertigen, könnten fragwürdiger kaum sein. Dass Frauen die Priesterweihe nicht empfangen konnten oder durften, war in der gesamten Christenheit lange unstrittig. Unstrittig war diese Praxis aber deshalb, weil es in den patriarchalisch geprägten Gesellschaften, in denen das Christentum heimisch war, außer Frage stand, dass Frauen – von wenigen Ausnahmen abgesehen – irgendein öffentliches Amt bekleiden konnten oder durften. Der Ausschluss von Frauen vom Priestertum basierte demzufolge über lange Zeit hinweg nicht auf theologischen Überzeugungen, sondern auf gesellschaftlichen Konventionen – anders ausgedrückt: auf Gewohnheit.

Niemand Geringerer als der spätere Kurienkardinal Gerhard Ludwig Müller hat durch die akribische Sammlung der einschlägigen lehramtlichen Texte – wenn auch entgegen seiner Absicht – eindrucksvoll belegt, dass das kirchliche Lehramt bis weit ins 20. Jahrhundert hinein keine systematische Begründung dafür vorgelegt hat, warum Frauen nicht geweiht werden könnten; es seien zwar »durchaus mehr kirchliche Lehräußerungen vorhanden, als es zunächst den Anschein hatte«, aber deren Kontext unterscheide sich »oft erheblich von der modernen Fragestellung.« (Der Empfänger des Weihesakraments, S. 26) Insofern ist es zumindest denkbar, so Gerhard Ludwig Müller, dass es sich bei dieser Praxis auch »nur um die Reminiszenz einer überholten Sozialstruktur handelt.« (Der Empfänger des Weihesakraments, S. 28)

Das älteste lehramtliche Dokument, in dem zumindest der Versuch unternommen wird, eine systematische Begründung für den Ausschluss von Frauen vom Empfang der Priesterweihe vorzulegen, stammt vom 15. Oktober

1976; dabei handelt es sich um eine Erklärung der Kongregation für die Glaubenslehre mit dem Titel »Inter insigniores«. In seinem Apostolischen Schreiben »Mulieris dignitatem« vom 15. August 1988 hat Papst Johannes Paul II. den Inhalt der Erklärung noch einmal bekräftigt und schließlich, um alle Zweifel auszuräumen, in einem weiteren Apostolischen Schreiben »Ordinatio sacerdotalis« vom 22. Mai 1994 kategorisch erklärt, »dass die Kirche keinerlei Vollmacht hat, Frauen die Priesterweihe zu spenden, und dass sich alle Gläubigen der Kirche endgültig an diese Entscheidung zu halten haben«.

Die Kongregation für die Glaubenslehre hielt die Endgültigkeit dieser Entscheidung allerdings nicht für endgültig genug. Am 28. Oktober 1995 meinte sie nämlich noch einmal eins draufsetzen zu müssen und erklärte, dass die Lehre, wonach »die Kirche nicht die Vollmacht hat, Frauen die Priesterweihe zu spenden, als zum Glaubensgut gehörend« und folglich als »unfehlbar« zu betrachten sei. Damit wollte die Glaubenskongregation den nach wie vor bestehenden Zweifeln endgültig den Garaus machen – Zweifeln, die sie offenbar für nicht ganz unbegründet hielt. Denn sonst hätte sie es schließlich kaum für nötig befunden, besagte Lehre nun auch noch als unfehlbar zu deklarieren und auf diese Weise mit gewissermaßen endgültiger Endgültigkeit zu versehen.

»Als unfehlbar definiert ist eine Lehre« nach can. 749 § 3 CIC allerdings nur dann anzusehen, »wenn dies offensichtlich feststeht.« Wenn aber die Unfehlbarkeit einer Lehre nur von der Glaubenskongregation erklärt wurde, ist deren Unfehlbarkeit offensichtlich nicht offensichtlich. Denn es steht »der Glaubenskongregation nicht zu, eine unfehlbare Lehrentscheidung zu treffen«, wie Sabine Demel richtig angemerkt hat. (Frauen und kirchliches Amt, S. 82) Unfehlbarkeit besitzen nach can. 749 §§ 1 und 2 CIC nur der Papst und das Bischofskollegium zusammen mit dem Papst – nicht aber die Glaubenskongregation. Sabine Demel hat folglich recht: »Auf fehlbare Weise als unfehlbar qualifiziert kann die genannte Lehre nicht unfehlbar sein.« (Frauen und kirchliches Amt, S. 85)

Der vermeintliche Trumpf, den die Glaubenskongregation ausgespielt hat, um den entscheidenden Stich in der Debatte um den Ausschluss von Frauen vom Empfang der Priesterweihe einzustreichen, lässt sich also bei näherer Betrachtung leicht als gezinkte Karte entlarven. Wer aber meint, auf solche Taschenspielertricks zurückgreifen zu müssen, verrät letztlich nur, was für schlechte Karten er ansonsten in der Hand hält. Hat Christiane Florin also recht, wenn sie behauptet, dass »die Argumente des Lehramts«, mit denen der Ausschluss von Frauen vom Empfang der Priesterweihe gewöhnlich begründet wird, »vorsichtig formuliert angreifbar« seien? (Trotzdem!, S. 132) Da es sich im Wesentlichen nur um drei Argumente handelt, lässt sich deren Stichhaltigkeit leicht überprüfen.

Das erste Argument nimmt Bezug auf das Beispiel Christi, der nur Männer zu Aposteln berufen hat. Das ist richtig. Richtig ist aber auch: »Jesus verkehrte mit Frauen in einer überraschend neuen und revolutionären Weise«, wie Sabine Demel den biblischen Befund zusammenfasst. (Frauen und kirchliches Amt, S. 26) Erst als »sich das Christentum organisieren musste«, so Christiane Florin, »passte es sich dem patriarchalen Mainstream der umgebenden Gesellschaften an.« (Trotzdem!, S. 125) Die rein männliche Ämterstruktur der katholischen Kirche folgt also weniger dem Beispiel Jesu als dem damaligen Zeitgeist. Insofern hat Christiane Florin recht: »Aus den Worten und Werken Jesu lässt sich keine derartige Ungleichbehandlung von Männern und Frauen ableiten.« (Trotzdem!, S. 125)

Für die Lehre, wonach die heutige kirchliche Ämterstruktur unmittelbar auf das Apostelkollegium zurückgehe, gilt ohnehin: Hier ist der Wunsch der Vater der Dogmatik. Denn »eine feste Amtsstruktur im eigentlichen Sinn des Wortes beginnt sich« Sabine Demel zufolge »erst gegen Ende des 1. Jahrhunderts herauszubilden.« (Frauen und kirchliches Amt, S. 71) Selbst wenn man gewillt ist, die kirchlichen Ämter als von Christus eingesetzt zu betrachten, muss man sich wohl oder übel damit abfinden: »Jesus hat niemanden zu Priestern geweiht, keine Frauen, aber auch keine Männer«, wie Christiane Florin klarstellt: »Es ist kühn, zu verkünden, dass Jesus Ämter gewollt hat; verwegen ist die These, Jesus habe Ämter nur für ein bestimmtes Geschlecht gewollt.« (Trotzdem!, S. 132)

Das zweite Argument ist das der Tradition. Grundsätzlich handelt es sich dabei um ein ausgesprochen starkes Argument: Schließlich ist vollkommen unbestritten, dass in der katholischen Kirche bislang immer nur Männer zu Priestern geweiht wurden. Betrachtet man diese Tradition jedoch vor dem Hintergrund der jeweiligen gesellschaftlichen Realitäten, ergibt sich mit einem Mal ein gänzlich anderes Bild: Bis in die jüngere Vergangenheit hinein herrschte in Kirche und Gesellschaft die übereinstimmende Überzeugung vor, dass Frauen eine grundsätzlich andere soziale Funktion haben als Männer und infolgedessen – von wenigen Ausnahmen abgesehen – keine öffentlichen Ämter bekleiden können. Die kirchliche Ämterstruktur trug den gesellschaftlichen Realitäten Rechnung.

Nun haben sich aber in den letzten Jahrzehnten die gesellschaftlichen Realitäten in Bezug auf das Verhältnis und die Funktion der Geschlechter komplett gewandelt: Frauen und Männern gelten als grundsätzlich gleichwertig und gleichberechtigt. Wenn man nun den Kern der kirchlichen Tradition, wonach bislang immer nur Männer zu Priestern geweiht wurden, nicht darin sieht, dass Frauen eine grundsätzlich andere soziale Funktion zukommt als Männern, sondern darin, dass die kirchliche Ämterstruktur um ihrer Akzeptanz und Wirksamkeit willen den jeweiligen gesellschaftlichen Realitäten Rechnung zu tragen hat, dann wäre es um der Wahrung dieser Tradition willen dringend geboten, Frauen nicht länger vom Empfang der Priesterweihe auszuschließen.

Das dritte Argument kommt – zumindest vordergründig – hochtheologisch daher: Weil ein Priester in seinem Tun ebenso wie in seinem Sein Christus, den Bräutigam der Kirche, repräsentiere, müsse er, um der bräutlichen Vereinigung mit der Kirche willen, wie Christus ein Mann sein. Dieses theologische Konstrukt scheitert allein schon daran, dass es sich hierbei um eine sakramentale Symbolik, nicht aber um eine göttliche Dienstanweisung handelt. Richtig ist: Die Kirche ist nicht männlich. Sie ist aber auch nicht weiblich: Weder hat sie zwei X-Chromosomen noch eine Gebärmutter. Nicht die Biologie, sondern lediglich die Grammatik macht die Kirche weiblich. Beschreibt man sie als Leib Christi oder Volk Gottes, kann sie wahlweise auch zum Mann oder Neutrum werden.

Würde der Apostel Paulus heute schreiben, dass Christus »den Menschen gleich« wurde (Phil 2,7), müsste er womöglich um seine kirchliche Lehrerlaubnis bangen. Denn schließlich wurde Christus nicht Mensch, sondern Mann –

oder zumindest mehr Mann als Mensch, wenn man jenen Theologen Glauben schenken will, die sich in christologischer Urologie spezialisiert haben. Wenn der Katechismus der katholischen Kirche in Nr. 463 den Glauben an die Menschwerdung – nicht die Mannwerdung – des Sohnes Gottes als »das entscheidende Kennzeichen des christlichen Glaubens« ausmacht, dann geht es bei der Forderung nach voller Gleichberechtigung von Frauen und Männern in der Kirche um nichts weniger als darum, dieses entscheidende Kennzeichen endlich ernst zu nehmen.

Nun werden die Vertreter und Verteidiger des kirchlichen Lehramts an dieser Stelle mit nachsichtigem Lächeln einwenden, dass Frauen und Männer in der Kirche doch längst gleichgestellt seien – und zwar unabhängig davon, dass das Weihesakrament nach can. 1024 CIC »gültig nur ein getaufter Mann« empfangen kann: Schließlich bestünde nach can. 208 CIC »unter allen Gläubigen«, also unabhängig von ihrem jeweiligen Geschlecht, »eine wahre Gleichheit in ihrer Würde und Tätigkeit«. Wenn in einem lehramtlichen Text das Adjektiv »wahr« auftaucht, sollten allerdings nicht die Freuden-, sondern die Alarmglocken läuten! Im kirchlichen Sprachgebrauch ist »wahr« nämlich das Gegenteil von »wirklich«: Was eigens als wahr deklariert wird, hat mit der Wirklichkeit oft wenig zu tun.

»Die ›wahre Gleichheit‹ ist keine«, hat Christiane Florin zu Recht moniert. (Trotzdem!, S. 131) Denn kaum, dass in can. 208 CIC die »wahre Gleichheit« feierlich ausgerufen wurde, wird sie nur eine Zeile weiter auch schon wieder eingeschränkt: »Wahre Gleichheit« genießen die katholischen Gläubigen nämlich nur »je nach ihrer eigenen Stellung und Aufgabe«. Die je eigene Stellung von Frauen und Männern aber ist nach kirchlicher Auffassung nicht dieselbe und ihre jeweilige Aufgabe grundverschieden. Weil Frauen eine andere Stellung und Aufgabe haben als Männer, sind sie vom Priestertum ausgeschlossen; weil sie vom Priestertum ausgeschlossen sind, haben Frauen eine andere Stellung und Aufgabe als Männer. Das ist lehramtliche Logik, das ist »wahre« Logik.

Dass Frauen vom Priestertum ausgeschlossen sind, mag man in Anbetracht der fragwürdigen Argumente, mit denen dieser Ausschluss gewöhnlich begründet wird, für ungerecht und unerträglich halten. Mindestens ebenso ungerecht und unerträglich aber ist das, was den Frauen stattdessen kirchlicherseits angeboten – nein: abverlangt und auferlegt wird. Die Kirche hält Frauen nämlich nicht für – im wahrsten Sinn des Wortes – Manns genug, selbst zu bestimmen, worin sie ihre Stellung und Aufgabe sehen. Stattdessen wird ihnen vorgegeben, wo ihr Platz ist und was sie zu tun haben. Mit den Worten von Christiane Florin ausgedrückt: »Die Frau ist das, wofür wir sie halten; sie darf werden, was wir brauchen: Mutter, Ehefrau, Ordensfrau. Das muss reichen.« (Der Weiberaufstand, S. 17)

Welche Stellung und welche Aufgabe den Frauen dort zuerkannt wird, wo man sich für besonders katholisch hält, habe ich in der zweiten Hälfte der Neunziger erlebt, als ich zum ersten (und einzigen) Mal Exerzitien im Tagungshaus Hohewand machte. Das Haus liegt wunderschön inmitten des gleichnamigen Naturparks im südlichen Niederösterreich und bietet seinen Gästen ein überaus gepflegtes, exklusives – um nicht zu sagen: luxuriöses – Ambiente. Die Leitung des Hauses obliegt dem Opus Dei. Dementsprechend waren und sind sowohl die hausinternen Gepflogenheiten als auch die Bildungsangebote vom Geist des Opus Dei geprägt. Ein priesterlicher Freund, der dem Opus Dei nahestand, hatte mich dafür gewonnen, hier Exerzitien zu machen.

Es waren Priesterexerzitien, an denen ich teilnahm – Exerzitien eigens und ausschließlich für Priester. Andere Gäste befanden sich in den betreffenden Tagen nicht im Haus. Wir Priester waren also unter uns – zumindest schien es so. Denn andere Personen haben wir während der fünftägigen Exerzitien nicht zu Gesicht bekommen. Sie mussten aber da gewesen sein. Jeden Vormittag wurden nämlich die Gästezimmer gereinigt. Anders als in jedem anderen Exerzitienhaus, in dem ich je übernachtet habe, wurde währenddessen der Gästetrakt komplett abgeriegelt: Die Zwischentüren wurden verschlossen und, um Missverständnisse gar nicht erst aufkommen zu lassen, mit einem Schild versehen, demzufolge der Zutritt zum Gästetrakt während der Zimmerreinigung streng untersagt wäre.

Noch seltsamere Dinge ereigneten sich zu den Essenszeiten. Vor dem Speisesaal befand sich ein Vorraum. Dort hatten wir zu warten, bis die normalerweise verschlossene Saaltür geöffnet wurde. Während wir dort warteten, war stets nach einiger Zeit zu hören, wie die Tür von innen aufgeschlossen, aber nicht aufgemacht wurde. Sie zu öffnen blieb uns überlassen. War sie aufgeschlossen, konnten wir den Speisesaal betreten und uns an den bereitstehenden Speisen bedienen. Die Person, die die Tür aufgeschlossen hatte, war, wenn wir den Speisesaal betraten, immer schon verschwunden. Mit der Zeit machten wir uns einen Spaß daraus, die Tür, sobald zu hören war, dass sie geöffnet wurde, möglichst schnell aufzureißen, um einen Blick auf die Person dahinter zu erhaschen.

Es gelang uns nicht – kein einziges Mal. Obwohl der

Speisesaal recht groß war und die Person im Inneren gar keine andere Möglichkeit hatte, als durch eine am gegenüberliegenden Saalende gelegene Tür zu verschwinden, war sie stets schneller als wir. Um das zu schaffen, musste sie einen geübten Sprint hinlegen. Vermutlich handelte es sich um jemanden vom Küchenpersonal, sehr wahrscheinlich um eine Frau. Und genau darum ging es meinem Eindruck nach bei diesem eigenartigen Prozedere: Wir Priester sollten keine Frau zu Gesicht bekommen – keine Frau zu Gesicht bekommen müssen. Das männliche Idyll des Tagungshauses sollte durch nichts Weibliches gestört werden, wir Priester nicht durch den Anblick einer Frau vom Wesentlichen abgelenkt und in Versuchung geführt werden.

In den moralistisch geprägten katholischen Organisationen werden Frauen einerseits verklärt – wahlweise als Jungfrau oder als Ehefrau und Mutter möglichst vieler Kinder –, andererseits dämonisiert. Frauen gelten als ebenso gefährdet wie gefährlich. Um nicht, wie es Christiane Florin zusammenfasst, als »Unreine, Verführerin, Hexe, Hure, Hysterische« zu enden (Trotzdem!, S. 135), muss eine Frau sicher verwahrt werden: entweder im ehelichen Schlafgemach oder in klösterlicher Klausur. »An lebenswichtigen Aufgaben in Kirche und Welt, die auf den engagierten Beitrag gläubiger Frauen warten, mangelt es wahrhaftig nicht«, beschwichtigt Manfred Hauke. (Das Weihesakrament für die Frau, S. 72) Kinder kriegen und Kochen sind zweifellos wahrhaftig lebenswichtige Aufgaben.

Ganz ähnliche Beobachtungen, wie ich sie seinerzeit im Tagungshaus Hohewand gemacht habe, beschreibt auch das ehemalige Opus-Dei-Mitglied Dietmar Scharmitzer. So sei in dem Haus, das damals seinen Lebensmittelpunkt bildete, zeitweilig »an der Stiege zwischen den Stockwerken eine Kordel angebracht« gewesen, durch die signalisiert wurde, »dass man jetzt nicht durchgehen könne, weil dort gerade« dem Opus Dei angehörende »Frauen am Putzen waren«. (Neun Jahre im »Irrenhaus Gottes«, S. 154) Alfred Kirchmayr zufolge krankt das Opus Dei an einem ausgeprägten Weiblichkeitskomplex, der sich unter anderem »im tiefen Misstrauen gegenüber der Frau und in deren Unterdrückung und Entwertung« äußert. (Das »Opus Dei«, S. 118)

Dementsprechend nehmen weibliche Mitglieder des Opus Dei den männlichen gewöhnlich »die ›Heiligung‹ dort ab, wo es um schlichte Hausarbeit geht«, weiß Dietmar Scharmitzer zu berichten: »Während das Opus Dei von ihrer Tätigkeit als dem ›Apostolat der Apostolate‹ schwärmt und ihren unbezahlten Dienst mit dem Euphemismus ›Verwaltung unserer Häuser‹ umschreibt, werden sie in strenger Zucht gehalten.« (Neun Jahre im »Irrenhaus Gottes«, S. 150) Dass es sich keineswegs um eine bedauerliche Ausnahme handelt, kann man unter anderem auch an der sogenannten Geistlichen Familie »Das Werk« beobachten. Dort lässt sich die vollkommen unterschiedliche Stellung und Aufgabe von Frauen und Männern allein schon an deren äußerem Erscheinungsbild ablesen.

Während die männlichen Mitglieder der Organisation normalerweise auftreten, als würden sie von einem Anbieter für Klerikerkleidung als Werbeträger gesponsert, hatte ich beim Anblick weiblicher Mitglieder nicht selten den Eindruck, als stamme deren Garderobe aus der Altkleidersammlung. Für sich genommen gibt es am Outfit der männlichen Mitglieder nichts zu beanstanden; sie sind in aller Regel so gekleidet, wie Priester gemäß den kirchlichen Vorgaben gekleidet sein sollten. Aber der Kontrast zu den altmodischen, unförmigen und allem Anschein nach bewusst unattraktiven Kleidern und Frisuren der weiblichen Mitglieder sticht geradezu ins Auge. Dieses augenscheinliche Gefälle ist vermutlich kein Zufall, sondern Prinzip und Methode.

Davon weiß auch Doris Wagner aus der Zeit ihrer Mitgliedschaft im »Werk« zu berichten: Gleich nach ihrem Eintritt wurde ihre persönliche Garderobe von einer älteren Schwester durchgesehen und alles aussortiert, was diese als nicht schicklich empfand. Stattdessen wurden ihr Kleidungsstücke verpasst, »die wer weiß woher kamen. Entweder aus dem Nachlass verstorbener Wohltäterinnen, so mutmaßte ich, oder es waren Ladenhüter, die gespendet worden waren. Wadenlange karierte Faltenröcke, ärmellose Strickjacken in schrecklichen Beigetönen. Diese Sachen hätte meine eigene Großmutter nicht getragen«. Noch dazu mussten alle Kleidungsstücke »ein bis zwei Nummern zu groß« sein: »Ich kam mir vor wie in Säcke gehüllt.« (Nicht mehr ich, S. 77)

Den Grund für diesen merkwürdige Kleiderordnung erfuhr Doris Wagner, als sie schließlich auch »noch weiße Baumwollunterwäsche und einen großen Stapel Unterkleider in die Hand gedrückt« bekam (Nicht mehr ich, S. 77): »Indem wir unsere Körper so gut wie möglich in Unterkleidern und viel zu weiten Röcken, Blusen und Strickjacken versteckten, schützten wir unsere Mitbrüder vor der Versuchung, der sie ausgesetzt wären, wenn unsere Kleidung die Weiblichkeit unserer Körper sichtbar gemacht hätte.« (Nicht mehr ich, S. 78) Bei einer anderen Gelegenheit wurde ihr von einer vorgesetzten Schwester gesagt: Es »ist nun einmal so, Männer sind in diesen Angelegenheiten schwächer als Frauen. Deswegen liegt die größere Verantwortung bei uns.« (Nicht mehr ich, S. 98)

Auf den ersten Blick betrachtet, sieht es so aus, als würden hier starke Frauen in weiser Voraussicht auf die Darbietung ihrer weiblichen Reize verzichten, um die schwachen, testosterongebeutelten Männer davor zu bewahren, bei jeder sich bietenden Gelegenheit über sie herzufallen. Doch dieses Konstrukt scheitert allein schon an der eigentlich bekannten Tatsache, dass ein hoher Anteil der Priester – und damit zweifellos auch der solchen Organisationen angehörenden Priester – schwul ist. »In jedem Fall ist er signifikant höher als im Durchschnitt der Bevölkerung«, bestätigt mit Bernd Mönkebüscher jemand, der es wissen muss. (Unverschämt katholisch sein, S. 117) Um den Schutz der priesterlichen Keuschheit geht es also nur vordergründig.

Worum aber geht es wirklich? Ganz einfach: Es geht um Macht! Indem man den Frauen von vornherein die Schuld daran zuweist, wenn ein Priester den weiblichen Reizen – ob verhüllt oder nicht – verfällt, sind die Frauen dem Klerus, und zwar ebenfalls von vornherein, etwas schuldig. Hinter der Fassade von Keuschheit, Zucht und Moral wird auf diese Weise ein System der Über- und Unterordnung, des Dienens und Sich-bedienen-Lassens etabliert: Die Frauen haben zu dienen, das heißt vor allem zu kochen, zu putzen und sich um die Wäsche zu kümmern, und die Priester sagen ihnen, warum das ihrer Stellung und Aufgabe in der Kirche entspricht, warum das naturgemäß, gottgefällig und segensreich ist. So einfach ist das – und für Letztere zudem sehr billig und bequem.

Nun wird womöglich manch eine und einer einwenden, dass es heutzutage wohl nur mehr wenige Frauen gibt, die sich dergleichen gefallen lassen, die sich auf solche Weise behandeln, erniedrigen und ausnutzen lassen. Das mag stimmen. Aber es sind, gerade in den moralistisch geprägten Organisationen, immer noch mehr als genug, um die geschlossenen Systeme dieser Organisationen aufrecht- und am Laufen zu halten. Von ihnen werden – wie es Doris Wagner selbst erlebt hat – »unermüdliches Arbeiten« und »die totale Selbstaufopferung« verlangt. (Nicht mehr ich, S. 328) »In so einem System kann es gar nicht nicht zu Missbräuchen kommen, die ganze Struktur ist missbräuchlich«, fasst Doris Wagner ihre Erfahrungen zusammen. (Nicht mehr ich, S. 328)

Wenn der grundsätzliche Ausschluss von Frauen vom Empfang der Priesterweihe als diskriminierend empfunden und kritisiert wird, ist das somit nur die halbe Wahrheit. Er dient nämlich auch, was häufig übersehen wird, als Grundlage und Rechtfertigung für weitere systematische, alltägliche Diskriminierungen von Frauen – nicht nur, aber ganz besonders in bestimmten, moralistisch geprägten Organisationen. Der Einwand, das Priestertum sei ein Dienst, hilft hier auch nicht weiter. Denn man kann es drehen und wenden, wie man will: Das Priestertum ist nun mal ein Leitungsdienst. Insofern verleiht es denen, die es innehaben, Macht über diejenigen, die es nicht innehaben – und umso mehr Macht über die, die es nicht innehaben, weil sie es nicht innehaben können: die Frauen.

»Und die Frauen selbst?«, fragt die Ordensschwester Philippa Rath in Anbetracht der verfahrenen Lage zu Recht: Viele von ihnen »erfahren eine wachsende Diskrepanz zwischen ihrem eigenen Selbstverständnis, ihrer Lebenswirklichkeit als Frau in einer modernen Gesellschaft des 21. Jahrhunderts auf der einen und vielen kirchlichen

Positionen auf der anderen Seite. Sie fühlen sich diskriminiert, ausgegrenzt, ihres Menschenrechts auf Gleichheit und Geschlechtergerechtigkeit beraubt. Und vor allem: Viele fühlen sich nicht ernst genommen, ja missachtet in ihrer Berufung, erfahren, wie ihre Lebens- und Beruf(ung)smöglichkeiten eingeschränkt werden, empfinden dies als Unrecht, dem sie hilflos und ohnmächtig ausgeliefert sind.« (Weil Gott es so will, S. 12)

Und darum ist Christiane Florin uneingeschränkt zuzustimmen: »Die Frauenfrage ist eine Machtfrage.« (Der Weiberaufstand, S. 14) Es geht also nicht nur darum, das bislang ausschließlich männlich geprägte Bild des katholischen Priestertums der vollen Realität des Menschseins und dem Glauben an den menschgewordenen Gott anzugleichen. »Es geht dabei natürlich auch um eine Angst vor dem Machtverlust«, wie Jacqueline Straub richtig schreibt: »Wenn Frauen Priesterinnen sind, verändert das unser Bild von der Frau als passivem Wesen, das regiert wird.« (Endlich Priesterin sein!, S. 105) Würden Frauen zur Priesterweihe zugelassen, käme das Unterdrückungssystem der moralistischen Organisationen in erhebliche Schieflage. Und das wäre gut so!

DRITTES KAPITEL
Römische Rituale

Rom war von Kindheit an mein Sehnsuchtsort gewesen. Meine erste Romreise 1985 hatte diese Sehnsucht nicht gestillt, sondern ins schier Unermessliche gesteigert. Ich hatte damals nicht nur eine Fülle tiefer, prägender Eindrücke gewonnen, sondern in Rom eine Art Seelenheimat gefunden. Dort fühlte ich mich zu Hause, dort gehörte ich hin, dort wollte ich sein. Ab und zu für ein paar Tage nach Rom zu reisen, war traumhaft, dort leben zu können, wäre ein einziger Traum – ein Traum, den ich lange Zeit nicht zu träumen wagte. Als ich jedoch nach St. Pölten kam, schien dieser Traum mit einem Mal Wirklichkeit werden zu können – und das, obwohl ich mir kaum einen Ort vorstellen kann, der in jeder nur denkbaren Hinsicht weiter von Rom entfernt gewesen wäre als St. Pölten.

Bei einer unserer ersten Begegnungen hatte mir Bischof Krenn gesagt, dass er mir nicht viel verspräche; was er aber verspräche, das würde er auch halten. Zwei Dinge versprach er mir damals: zum einen, dass ich, wenn ich nach St. Pölten käme, innerhalb von zwei Jahren zum Priester geweiht würde, und zum anderen, dass ich später zum Weiterstudium nach Rom gehen könnte. Voraussetzung wäre in beiden Fällen aber, dass ich die – wie er es nannte – »Ochsentour« bewältigte. Darunter verstand er eine zweijährige Vorbereitungszeit auf die Priesterweihe, die ich teils im St. Pöltener Priesterseminar, teils in einer ganz im Norden der Diözese gelegenen Pfarrei zu verbringen hatte, sowie eine dreijährige Kaplanszeit in einer anderen, ebenfalls weitab im Nordwesten der Diözese gelegenen Pfarrei.

Bischof Krenn hielt Wort. Nach zwei Jahren, die der von Bischof Krenn angekündigten »Ochsentour« alle Ehre machten, wurde ich 1996 zum Priester geweiht. Die daran anschließenden drei Jahre als Kaplan unter einem ebenso frommen wie freundlichen Pfarrer hätten allerdings unbeschwerter kaum sein können. Am Ende dieser drei Jahre fand ich eines Abends auf meinem Anrufbeantworter zwei Nachrichten vor. Die erste lautete schlicht: »Bitte rufen Sie mich an!« Allerdings hatte der Anrufer weder seinen Namen genannt noch kam mir seine italienisch gefärbte Stimme bekannt vor. Die Stimme des zweiten Anrufers hingegen erkannte ich sofort; seine Nachricht lautete, nicht minder schlicht: »Ich bin's, der Bischof.«

Als ich Bischof Krenn daraufhin zurückrief, erfuhr ich zu meiner Überraschung, dass es sich beim ersten Anrufer um den damaligen Apostolischen Nuntius in Österreich, Erzbischof Dr. Dr. Donato Squicciarini, gehandelt hatte. Dessen bisheriger Sekretär wäre in eine andere Nuntiatur versetzt worden, ein neuer noch nicht eingetroffen. Ich sollte die so entstandene Lücke füllen und ein paar Wochen in der Apostolischen Nuntiatur aushelfen. Auf diese Weise ließe sich außerdem, freute sich der Bischof, sein Generalvikar, Weihbischof Dr. Heinrich Fasching, ausspielen. Denn der hätte es sich zur Aufgabe gemacht, meine beabsichtigte Freistellung zum Weiterstudium in Rom zu hintertreiben. Wenn ich aber erst einmal in der Nuntiatur wäre, wäre ich schon so gut wie in Rom.

In der Apostolischen Nuntiatur war ich tatsächlich schon so gut wie in Rom. Mehr als je zuvor wurde mir hier bewusst, was es bedeutete, nicht nur katholisch, sondern römisch-katholisch zu sein. Mit seiner zugleich kultivierten und disziplinierten Lebensart, seinem ebenso rationalen wie sinnlichen Glauben sowie seiner sowohl beseelten als auch bedächtigen Frömmigkeit schien mir Nuntius Squicciarini den römischen Katholizismus regelrecht zu verkörpern. An seiner Seite fühlte ich mich am rechten Platz, fühlte ich mich geborgen und gebraucht. Der Nuntius schien umgekehrt ganz ähnlich zu empfinden. Denn er tat alles, um mich auf denselben Weg zu bringen, den er von Jugend an beschritten hatte und zweifellos bis an sein Lebensende beschreiten würde.

Und das bedeutete zunächst, dass ich an der Päpstlichen Universität vom Heiligen Kreuz studieren sollte. Dort hatte Nuntius Squicciarini einst selbst studiert – allerdings nur am selben Ort, dem römischen Palazzo di Sant'Apollinare, nicht aber in derselben Einrichtung. Die spätere Päpstliche Universität vom Heiligen Kreuz war nämlich erst 1985 gegründet worden, und zwar vom Opus Dei, in dessen Hand sie sich nach wie vor befindet. Da es deren kirchenrechtlicher Fakultät – im Unterschied zu den anderen Fakultäten – gelungen war, sich in den wenigen Jahren ihres Bestehens einen erstklassigen akademischen Ruf zu erarbeiten, war mir das nur recht. Außerdem stand die Trägerschaft des Opus Dei, was mir ebenfalls recht war, für unbedingte Treue zum kirchlichen Lehramt.

Gegründet wurde das Opus Dei 1928 vom spanischen Priester Josemaría Escrivá de Balaguer y Albás – eigenen Angaben zufolge aufgrund einer himmlischen Offenbarung. Ziel der Organisation ist es, ihre Mitglieder im Glauben zu stärken, damit diese dazu beitragen können, die Gesellschaft mit christlichem Geist zu durchdringen. Das Opus Dei besteht aus zwei strikt getrennten Abteilungen für Frauen und Männer, wobei der männlichen Abteilung auch Priester angehören. 1982 wurde das Opus Dei von Papst Johannes Paul II. als erste und bislang einzige Personalprälatur kanonisch errichtet. Mit diesem besonderen Rechtsstatus erlangte das Opus Dei, das von einem Prälaten im Bischofsrang geleitet wird, eine bis dahin beispiellose Autonomie innerhalb der katholischen Kirche.

Einige Zeit, nachdem ich meine Tätigkeit in der Apostolischen Nuntiatur aufgenommen hatte, arrangierte der Nuntius für mich einen Gesprächstermin mit dem damaligen Regionalvikar des Opus Dei, der nur wenige Gehminuten von der Nuntiatur entfernt residierte. Ein zweiter Priester des Opus Dei nahm ebenfalls an dem Gespräch teil – wobei »Gespräch« nicht ganz das richtige Wort ist. Ich wurde nämlich regelrecht verhört – oder besser: geprüft. Die beiden stellten mir eine Vielzahl an Fragen, die entweder für solche Gelegenheiten vorgesehen oder eigens vorbereitet worden waren und die sie nun litaneiartig abarbeiteten. Am Ende dauerte die Prüfung an die zwei Stunden. Dabei schien es vor allem darum zu gehen, auszutesten, ob und inwieweit ich im kirchlichen Sinn linientreu war.

Die Prüfung erstreckte sich zunächst auf meine grundsätzliche Treue zur Kirche und zum kirchlichen Lehramt. Dabei kamen vor allem Reizthemen wie die päpstliche Unfehlbarkeit und die Frauenordination zur Sprache. Es dauerte allerdings nicht lange, bis die beiden Priester jene Fragen anschnitten, die für sie allem Anschein nach den innersten Kern der christlichen Frohbotschaft auszumachen schienen: die strikte Ablehnung von Abtreibung, Ehescheidung, Empfängnisverhütung, außerehelichem Geschlechtsverkehr und Homosexualität sowie das Bekenntnis zur unverzichtbaren Bedeutung des Zölibats. Am Ende schien ich die Prüfung bestanden zu haben: Feierlich bekam ich ein Anmeldeformular für die Päpstliche Universität vom Heiligen Kreuz überreicht!

Wie mir erst sehr viel später bewusst geworden ist, wurde von den beiden Priestern womöglich, und zwar auf sehr subtile Weise, auch noch etwas anderes als meine grundsätzliche Linientreue ausgetestet: nämlich ob und inwieweit ich dem Opus Dei zukünftig noch einmal würde nützlich sein können. Zum damaligen Zeitpunkt war ich für die beiden Priester ein völlig unbeschriebenes Blatt: Ich hatte noch keine einzige wissenschaftliche Publikation vorzuweisen und keinerlei einflussreiches Amt inne. Die Tatsache, dass ich, wenn auch nur aushilfsweise, in der Apostolischen Nuntiatur tätig war und von Bischof Kurt Krenn für ein kirchenrechtliches Promotionsstudium in Rom freigestellt werden sollte, konnte allerdings vermuten lassen, dass sich das irgendwann einmal ändern würde.

Dazu passte, dass die beiden Priester ein erhebliches Problem damit zu haben schienen, mir zwar einen Studienplatz, aber keine Unterkunftsmöglichkeit in Rom anbieten zu können. Da das neue Studienjahr schon so gut wie begonnen hatte, waren die in den Häusern des Opus Dei für solche Zwecke zur Verfügung stehenden Zimmer längst anderweitig vergeben. Dabei hatte ich die beiden gar nicht darum gebeten, sich außer um meine Universitätszulassung auch noch um meine Unterbringung zu kümmern – im Gegenteil: Ungeachtet aller Wertschätzung hatte ich keinesfalls die Absicht, mich vom Opus Dei komplett vereinnahmen zu lassen. Dass dem Opus Dei dadurch eine offenbar höchst begehrte Manipulations- und Kontrollmöglichkeit entging, war mir damals kaum bewusst.

Mit einigem Glück bekam ich schließlich ein Zimmer im Päpstlichen Institut von Santa Maria dell'Anima. Unter dem Dach dieser bis auf das Spätmittelalter zurückgehenden Einrichtung sind heute die deutschsprachige Pfarrei in Rom, ein Pilgerzentrum sowie ein Priesterkolleg versammelt. Letzteres ist vornehmlich dazu gedacht, Priester zu beherbergen, die aus einem der Länder stammen, die früher einmal zum Heiligen Römischen Reich Deutscher Nation gehört haben, und in Rom studieren. Das Kolleg liegt ganz in der Nähe der Piazza Navona, einem der touristischen Hotspots im Zentrum der römischen Altstadt, und damit nur wenige Gehminuten von der Päpstlichen Universität vom Heiligen Kreuz entfernt. Praktischer hätte ich es nicht haben können.

Dennoch verlief mein Start in Rom alles andere als glatt. Zunächst ließ mich der Nuntius, obwohl sein neuer Sekretär seinen Dienst längst angetreten hatte, nur widerwillig ziehen. Meine Abreise nach Rom verzögerte sich von Woche zu Woche. Als ich Anfang November 1999 in Rom eintraf, lag der Semesterbeginn bereits einen vollen Monat zurück. Erschwerend kam hinzu, dass ich noch so gut wie kein Italienisch konnte. Normalerweise besuchen ausländische Studenten vor dem Beginn des ersten Semesters mindestens drei Monate lang eine Sprachschule, damit sie den Vorlesungen von Anfang an einigermaßen folgen können. Ich hingegen saß vormittags in den Vorlesungen, von denen ich zunächst fast nichts verstand, und lernte nachmittags in der Sprachschule Italienisch.

Im Vergleich zu dem, was ich aus Würzburg und Eichstätt gewohnt war, erschien mir das römische Studiensystem zudem sehr verschult – wobei es an der Universität des Opus Dei noch einmal um einiges verschulter zugegangen sein dürfte als an den anderen kirchlichen Hochschulen in Rom. Es wurde erwartet, dass wir an allen Vorlesungen teilnahmen. Außerdem hatten wir am Ende jedes Semesters in allen Fächern eine Prüfung abzulegen. Für mich traf das erstmals Ende Januar 2000 zu. Allerdings erwischte mich zu Jahresbeginn die echte Virusgrippe, sodass ich über mehrere Wochen hinweg nicht nur alle Vorlesungen, sondern auch den Sprachkurs versäumte. Wie ich es geschafft habe, trotzdem gut durch die anstehenden Prüfungen zu kommen, ist mir bis heute ein Rätsel.

Meine Kommilitonen und die lediglich zwei Kommilitoninnen unter den etwa dreißig Studierenden meines Studien- und Jahrgangs waren mir dabei keine wirkliche Hilfe. Sie waren dazu aber auch kaum in der Lage, da sie in aller Regel selbst mehr als genug ein- und angespannt waren. Fast alle von ihnen gehörten dem Opus Dei an, waren dem Opus Dei eng verbunden oder vom Opus Dei in irgendeiner Form abhängig. Zumal jene von ihnen, die aus ärmeren Ländern stammten, hätten sich ohne die Unterstützung des Opus Dei ein Studium in Rom gar nicht leisten können. Die meisten von ihnen lebten in Häusern, wo sie unter Aufsicht des Opus Dei standen und neben ihrem Studium ein umfangreiches spirituelles und asketisches Programm zu bewältigen hatten.

Die Diszipliniertheit, wenn nicht sogar Ängstlichkeit, mit der sie sowohl ihr Studium absolvierten als auch ihr übriges Dasein fristeten, irritierte mich. Die jungen Leute standen offenbar unter erheblichem Druck, wurden kontrolliert und kontrollierten sich gegenseitig. Damals begann ich zu ahnen, was Alfred Kirchmayr so beschreibt: »Die dauernde Angst bestimmt den Alltag der Mitglieder des Opus: Angst vor den sündigen Trieben, Angst vor dem eigenen Willen, Angst vor den eigenen Gefühlen und Bedürfnissen, Angst vor dem Gewissen, Angst vor den Vorgesetzten, Angst vor der Öffentlichkeit, Angst vor der ›bösen Welt‹ und vor dem ›lieben Gott‹.« (Das »Opus Dei«, S. 72) Ich war heilfroh, dem Opus Dei weder anzugehören noch in einem Haus des Opus Dei leben zu müssen.

Welche Atmosphäre in solchen Häusern herrscht, konnte ich unter anderem erleben, wenn ich, was hin und wieder vorkam, das Internationale Priesterseminar »Sedes Sapientiae« besuchte, dessen Leitung dem Opus Dei anvertraut ist. Das äußerst gepflegte Anwesen liegt inmitten des römischen Stadtteils Trastevere, der für seine verwinkelten Gassen, seine romantischen Plätze und sein pulsierendes Nachtleben bekannt ist. In dieser Einrichtung bereitete sich damals ein junger Mann auf das Priestertum vor, der, wie ich selbst, zur Diözese St. Pölten gehörte. Bischof Krenn hatte mir sehr ans Herz gelegt, mich, soweit es mir möglich wäre, seiner anzunehmen. Also suchte ich ihn immer wieder einmal in seiner Unterkunft auf, nahm ihn auf Spaziergänge mit oder lud ihn zum Essen ein.

Bei meinem ersten Besuch traf ich zu früh ein; die Seminaristen waren noch mit dem täglichen Rosenkranzgebet beschäftigt. Erstmals erlebte ich so die in »Sedes Sapientiae« übliche Form des Rosenkranzgebets – eine Form, wie sie mir bis dahin völlig unbekannt war: Die Seminaristen beteten den Rosenkranz nicht etwa, wie ich es erwartet hätte, kniend in der Hauskapelle, sondern indem sie sich in endloser Reihe durch die Gänge des Hauses bewegten, einer hinter dem anderen, die eine Treppe hinauf, die andere wieder hinab, den einen Gang vor, den anderen zurück. Als ich dieses seltsame Ritual zum ersten Mal sah, war ich einigermaßen erstaunt – erinnerte es mich doch in frappierender Weise an den in längst vergangenen Zeiten üblichen Hofgang von Gefängnisinsassen.

Noch mehr erstaunte mich, was ich über die Zimmeraufteilung innerhalb des Hauses erfuhr. Es gab dort, wie mir mehrere Seminaristen übereinstimmend berichteten, ausschließlich Fünfer-, Dreier- und einige wenige Einzelzimmer, wobei sich die Studienanfänger mit Ersteren begnügen mussten, während Letztere dem Abschlussjahrgang vorbehalten blieben. Die durchweg ungeraden Bewohnerzahlen waren zweifellos kein Zufall, sondern Kalkül. Schließlich ist allgemein bekannt, was Daniel Bühling aus eigenem Erleben zu berichten weiß: dass nämlich »überdurchschnittlich viele schwule Männer Priester werden wollen« (Das 11. Gebot, S. 131) und dass es folglich immer wieder einmal vorkommt, dass sich »unter den Seminaristen plötzlich Paare« bilden – Liebespaare. (Das 11. Gebot, S. 131)

Das aber wollte man vonseiten der Seminarleitung offenbar von vornherein verhindern oder wenigstens erschweren. Daran zeigt sich, dass man im Opus Dei bei Weitem nicht so weltfremd ist, wie es mitunter den Anschein hat – im Gegenteil: Möglicherweise wollte man durch die ungeraden Belegungszahlen der Zimmer die Bildung von Liebespaaren unter den Seminaristen nämlich nicht nur erschweren, sondern zugleich auch Vorsorge treffen für den Fall, dass sich die menschliche Natur am Ende doch als stärker erweisen sollte als alle moralischen Verbote und Vorsichtsmaßnahmen. Schließlich befindet sich auf diese Weise immer zumindest ein Sittenpolizist in unmittelbarer Tatortnähe – und damit zugleich auch ein potenzieller Ankläger vor dem hausinternen Moraltribunal.

Eine solche Denk- und Vorgehensweise ist nicht nur menschenunwürdig, sondern auch gefährlich. Alfred Kirchmayr weist zu Recht darauf hin, dass eine von Unterdrückung und Tabuisierung geprägte »Einstellung gegenüber der Lust« sehr »viel mit dem facettenreichen Problem des Machtmissbrauchs zu tun« hat; es gibt, wie er trefflich formuliert, einen unmittelbaren Zusammenhang »zwischen Lustfeindlichkeit und Machtlüsternheit«. (Das »Opus Dei«, S. 98) Ein System der Angsterzeugung, des Misstrauens und der Überwachung führt, davon bin ich überzeugt, beinahe unweigerlich zu Unfreiheit, Heuchelei und Erpressbarkeit – und unter Umständen auch zu Missbrauch. Unterdrückte und tabuisierte Sexualität hat nicht Keuschheit zur Folge, sondern lediglich kranke, zerstörte und zerstörerische Sexualität.

Und tatsächlich berichtete mir Jahre später ein ehemaliger Seminarist des Internationalen Priesterseminars »Sedes Sapientiae«, dass sich seine beiden Zimmergenossen zusammengetan und ihn wiederholt sexuell missbraucht hätten. Als er den Missbrauch gegenüber der Seminarleitung zur Sprache gebracht hätte, berichtete er mir, sei er umgehend entlassen worden – er, nicht etwa die mutmaßlichen Täter. Die Seminarleitung glaubte ihm nicht, wollte ihm nicht glauben, denn was angeblich geschehen war, konnte nicht geschehen sein, weil es nicht geschehen durfte. Auch Christiane Florin weiß um diesen fatalen Mechanismus: »Nach institutioneller Logik ist der Betroffene des Missbrauchs derjenige, der den Betrieb stört, und nicht derjenige, auf den gehört werden soll.« (Sag niemals »ich«, S. 69)

Eine ähnlich stickige Atmosphäre herrschte auch in der Kongregation der Legionäre Christi. Jahrzehntelang hat deren Gründer, der mexikanische Priester Marcial Maciel Degollado, Schüler und Seminaristen sexuell missbraucht. Diesbezügliche Gerüchte und Vorwürfe gab es mehr als genug; sie blieben aber durchweg folgenlos, weil sie von den kirchlichen Verantwortungsträgern für undenkbar gehalten und als gegenstandslos abgetan wurden. Erst 2006 brach das perfide System aus Ignoranz, Mitwisserschaft und Vertuschung in sich zusammen. Doch selbst dann wurde der 2008 verstorbene »Vater«, wie er bis dahin innerhalb seiner Kongregation genannt wurde, nicht förmlich verurteilt, sondern lediglich zum Rückzug aus der Öffentlichkeit verpflichtet.

Innerhalb der kirchlichen Hierarchie war man lange, viel zu lange davon überzeugt, dass auf die Legionäre Christi uneingeschränkt Verlass sei, desgleichen auch auf das Opus Dei. Durch ihre demonstrative Treue zu Kirche und Papst, näherhin zum kirchlichen Lehramt und hier vor allem zur kirchlichen Sexualmoral, galten diese und ähnliche Organisationen von vornherein und mitunter sogar wider besseres Wissen als über jeden Zweifel erhaben. Dass aber gerade der Moralismus ein idealer Deckmantel für Heuchelei und Missbrauch in jeder nur denkbaren Spielart ist, wollte in der Kirche lange niemand wahrhaben. Einmal mehr galt: Was nicht sein durfte, konnte auch nicht sein. Wie es zur Entstehung eines solchen Mythos kommen konnte, habe ich beispielhaft miterleben können.

Während des Heiligen Jahres 2000 feierte Papst Johannes Paul II. an weitaus mehr Sonntagen als üblich einen Gottesdienst auf dem Petersplatz. Für alle möglichen Gruppen gab es eigene Heiligjahrfeiern, so zum Beispiel für die Bischöfe, die Politiker, die Familien, die Handwerker, die Migranten und die Kranken. Mit der Zeit wurde es immer schwieriger, bei diesen Anlässen den Petersplatz wenigstens halbwegs zu füllen. Rom war jubiläumsmüde. Für Abhilfe sorgten dann Organisationen wie das Opus Dei und die Legionäre Christi: Deren Mitglieder wurden, bevor es allzu peinlich wurde, gleich busseweise zum Vatikan gekarrt, wie ich oft beobachten konnte, wenn ich von St. Peter, wo ich am Sonntagmorgen gewöhnlich die heilige Messe feierte, nach Hause zurückging.

Bei einer dieser Gelegenheiten lernte ich einen jungen Priester kennen, der den Legionären Christi zwar nicht angehörte, aber nahestand; er studierte an deren Hochschule, näherhin an der gerade im Aufbau begriffenen Fakultät für Bioethik. Er lud mich ein, ihn dort einmal zu besuchen. Neugierig nahm ich die Einladung an. Das imposante Anwesen, das neben der Hochschule auch noch das Internationale Studentenkolleg der Legionäre Christi umfasst, liegt in einem der westlichen Vororte von Rom. Alles dort wirkte wie neu, war gepflegt und geordnet. Ebenso erschienen mir auch die Studenten: freundlich, hilfsbereit, pflichteifrig, diszipliniert und tipptopp gekleidet; die wenigen Studentinnen trugen lange Röcke, die Studenten Anzug, die angehenden Priester Klerikerkleidung.

Während mir mein Gastgeber die Hochschule zeigte, schwärmte er mir vor, dass seiner Überzeugung nach von diesem Ort demnächst eine Erneuerung der Kirche ausgehen werde, wie es sie seit der Zeit der Gegenreformation nicht gegeben hätte. Die Kirche müsse und werde sich auf ihren ursprünglichen und ureigenen Auftrag zurückbesinnen: die Austreibung des Teufels! Und das bedeute in erster Linie, der Unmoral den Kampf anzusagen. Vor allem Abtreibung, Euthanasie, Empfängnisverhütung und Homosexualität dürften nicht länger geduldet, geschweige denn gutgeheißen werden. Lediglich die Legionäre Christi hätten das erkannt, während die anderen römischen Hochschulen, einschließlich der des Opus Dei, längst vor dem Zeitgeist kapituliert hätten.

Das Mittagessen nahmen wir im Speisesaal des mit der Hochschule verbundenen Internationalen Kollegs der Legionäre Christi ein. Dort fiel mir auf, dass viele, aber nicht alle der Studenten anders gekleidet waren als außerhalb des Hauses: Das ansonsten übliche klerikale Schwarz hatten sie gegen kurze, weiße Kittel eingetauscht, die mich an Malerkittel erinnerten. Auf meine Frage, was das zu bedeuten habe, bekam ich zur Antwort: Dem »Vater« gefalle das so. Ob die Studenten ihre Kittel freiwillig trugen, um dem »Vater« zu gefallen, oder ob es dem »Vater« gefiel, einzelne Studenten durch diese besondere Kleidung auszuzeichnen, erfuhr ich nicht. Der unverhohlene Kult um den seiner Verbrechen damals noch nicht überführten »Vater« kam mir jedenfalls sehr seltsam vor.

Einen noch ausgeprägteren Kult um die Person des »Vaters« erlebte ich beim Opus Dei. Als ich einmal eingeladen war, dessen Zentrale in der Viale Bruno Buozzi 75 zu besuchen, wurde ich von meinem Gastgeber zunächst in die verhältnismäßig kleine, aber überaus kostbar ausgestattete Kirche geführt. Vor dem dort befindlichen Grab von Josemaría Escrivá, dem damals bereits seliggesprochenen Gründer des Opus Dei, wurde ich aufgefordert, ein bestimmtes Gebet zu sprechen, das man mir, eingeschweißt in Plastikfolie, in die Hand drückte. Es handelte sich um ein Gebet um dessen Heiligsprechung. Man bitte jeden Priester, der hierherkomme, darum, dieses Gebet zu sprechen, erklärte mir mein Gastgeber, da das Gebet eines Priesters bei Gott in besonderer Weise Gehör fände.

Ich tat, wie mir geheißen. Insofern muss ich zu meiner Schande gestehen, dass ich möglicherweise eine gewisse, wenn auch hoffentlich nicht allzu große Mitschuld daran trage, dass der selige Josemaría Escrivá gerade einmal ein Jahr später heiliggesprochen wurde. Alljährlich am 26. Juni, wenn der Gedenktag des »heiligen Josemaría« im kirchlichen Kalender aufscheint, steigt mir jedenfalls eine leichte Schamesröte ins Gesicht. Zum Glück handelt es sich dabei um einen nichtgebotenen Gedenktag, dessen Feier man als Priester bedenkenlos ignorieren kann. Den »heiligen Josemaría« als Vorbild zu betrachten, ist mir nämlich aufgrund seiner totalitären Religiosität, seines moralischen Rigorismus und seiner leistungsorientierten Frömmigkeit nicht möglich – nicht mehr, um ehrlich zu sein.

Damals war das anders. Damals konnte es mir gar nicht streng genug zugehen – wenn auch weniger in Bezug auf die Morallehre als in Bezug auf die Glaubenslehre. Dementsprechend wählte ich auch meinen akademischen »Vater« aus, den sogenannten Doktorvater. Die Auswahl fiel mir nicht schwer. Eigentlich musste ich gar keine Auswahl treffen, denn für mich stand von Beginn meines Kirchenrechtsstudiums an fest, wen ich als Doktorvater haben wollte: den damaligen Sekretär von Kardinal Joseph Ratzinger, Monsignore Dr. Georg Gänswein, der, bevor er zum Päpstlichen Privatsekretär, Erzbischof und Präfekten des Päpstlichen Hauses wurde, an der Universität des Opus Dei eine Gastprofessur für »Diritto canonico del munus docendi«, für das kirchliche Lehrrecht, innehatte.

Prof. Gänswein galt dort als der Strengste der Strengen. Streng waren sie alle, die Professoren der Päpstlichen Universität vom Heiligen Kreuz – schließlich gehörten viele von ihnen dem Opus Dei an, während die übrigen ihre Professuren und Lehraufträge gewiss nicht ohne Zustimmung des Opus Dei erlangt hatten. Doch waren die meisten von ihnen gebürtige Spanier und insofern durchaus willens und in der Lage, hin und wieder mal ein Auge zuzudrücken. Nicht so Prof. Gänswein. Er war zwar kein Mitglied des Opus Dei, doch was ihm an Opus-Dei-typischer Strenge abgegangen sein mochte, wog er durch typisch deutsche Gründlichkeit mehr als nur auf. Kein Wunder, dass es vor mir erst ein einziger Student gewagt hatte, ihn zum Doktorvater zu erwählen.

Doch genau so jemanden brauchte ich. Nachdem ich das damals noch auf zwei Jahre angelegte Lizenziatsstudium abgeschlossen hatte, dessen Dauer aufgrund der großen Menge an Lehrstoff mittlerweile auf drei Jahre ausgedehnt wurde, bat ich Bischof Krenn um Verlängerung meiner Freistellung. Er fragte mich daraufhin, wie lange ein Promotionsstudium in Rom üblicherweise dauere. »Mindestens zwei oder drei Jahre«, erwiderte ich ihm. »Sie bekommen ein Jahr«, gab er mir lapidar zur Antwort: »Ich brauche Sie hier in St. Pölten.« Um dieser Vorgabe entsprechen zu können, musste ich mir nicht nur einiges an Selbstdisziplin auferlegen, sondern auch einen Doktorvater finden, der die Entstehung meiner Dissertation nicht minder diszipliniert begleiten würde.

Unter diesen Voraussetzungen war Prof. Gänswein der perfekte Doktorvater. Auf ihn war Verlass. Wenn ich seinen Rat brauchte, bekam ich stets kurzfristig einen Termin, wenn ich ihm ein oder mehrere Kapitel meiner Arbeit zu lesen gab, brauchte ich nie länger als ein paar Tage auf sein Feedback zu warten. Und so schaffte ich es tatsächlich, meine Dissertation innerhalb von nur einem Jahr fertigzustellen, wobei mir eigentlich weit weniger als ein Jahr zur Verfügung stand, da ich sie, um mich noch im laufenden Studienjahr und damit vor Ende Juni der Abschlussprüfung stellen zu können, bis Anfang Mai fertiggestellt und eingereicht haben musste. Ich habe meinem Doktorvater viel zu verdanken. Doch trotz unseres intensiven Kontakts blieb er mir bis zuletzt eigenartig fremd.

Womöglich lag das aber auch an mir. Es war nämlich nicht nur er, der mir fremd blieb. Rom selbst blieb mir fremd, wurde mir mit der Zeit sogar immer fremder. Eine Zeit lang meinte ich, dass Rom mich enttäuscht hätte. Aber das stimmte nicht: Ich hatte mich in Rom getäuscht. Für mich war Rom immer der Inbegriff von Ordnung gewesen: Rom stand nach meinem Empfinden für eine Autorität, die das Ganze vor Augen hatte, ohne den Einzelnen aus dem Blick zu verlieren, für eine Geisteshaltung, die über das Menschliche hinausstrebte, ohne die Menschlichkeit hinter sich zu lassen, für einen Glauben, der nach Erkenntnis suchte, ohne die Sinnlichkeit zu verschmähen, für ein Recht, das die Einheit wahrte, ohne die Freiheit ungebührlich einzuschränken.

Was ich in Rom erlebte, war jedoch das glatte Gegenteil von Ordnung, war entweder unberechenbar oder zwanghaft. Unberechenbar war allein schon das römische Alltagsleben, das einem viel Mühe und Geduld abverlangte: Vieles funktionierte zunächst nicht – und wenn doch, dann nicht so, wie es sollte, sondern nur über Beziehungen und Umwege und mit dementsprechendem Kraft- und Zeitaufwand. Noch weitaus unberechenbarer, beschwerlicher und ruheloser erlebte ich das kirchliche Leben in Rom, näherhin das Leben als Priester. Fast immer, wenn ich mit anderen Priestern zusammenkam – was so gut wie täglich der Fall war –, überkam mich das unbestimmte Gefühl, beobachtet, belauert und begutachtet, wenn nicht sogar bedrängt und benutzt zu werden.

Ein altes lateinisches Sprichwort sagt: »Homo homini lupus« – zu Deutsch: »Der Mensch ist dem Menschen Wolf.« In Rom lernte ich die klerikale Variante dieses Sprichworts kennen: »Clericus clerico lupus.« Nur ein Teil, vermutlich sogar der geringere Teil der studierenden Priester in Rom studierte um des Studierens willen. Den anderen – das war zumindest mein Eindruck – ging es vor allem um einen akademischen Titel und die dadurch steigenden Karrierechancen. Und wo es um Karriere geht, gebärden sich Kommilitonen und Kollegen oft weniger als Kameraden denn als Konkurrenten. Den beruflichen Ambitionen eines Priesters in die Quere zu kommen, kann äußerst gefährlich sein. Noch gefährlicher ist es allerdings, seine sexuellen Ambitionen zu durchkreuzen.

Ich selbst hatte gleich dreimal das zweifelhafte Vergnügen, dass mich ein anderer, jeweils älterer Priester zu seinem Günstling erkor. Es begann stets mit Einladungen und frommen Geschenken (wie Büchern und Devotionalien), denen sich anfangs mehrdeutige, mit der Zeit aber immer eindeutigere Bemerkungen anschlossen. Der nächste Schritt bestand in einem vorsichtigen Herantasten, was in diesem Zusammenhang ganz wörtlich zu verstehen ist: vom in die Länge gezogenen Handschlag über scheinbar zufällige Berührungen an Arm oder Oberschenkel bis hin zum Kniff in den Po. Verweigerte man sich solchen Begehrlichkeiten – auch das musste ich schmerzlich erfahren –, verwandelte sich die Zuneigung des anderen schlagartig in gekränkte Eitelkeit, Hass und Rachsucht.

Den beruflichen und sexuellen Ambitionen anderer

Priester möglichst nicht in die Quere zu kommen, war ausgesprochen anstrengend. Noch anstrengender war es allerdings, sich den geradewegs entgegengesetzten Begehrlichkeiten zu entziehen: der Vereinnahmung oder zumindest Beeinflussung durch moralistische Organisationen. Auch in diesem Fall standen am Anfang Einladungen, meist zu Vorträgen oder Seminaren, sowie fromme Geschenke. Die Geschenke – etwa der unter dem Namen des Gründers der Legionäre Christi erschienene, mittlerweile aber als Plagiat enttarnte »Psalter meiner Tage« und »Der Weg« des Opus-Dei-Gründers – konnte man ja noch diskret im Bücherregal verschwinden lassen. Sich der Einladungen zu entledigen war da schon weit schwieriger.

Ich konnte zwar das wirklich zutreffende Argument vorbringen, dass ich neben meinem Studium schlichtweg keine Zeit für zusätzliche Bildungsangebote hätte, doch merkte ich bald, dass meine ablehnende Haltung auf wachsendes Unverständnis und Misstrauen stieß. War auf mich – trotz meiner Nähe zu Bischof Krenn und Nuntius Squicciarini – vielleicht am Ende doch kein Verlass? Irgendwann schließlich blieben die Einladungen aus. Ich war erleichtert. Dass ich in den betreffenden Organisationen fortan als unzuverlässig und nutzlos, wenn nicht sogar als gefährlich gelten könnte, lag außerhalb meiner Vorstellungskraft. Indem ich diese Zeilen schreibe, muss ich allerdings zugeben, dass die damals aufgekommenen Zweifel an meiner ideologischen Verlässlichkeit nicht ganz unberechtigt waren.

Was Frédéric Martel über das Sexualleben von Priestern in Rom berichtet, mag überspitzt formuliert sein, trifft meiner Erfahrung nach aber zu: Ihre Sexualität »ist entweder unterdrückt oder zügellos, hinter Schloss und Riegel oder völlig außer Rand und Band, und manchmal alles zusammen.« (Sodom, S. 641) Ich habe Priester kennengelernt, die sich regelmäßig in Darkrooms und Parks austobten, und ich habe Priester kennengelernt, die aufgrund ihrer hohen Stellung meinten, sich ins Bett holen zu können, wen sie wollten. Ich habe Priester kennengelernt, die ihre Sexualität komplett unterdrückten, weil sie unter moralischem Druck und strenger Überwachung standen, und ich habe Priester kennengelernt, die in ihrer Heimat Frau und Kinder hatten oder in einer festen schwulen Partnerschaft lebten.

Einige Zeit vor Abschluss meines Kirchenrechtsstudiums kam Nuntius Squicciarini für ein paar Tage nach Rom. Er hatte nach wie vor die Absicht, mich entweder im diplomatischen Dienst des Heiligen Stuhls oder an der Römischen Kurie unterzubringen. Nach einer morgendlichen Messfeier mit Papst Johannes Paul II. in dessen Privatkapelle und einer kurzen Privataudienz nahm er mich mit ins Staatssekretariat. Als wir die grauen Gänge durchquerten und in die grauen Büros blickten, deren einziger Schmuck im fantastischen Ausblick auf den Petersplatz bestand, sagte er plötzlich: »Um hier zu arbeiten, muss man entweder Atheist oder ein Heiliger sein.« In diesem Moment stand für mich fest, dass ich keinesfalls in Rom bleiben würde. Denn ich war weder das eine noch das andere.

Dritter Exkurs:
Zur Frage der Unauflöslichkeit der Ehe

Das Kirchenrechtsstudium an der Päpstlichen Universität vom Heiligen Kreuz in Rom umfasste nicht weniger als zwanzig verschiedene Fächer: von der Geschichte des Kirchenrechts über das Staatskirchenrecht bis hin zum kirchlichen Strafrecht. Formell waren alle diese Fächer gleichgestellt; eine Unterscheidung in Haupt- und Nebenfächer war nicht vorgesehen. Dennoch gab es ein Fach, das mit besonderer Akribie und Intensität gelehrt wurde: das kirchliche Eherecht. Das war insofern nicht verwunderlich, als die überwiegende Mehrheit derer, die ein Kirchenrechtsstudium absolvieren, für eine Aufgabe in der kirchlichen Ehegerichtsbarkeit vorgesehen sind. Es gibt aber noch einen weiteren Grund dafür, warum dem Eherecht innerhalb des Kirchenrechts eine herausragende Stellung zukommt.

Sogar Winfried Aymans sieht sich gleich zu Beginn des eherechtlichen Teils seines kirchenrechtlichen Grundlagenwerks gehalten, darauf hinzuweisen, dass das Eherecht »zu den unter dem rechtlichen Gesichtspunkt besonders sorgfältig durchgeformten Sachbereichen des kanonischen Rechts« gehört. (Kanonisches Recht, Band III, S. 325) Was er meint, könnte man überspitzt auch so formulieren: Das Eherecht ist der Wasserkopf des katholischen Kirchenrechts. Das kirchliche Eherecht ist nicht nur unverhältnismäßig umfangreich, sondern auch unfassbar kompliziert. Es weist außerdem eine ganze Reihe von Spannungen, Unstimmigkeiten und Widersprüchen auf. Ausgangs- und

Knackpunkt all dessen ist die kirchliche Lehre von der Unauflöslichkeit der Ehe.

Nach can. 1056 CIC gehört die Unauflöslichkeit zu den »Wesenseigenschaften der Ehe«. Wenn aber eine bestimmte Eigenschaft zum Wesen einer Sache gehört, dann kann die betreffende Sache ohne diese Eigenschaft nicht existieren. Wenn überhaupt, dann wäre diese Sache ohne diese Eigenschaft nicht mehr dieselbe wie mit dieser Eigenschaft, sondern etwas wesentlich anderes. Eine Ehe, die nicht unauflöslich wäre, kann es somit nicht geben. Es geht bei der Frage nach der Unauflöslichkeit der Ehe also nicht um irgendeine Nebensächlichkeit, sondern um die Ehe selbst. Würde man nämlich die Unauflöslichkeit der Ehe infrage stellen oder aufgeben, wäre damit zugleich die Ehe selbst infrage gestellt und aufgegeben. Das zumindest behauptet die katholische Kirche.

Mit dieser Auffassung steht die katholische Kirche allerdings ziemlich alleine da. In den Rechtsordnungen fast aller Staaten ist mittlerweile selbst dann, wenn sie die Ehe unter besonderen Rechtsschutz stellen, die Möglichkeit der Ehescheidung ausdrücklich vorgesehen. Dasselbe gilt für die Rechtsordnungen und Rechtsbräuche der meisten nichtchristlichen Religionen, sofern sie sich in Eheangelegenheiten überhaupt als zuständig betrachten. Selbst die überwiegende Mehrheit der nichtkatholischen Kirchen und kirchlichen Gemeinschaften stellt es ihren Mitgliedern mittlerweile mehr oder weniger frei, sich unter bestimmten Umständen scheiden zu lassen und eine neue Ehe einzugehen. Umso nachdrücklicher pocht die katholische Kirche darauf, dass die Ehe unauflöslich sei.

So hat etwa Papst Johannes Paul II. in seinem Apostolischen Schreiben »Familiaris consortio« vom 22. November 1981 das Festhalten an der Lehre von der Unauflöslichkeit der Ehe zu einer »Grundpflicht der Kirche« erklärt. »Mit Nachdruck« müsse man »denen, die sich von einer kulturellen Strömung mitreißen lassen, die die Unauflöslichkeit der Ehe ablehnt und die Verpflichtung der Gatten zur Treue offen verlacht«, diese Lehre in Erinnerung rufen. Man ist also vonseiten des kirchlichen Lehramts bewusst und nachdrücklich darauf bedacht, der inner- wie außerkirchlichen Öffentlichkeit den Eindruck zu vermitteln, dass eine gültig geschlossene Ehe nach katholischem Glauben unter keinen Umständen aufgelöst werden kann und somit absolut unauflöslich ist.

Wo immer man kirchlicherseits versucht, diesen Eindruck zu vermitteln, macht man sich allerdings der Vorspiegelung falscher Tatsachen schuldig. Dass die Ehe nach katholischem Glauben absolut unauflöslich sei, ist nämlich nichts anderes als ein Mythos. Tatsächlich sind im kirchlichen Eherecht gleich mehrere Ausnahmeregelungen vorgesehen, unter denen eine nach kirchlichem Verständnis gültige Ehe aufgelöst, sprich geschieden werden kann. Um welche Ausnahmeregelungen es sich dabei handelt, ist aber, wenn überhaupt, dann allenfalls denen bekannt, die Theologie studiert haben. Und um beurteilen zu können, ob eine jener Ausnahmeregelungen in einem konkreten Fall angewendet werden kann oder nicht, bedarf es schon eines kirchenrechtlichen Spezialstudiums.

Die katholische Kirche hält sich in Bezug auf diese Ausnahmeregelungen nach außen hin ziemlich bedeckt – und das, aus ihrer Sicht, mit gutem Grund: Wenn eine nach kirchlichem Verständnis gültige Ehe, und sei es auch nur im Ausnahmefall, kirchlicherseits aufgelöst werden kann, dann sollte sich die Kirche nämlich ernsthaft fragen, wie sie nur um Himmels willen darauf gekommen ist, die Unauflöslichkeit zu den Wesenseigenschaften einer solchen Ehe zu zählen. Denn eine unter welchen Voraussetzungen und Umständen auch immer auflösbare Ehe ist – man kann es drehen und wenden, wie man will – eines definitiv nicht: unauflöslich. Noch spannender wird es, wenn man sich diese Ausnahmeregelungen und ihre jeweiligen Begründungen einmal etwas genauer anschaut.

Die erste Ausnahmeregelung, der zufolge eine nach kirchlichem Verständnis gültige Ehe aufgelöst werden kann, wird gewöhnlich als »Paulinisches Privileg« bezeichnet. Sie geht auf den 1. Korintherbrief zurück, der nach nahezu einhelliger Meinung zu den echten, tatsächlich vom Apostel Paulus verfassten Briefen zählt. Paulus thematisiert darin unter anderem folgendes Problem: Zwei ungetaufte Personen sind gültig miteinander verheiratet; eine der beiden Personen lässt sich taufen, woraufhin sich die andere, nach wie vor ungetaufte Person von der getauften trennen will. Kann Letztere in diesem Fall erneut heiraten? Die Antwort des Apostels Paulus ist ein klares Ja: »Der Bruder oder die Schwester ist in solchen Fällen nicht wie ein Sklave gebunden.« (1 Kor 7,15)

Die näheren Umstände, unter denen das »Paulinische Privileg« in Anspruch genommen werden kann, und wie man dabei im Einzelnen vorzugehen hat, kann in diesem Zusammenhang beiseitegelassen werden. Entscheidend ist: Der Apostel Paulus hielt sich für berechtigt, eine solche Ausnahmeregelung vorzusehen, obwohl er grundsätzlich der Meinung war: »Die Frau soll sich vom Mann nicht trennen« (1 Kor 7,10) und »der Mann darf die Frau nicht verstoßen« (1 Kor 7,11). Doch damit nicht genug. In der ersten Hälfte des 20. Jahrhunderts gelangten die Päpste, die sich ja als Nachfolger des Apostels Petrus verstehen, nach und nach zu der Überzeugung: Was Paulus kann, kann Petrus erst recht! Wenn es schon ein »Paulinisches Privileg« gibt, dann muss auch ein »Petrinisches Privileg« her!

Diesem sogenannten »Petrinischen Privileg« zufolge können alle Ehen, die entweder von zwei ungetauften Personen oder von einer ungetauften zusammen mit einer getauften Person geschlossen wurden, vom Papst unter bestimmten Umständen aufgelöst werden. Wie beim »Paulinischen Privileg« geht es dabei, wohlgemerkt, um Ehen, die nach kirchlichem Verständnis gültig geschlossen wurden. Als »Petrinisches Privileg« wird diese Ausnahmeregelung nach Winfried Aymans deshalb bezeichnet, weil »der Papst sich kraft seines Petrusamtes für privilegiert hält«, solche Ausnahmeregelungen zu schaffen. (Kanonisches Recht, S. 522) Bis heute ist das »Petrinische Privileg« nicht in den kirchlichen Gesetzbüchern, sondern in einer eigenen, päpstlich approbierten Verfahrensordnung geregelt.

Im Unterschied zum »Paulinischen Privileg« gibt es für das »Petrinische Privileg« keine ausdrückliche biblische Grundlage. Begründet wird es gewöhnlich mit der dem Apostel Petrus von Jesus übertragenen Vollmacht: »Was du auf Erden lösen wirst, das wird im Himmel gelöst sein.« (Mt 16,19) Ebenso gut könnte man es aber auch mit der nicht nur dem Apostel Petrus, sondern allen Jüngern übertragenen Vollmacht begründen: »Alles, was ihr auf Erden lösen werdet, das wird auch im Himmel gelöst sein.« (Mt 18,18) Tatsache ist jedenfalls: Die Kirche, näherhin der Papst, hält sich unter bestimmten Umständen für berechtigt, Ehen aufzulösen, die nach kirchlichem Verständnis gültig geschlossen wurden. Wenn diese Ehen jedoch aufgelöst werden können, sind sie nicht unauflöslich.

Moment!, werden jetzt alle einwenden, die an der Unauflöslichkeit der Ehe um jeden Preis festhalten wollen: Die katholische Kirche behauptet ja nicht, jede Ehe wäre absolut unauflöslich, sondern nur, sie sei prinzipiell unauflöslich; absolut unauflöslich sei hingegen nur die sakramentale, also die von zwei Getauften gültig geschlossene Ehe. Doch nicht einmal das stimmt. Unter ganz bestimmten Voraussetzungen kann nämlich sogar eine sakramentale Ehe aufgelöst werden. Dies ist der Fall, wenn eine solche Ehe noch nicht vollzogen wurde. Vollzogen wird eine Ehe, wie es Winfried Aymans unübertrefflich trocken formuliert, »durch Aufnahme der ehelichen Leibesgemeinschaft«, das heißt »durch die erste geschlechtliche Beiwohnung nach der Eheschließung.« (Kanonisches Recht, S. 359)

Ohne Sex ist also selbst eine sakramentale Ehe nicht unauflöslich. Das hat historische Gründe: Bis ins hohe Mittelalter vertraten nicht wenige Bischöfe und Theologen die sogenannte Kopula-Theorie, der zufolge die Ehe überhaupt erst durch den ersten gemeinsamen Sexualakt der beiden Ehepartner zustande kommt; alles, was dem vorausgeht, wäre demnach nicht mehr als eine Absichtserklärung. Das konnte die zunehmend lustfeindliche Kirche so natürlich nicht stehen lassen: Denn dann würde der quasi liturgische Akt der Sakramentenspendung in diesem Fall nicht in irgendeinem frommen Ritus bestehen, sondern darin, dass die beiden Ehepartner lustvoll stöhnend ins Bett sinken. Der erste Sex eines zur Ehe entschlossenen Paares wäre dann so etwas wie sakramentaler Sex.

Weil die Kirche aber ungern zugibt, ihre Lehre verändert zu haben, und stattdessen lieber, wie es Michael Seewald trefflich formuliert, »Kontinuitätskosmetik« betreibt (Reform, S. 74), ist ein kleiner Rest der so genannten Kopula-Theorie, obwohl sie im Grundsatz längst aufgegeben wurde, im Kirchenrecht erhalten geblieben. Dadurch hat es das kirchliche Lehramt zwar wieder einmal geschafft, zumindest »den Anschein einer ohne Brüche auskommenden, objektiven Lehrtradition aufrechtzuerhalten«, um noch einmal Michael Seewald zu zitieren (Reform, S. 74), aber auf diese Weise ein noch größeres Problem geschaffen: Die Ehe ist nämlich seither das einzige Sakrament, das, nachdem es gültig gespendet wurde, wieder rückgängig beziehungsweise ungeschehen gemacht werden kann.

Das ist beinahe so, als ob das der Seele eines Menschen nach katholischer Glaubenslehre bei der Taufe eingeprägte unauslöschliche geistliche Siegel, von dem in Nr. 1272 des Katechismus der Katholischen Kirche die Rede ist, erst dann wirklich unauslöschlich würde, wenn sich die betreffende Person nach ihrer Taufe, die sie womöglich im Säuglingsalter empfangen hat, tatsächlich zum christlichen Glauben bekennt. Genauso abwegig wäre es zu behaupten, der Empfang der Priesterweihe wäre erst dann endgültig und unumkehrbar, wenn ein Priester erstmals die heilige Messe gefeiert hat. Und nicht minder absurd ist es eben auch zu behaupten, dass eine sakramentale Ehe ungeachtet ihrer prinzipiellen Unauflöslichkeit unter bestimmten Voraussetzungen aufgelöst werden kann.

»Prinzipiell unauflöslich« ist so ähnlich wie »ein bisschen schwanger«: ein Widerspruch in sich. Entweder ist eine Frau schwanger oder sie ist es nicht; entweder ist eine Ehe unauflöslich oder sie ist es nicht. Wer anderes behauptet, betrügt nicht nur diejenigen, denen gegenüber er das behauptet, sondern auch sich selbst. Wenn die Kirche eine gültige und sogar sakramentale Ehe, unter welchen Voraussetzungen und auf welche Weise auch immer, auflösen kann, dann ist diese Ehe – man kann es wirklich drehen und wenden, wie man will – definitiv nicht unauflöslich. Die vorgebliche Unauflöslichkeit der Ehe ist demnach weder mit der Gültigkeit noch mit der Sakramentalität einer Ehe zwingend verbunden. Was aber ist dann mit den einschlägigen Aussagen Jesu?

Tatsächlich hat sich Jesus der biblischen Überlieferung zufolge sehr klar gegen Ehescheidung und Wiederheirat ausgesprochen: »Was aber Gott verbunden hat, das darf der Mensch nicht trennen.« (Mt 19,6 und Mk 10,9); »wer seine Frau aus der Ehe entlässt und eine andere heiratet, begeht Ehebruch; auch wer eine Frau heiratet, die von ihrem Mann entlassen worden ist, begeht Ehebruch.« (Lk 16,18) Weit weniger klar ist allerdings, welche praktischen Konsequenzen sich aus den zitierten Worten Jesu ergeben. Winfried Aymans fasst die beiden gängigen Meinungen dazu wie folgt zusammen: »Nach der ersten handelt es sich um eine streng rechtliche Weisung, nach der zweiten hat die Weisung Jesu den Charakter eines Zielgebotes«, also einer moralischen Orientierung, eines Ideals. (Kanonisches Recht, S. 398)

Die Frage ist also, ob es Jesus lediglich bedauert und missbilligt, wenn jemand sich scheiden lässt und wieder heiratet, oder ob er Scheidung und Wiederheirat, wie es etwa Nikolaus Schöch behauptet, durch ein »absolut verpflichtendes Gesetz« für rechtlich unmöglich erklärt hat. (Die Ehe, S. 1259) Diese Frage lässt sich allerdings im Blick auf die kirchliche Praxis eindeutig beantworten. Denn »eine streng rechtliche Weisung« würde, wie Winfried Aymans zutreffend feststellt, »im Rahmen ihres Anspruchs auf volle Verwirklichung« drängen. (Kanonisches Recht, S. 399) Voll verwirklicht wäre eine streng rechtliche, absolut verpflichtende Weisung mit Gesetzescharakter aber nur dann, wenn es keinerlei Ausnahmen und folglich auch keine Ausnahmeregelungen gäbe.

Nun gibt es aber Ausnahmen von der Unauflöslichkeit der Ehe und auch dementsprechende kirchliche Ausnahmeregelungen. Deren älteste geht auf niemand Geringeren als den Apostel Paulus zurück und ist Teil der biblischen Überlieferung, während die jüngste davon erst im 20. Jahrhundert von den Päpsten eingeführt wurde. Erschwerend kommt hinzu, dass Jesus selbst zumindest eine Ausnahme von der Unauflöslichkeit der Ehe vorgesehen hat: »Wer seine Frau entlässt, obwohl kein Fall von Unzucht vorliegt, und eine andere heiratet, der begeht Ehebruch.« (Mt 19,9) Im Fall von Unzucht – was auch immer damit gemeint sein mag – hält Jesus Ehescheidung und Wiederheirat also für möglich. Die Unauflöslichkeit der Ehe ist somit kein ehernes, ausnahmslos geltendes Gesetz.

Wenn dem so ist, stellt sich allerdings die Frage, warum die Kirche einerseits so tut, als wäre die Unauflöslichkeit der Ehe ein solches Gesetz, und andererseits, als ob sie die ihr zur Verfügung stehenden Möglichkeiten mit den bestehenden Ausnahmen und Ausnahmeregelungen bereits ausgeschöpft hätte. Denn immerhin erstreckt sich die von der Kirche im 20. Jahrhundert neu geschaffene Möglichkeit der Auflösung grundsätzlich aller nichtsakramentalen Ehen im Unterschied zu den beiden schon länger bestehenden Möglichkeiten nicht auf eine eng begrenzte Zahl von Ausnahmefällen, sondern, zumindest theoretisch, auf die weit überwiegende Mehrheit aller weltweit bestehenden gültigen Ehen, nämlich aller Ehen, die nicht von zwei Getauften geschlossen wurden.

Und noch eine weitere Frage stellt sich in diesem Zusammenhang: Die Frage, warum Katholikinnen und Katholiken, die nach staatlichem Recht geschieden wurden und danach erneut geheiratet haben, kirchlicherseits vom Kommunionempfang ausgeschlossen sind. In Nr. 1650 des Katechismus der Katholischen Kirche wird dies damit begründet, dass die betreffenden Personen »sich in einer Situation« befinden, »die dem Gesetz Gottes objektiv widerspricht«. Nun ist aber die Unauflöslichkeit der Ehe offenkundig kein Gesetz Gottes, denn wenn sie ein Gesetz Gottes wäre, wäre weder die Kirche noch der Papst noch sonst irgendjemand außer dem Gesetzgeber selbst, also Gott, befugt gewesen, jene Ausnahmen beziehungsweise Ausnahmeregelungen zuzulassen, die es nun einmal gibt.

Insofern war es ein Schritt in die richtige Richtung, als Papst Franziskus in seiner Enzyklika »Amoris laetitia« vom 19. März 2016 den Kommunionempfang von wiederverheirateten Geschiedenen zumindest »in gewissen Fällen« für zulässig erklärt hat. Dass er davon absah, zu erläutern, um welche Fälle es sich handelt, sorgte allerdings für einige Unsicherheit – eine Unsicherheit, die umso größer wurde, als er im 2021 erneuerten kirchlichen Strafrecht, näherhin in can. 1379 § 4 CIC, die vorsätzliche Kommunionspendung an Personen, die normalerweise keine Sakramente empfangen dürfen, erstmals unter Strafe stellte. Zu denen, die normalerweise keine Sakramente empfangen dürfen, wurden zumindest unter seinen Vorgängern auch die wiederverheirateten Geschiedenen gezählt.

Wäre die Kirche hier konsequent, müsste sie ohnehin auch diejenigen vom Kommunionempfang ausschließen, die einer der anderen, mit ähnlicher Vehemenz eingeforderten Weisungen Jesu zuwiderhandelten – etwa jener, wonach niemand sein Jünger sein kann, »wenn er nicht auf seinen ganzen Besitz verzichtet« (Lk 14,33). Selbst ein Bischof, der irrtümlich meinte, die Würde seines Amtes verlange nach einer frei stehenden Badewanne und einem Gartenteich mit Koi-Karpfen, musste zwar am Ende sein Palais räumen, wurde aber immerhin mit einem Schreibtisch im Vatikan samt geräumiger Dienstwohnung entschädigt. Dass er weiterhin feierliche Pontifikalämter feiern und dabei, ebenfalls ganz selbstverständlich, die Kommunion empfangen darf, hat niemand je infrage gestellt.

Noch weniger überzeugend als die erste Begründung für den Ausschluss wiederverheirateter Geschiedener vom Kommunionempfang ist eine zweite, die Papst Johannes Paul II. in »Familiaris consortio« so formuliert hat: »Ließe man solche Menschen zur Eucharistie zu, bewirkte dies bei den Gläubigen hinsichtlich der Lehre der Kirche über die Unauflöslichkeit der Ehe Irrtum und Verwirrung.« Auch bei dieser Begründung geht es um die Unauflöslichkeit der Ehe, allerdings nicht in Bezug auf die betroffenen Personen, sondern in Bezug auf die Öffentlichkeit. Wie es scheint, wollen der Papst und die Kirche der Öffentlichkeit gegenüber bewusst den Eindruck erwecken und aufrechterhalten, eine einmal gültig geschlossene Ehe sei absolut und ausnahmslos unauflöslich.

Wenn dem so sein sollte, wäre das, bei allem Respekt, unredlich. Schließlich sollte gerade ein Papst wissen, dass in seinem Namen schon so manche gültige und sogar sakramentale Ehe unter Anwendung der bestehenden Ausnahmeregelungen aufgelöst wurde. Bevor man ihm das zum Vorwurf macht, sollte man allerdings bedenken, dass es sehr mächtige und machtbewusste Kräfte in der Kirche gibt, die die Unauflöslichkeit der Ehe mit all ihrer Macht verteidigen. »Vor allem das rechtskatholische Milieu pocht auf die Einhaltung der sexuellen Ordnung«, klagt Christiane Florin. (Trotzdem!, S. 111) Genau darum dürfte es letztlich auch gehen: um Ordnung, um Disziplin, um Disziplin im Eheleben, um Disziplin im Ehebett. Denn wo Disziplin herrscht, herrschen klare Machtverhältnisse.

Diese Kräfte – genauer ausgedrückt: die moralistischen Organisationen, durch die jene Kräfte auf die Kirche einwirken –, irren allerdings, wenn sie meinen, die Ehe verlöre ohne gesetzlich verordnete Unauflöslichkeit ihre ordnende Kraft. Das Gegenteil ist der Fall: Kaum jemand dürfte schließlich eine Ehe eingehen, wenn ihm nicht an Verbindlichkeit, Beständigkeit und Treue gelegen wäre. Wäre die Unauflöslichkeit aber ein Gesetz, gäbe es nur ein Entweder-oder, ein Durchhalten oder Scheitern. Betrachtet man sie hingegen als Orientierung und Ideal, vermögen selbst Unzulänglichkeit und Versagen – davon ist jedenfalls Margaret A. Farley überzeugt – die Hoffnung nicht zu zerstören, »dass unsere Freiheit mächtig genug ist, unserer Liebe eine Zukunft zu geben«. (Verdammter Sex, S. 249)

Gleichwohl wurden unsere Professoren an der römischen Universität des Opus Dei nicht müde, uns die Unauflöslichkeit der Ehe wie ein Dogma einzubläuen. Gleichzeitig schienen sie durchaus Spaß daran zu haben, uns mit den bestehenden Ausnahmen und Ausnahmeregelungen vertraut zu machen. Den damit verbundenen Spagat hatten sie offenbar lange genug eingeübt, um ihn halbwegs schmerzfrei auf die Bühne zu bringen. Die Katholikinnen und Katholiken, die sich moralisch unter Druck gesetzt fühlen, eine Ehe aufrechtzuerhalten, die keine Beziehung mehr ist, oder die in einer Beziehung leben, die die Kirche nicht als Ehe anerkennt, dürften sich bei dem ihnen abverlangten Spagat um einiges schwerer tun.

VIERTES KAPITEL
Mission impossible

Von Rom nach St. Pölten – das klingt nach einem Kulturschock, wie er größer kaum vorstellbar ist. Wer St. Pölten kennt, wird womöglich meinen, ich scherze, aber es entspricht der Wahrheit: Ich habe mich in St. Pölten, zumindest anfangs, sehr wohlgefühlt. Das lag freilich weniger an der Stadt selbst, die, abgesehen von ein paar ganz netten Gassen im Zentrum, wahrlich keine Schönheit ist. Aber ich war glücklich: Zum einen hatte ich erstmals im Leben nicht nur ein möbliertes Zimmer, sondern eine eigene Wohnung und damit auch ein eigenes Bad. Dass sich meine Dienstwohnung in einem schäbigen Wohnblock in Bahnhofsnähe befand und, nach längerem Leerstand, ziemlich heruntergekommen war, störte mich nicht. Ich war glücklich, denn ich hatte ein Zuhause.

Noch glücklicher war ich darüber, eine Aufgabe zu haben, die mir das Gefühl gab, gebraucht zu werden. Genau das hatte Bischof Krenn immer wieder zu mir gesagt: »Ich brauche Sie!« Wozu er mich brauchen würde, hatte er mir lange nicht verraten. Erst kurz vor meinem Abschied aus Rom ließ er mich wissen, dass ich sein Sekretär werden sollte. In den ersten elf Jahren als Diözesanbischof von St. Pölten hatte er, abgesehen von einer Schreibkraft, keinen eigenen Sekretär gehabt; das sollte sich nun ändern. Darüber hinaus ernannte er mich zu seinem Zeremoniar sowie zum Bischöflichen Referenten für kirchenrechtliche

Fragen. Auf meine Bitte hin erteilte er mir außerdem die Erlaubnis, nebenbei ein kirchenrechtliches Habilitationsstudium in München aufzunehmen.

Großen Wert legte der Bischof darauf, dass im Ernennungsdekret, dessen Ausführung er mir als meine erste Aufgabe übertrug, ausdrücklich vermerkt würde, dass ich ausschließlich und unmittelbar seiner Weisungsgewalt unterstünde. Ich fragte nicht nach, warum ihm das so wichtig war, denn ich vermutete es bereits. Das Problem befand sich nur ein paar Dutzend Meter von meinem künftigen Büro entfernt am anderen Ende eines langen Ganges, der den diesseitigen Wohn- und Einflussbereich des Bischofs mit dem jenseitigen Wohn- und Einflussbereich des Generalvikars verband. Eine schwere Tür, die nicht sonderlich oft durchschritten wurde, trennte die beiden Machtsphären strikt voneinander. Ich ahnte: Da drüben, auf der anderen Seite der Tür, war Feindesland.

Obwohl er mich zum Diakon geweiht hatte, kannte ich Generalvikar und Weihbischof Heinrich Fasching zum damaligen Zeitpunkt so gut wie gar nicht. Ein einziges Gespräch hatte ich je mit ihm geführt, wenn man unser Zusammentreffen kurz nach meiner Diakonenweihe denn als Gespräch bezeichnen möchte. Ich war zu ihm einbestellt worden, ohne dass man mir gesagt hätte, aus welchem Grund. Zunächst musste ich fast eine Dreiviertelstunde warten, bevor ich in sein Büro geführt wurde. Als ich ihn begrüßt hatte und vor seinem Schreibtisch stand, geschah zunächst gar nichts. Weder erwiderte er meinen Gruß, noch bot er mir einen Platz an. Er schaute nicht einmal auf. Stattdessen blätterte und las er in irgendwelchen Akten, die er vor sich auf seinem Schreibtisch ausgebreitet hatte.

Nach einigen Minuten sagte er plötzlich, ohne aufzusehen, mit kaum vernehmbarer Stimme: »Sie haben gelogen!« Ich erschrak und fragte, was er meine. Schweigend beschäftigte er sich weiter mit seinen Akten. Dann sagte er, etwas lauter als zuvor, aber immer noch, ohne den Blick zu heben: »Sie haben gelogen!« Neuerlich fragte ich nach, worum es überhaupt gehe. Neuerlich antwortete er nicht und blickte auch nicht auf. Das Spiel wiederholte sich etliche Male. Schließlich sagte ich, zwar verunsichert, aber dennoch entschlossen: »Wenn Sie mir jetzt nicht sagen, worum es geht, gehe ich!« Da blickte er endlich auf, zog die jüngste Ausgabe der Kirchenzeitung unter seinen Akten hervor, pochte auf ein Foto und schrie so laut, dass sich seine Stimme fast überschlug: »Sie haben gelogen!«

Das Foto, das unter seinem fortwährenden Pochen zunehmend zerknitterte, war unmittelbar nach meiner Diakonenweihe entstanden; es zeigte ihn, den Weihbischof, zusammen mit den neu geweihten Diakonen. Was ihm daran missfiel, war mir ein Rätsel. Als er das Rätsel schließlich löste, war ich einfach nur baff: »Sie haben auf dem Foto die Hände gefaltet!«, schrie er: »Dabei haben Sie in diesem Moment gar nicht gebetet!« Die ganze Situation war dermaßen absurd, dass ich mich sehr zusammenreißen musste, um nicht lauthals loszulachen. Davon abzuhalten vermochte mich allein der Respekt vor seinem Amt. Doch immerhin wusste ich nun, wozu das ganze Theater gedient hatte: Es war eine Machtdemonstration, es sollte mich einschüchtern. Funktioniert hatte das allerdings nicht.

Seine Karriere als Generalvikar und Weihbischof hatte Heinrich Fasching allein Bischof Krenn zu verdanken. Dieser war, nicht zuletzt aufgrund seiner medialen Präsenz, zu seiner Zeit eine »der ganz großen Ausnahmeerscheinungen des politisch-gesellschaftlichen Lebens« in Österreich und weit darüber hinaus, wie Norbert Stanzel zutreffend beobachtet hat. (Die Geißel Gottes, S. 127) Das wiederum hatte zur Folge, dass er für das alltägliche Klein-Klein der Diözesanverwaltung weder das Detailwissen und die Erfahrung noch die Zeit hatte. All das überließ er weitgehend seinem Generalvikar. Der wiederum war ein ebenso gewiefter wie pedantischer Bürokrat und wurde in der Diözese St. Pölten sehr bald als der eigentliche Diözesanleiter wahrgenommen.

Diese Rolle lag ihm nicht nur, sie schien ihm auch zu gefallen. Und so kam es, dass die Diözese St. Pölten de facto zwei Bischöfe hatte. Das konnte auf Dauer nicht gut gehen. Bischof Krenn war, als ich sein Sekretär wurde, innerhalb der Diözese weithin isoliert und kaltgestellt. Ohne detaillierte Anweisung und jedwede Kontrolle konnte sein Generalvikar agieren, als gäbe es gar keinen Diözesanbischof: Er wusste, dass er Entscheidungen des Diözesanbischofs, die ihm nicht passten, getrost ignorieren konnte, während seine eigenen Entscheidungen vom Diözesanbischof in aller Regel widerspruchslos zur Kenntnis genommen wurden. Die Folge davon war, dass es um Bischof Krenn immer einsamer wurde, denn auf seine Ankündigungen und Zusagen war wenig Verlass.

Im Sommer 2002, als ich sein Sekretär wurde, hatte Bischof Krenn den Zenit seiner körperlichen und geistigen Kräfte bereits merklich überschritten. Er wusste das wohl, hätte es aber nie zugegeben. Ebenso wusste er, dass er, um innerhalb der Diözese nicht auch noch den letzten Rückhalt zu verlieren, seinen Generalvikar ersetzen musste. Das aber brachte er nicht fertig. Bischof Krenn war meiner Wahrnehmung nach nur nach außen hin der unnachgiebige, streitbare und polternde Kämpfer für Disziplin und

Dogma. Hinter dieser sowohl von den Medien als auch von ihm selbst aufgebauten und aufrechterhaltenen Fassade verbargen sich noch andere, geradezu gegensätzliche Charakterzüge: Gutmütigkeit, Großzügigkeit und Nachsicht, gepaart mit Gleichgültigkeit, Bequemlichkeit und Trägheit.

Statt das Hindernis beiseitezuräumen, was ihm einen enormen Kraftakt abverlangt und einiges an Ärger eingebracht hätte, suchte Bischof Krenn nach einem Weg, es zu umschiffen. Wenn sein Generalvikar nicht tat, was er wollte, dann sollte das eben jemand anderer machen. Bischof Krenn wusste nur allzu gut, wie Parallelstrukturen funktionieren: Schließlich unterhielt er, wie Norbert Stanzel recherchiert hat, regen Kontakt zu jenem »Berater- und Freundeskreis Karol Wojtylas, der in Rom ironisch als ›polnische Kurie‹ (im Gegensatz zur echten) bezeichnet« wurde. (Die Geißel Gottes, S. 64) In etwa das, was der Päpstliche Privatsekretär Stanislaw Dziwisz für Papst Johannes Paul II. war, sollte ich für Bischof Krenn werden. Auch das konnte auf Dauer nicht gut gehen.

Nichtsdestotrotz machte ich mich voller Elan an die Arbeit. Zunächst aber galt es, ganze Berge von bedrucktem Papier abzuarbeiten: Unbeantwortete Briefe, unbearbeitete Akten und ungelesene Zeitschriften stapelten sich nicht nur auf den Ablageflächen und in den Schränken, sondern teilweise sogar auf dem Boden meines Büros. Mehr als ein Jahrzehnt lang hatte hier niemand für Ordnung gesorgt. Zum Glück hatte ich in der Apostolischen Nuntiatur gelernt, wie man ein Büro organisiert und Akten so ablegt, dass man sie bei Bedarf wiederfindet. Ich kannte die Förmlichkeiten, die bei der Korrespondenz mit Politikern und Prominenten, mit kirchlichen Amtsträgern und mit der

Römischen Kurie zu beachten sind. Ich wusste, wie man Termine organisiert und Gespräche protokolliert.

Völlig unterschätzt hatte ich hingegen den Arbeits- und Zeitaufwand, der mit der Planung und Durchführung auswärtiger Aktivitäten des Bischofs (wie zum Beispiel Visitationen, Firmungen und Wallfahrten) verbunden war. Deren reibungsloser Ablauf machte es mitunter erforderlich, dass ich vorab allein anreiste, um die Örtlichkeiten kennenzulernen und die konkreten Abläufe festzulegen. Wenn dann das betreffende Ereignis selbst anstand und wir erst einmal vor Ort waren, ließ sich Bischof Krenn in aller Regel viel Zeit – viel Zeit beim Gottesdienst, insbesondere bei der Predigt, viel Zeit aber auch beim anschließenden, mal mehr, mal weniger gemütlichen Ausklang. Nicht selten kam es vor, dass wir von auswärtigen Terminen erst lange nach Mitternacht heimkehrten.

Anders, als ich es mir vorgestellt hatte, kam ich im ersten Jahr meiner Tätigkeit als Bischöflicher Sekretär so gut wie gar nicht zum wissenschaftlichen Arbeiten. Mir fehlte schlichtweg die Zeit dazu. Zwar war es nicht weiter schwierig gewesen, mein Habilitationsvorhaben in München auf den Weg zu bringen. Im Benediktinerpater Prof. Dr. Stephan Haering hatte ich rasch einen wohlwollenden Betreuer gefunden und mich mit ihm auf ein Thema einigen können. Doch nach einem Jahr hatte ich gerade einmal ein paar Dutzend Seiten zu Papier gebracht. So wurde das nichts. Und darum bat ich Bischof Krenn im Frühjahr 2003, mich als Zeremoniar zu ersetzen, um mich auf meine Aufgaben im Bischöflichen Sekretariat konzentrieren und nebenbei meine Habilitation voranbringen zu können.

Bischof Krenn kam meiner Bitte ungern nach. Auch wenn ich ihn mit meiner reichlich ungeduldigen und pedantischen Art mitunter nervte, schien er mit meiner Arbeit im Großen und Ganzen zufrieden zu sein. Wenn er morgens ins Büro kam, erwartete ich ihn dort immer schon ganz sehnsüchtig mit Terminanfragen, Aktenvermerken und Briefentwürfen – wobei morgens bei ihm gewöhnlich der späte Vormittag war, da er seinen Tag erst lange nach Mitternacht zu beenden pflegte. »Jetzt setzen Sie sich erst mal hin und erzählen mir, wie's Ihnen so geht«, sagte er dann, um Zeit zu gewinnen, während er sich eine erste seiner entsetzlich stinkenden italienischen Zigarren anzündete – jene mit den beiden Mundstücken, die man vor dem Rauchen in der Mitte auseinanderbricht.

Mit einiger Beharrlichkeit und Geduld gelang es im Laufe der Zeit aber doch, neben dem bürokratischen Alltagsgeschäft einige Projekte in die Tat umzusetzen, die sein Generalvikar, so schien es mir zumindest, bis dahin konsequent ignoriert oder verzögert hatte. So hatte ich zum Beispiel, ganz pflichteifrig, mehrere Allgemeine Dekrete entworfen, mit denen bestimmte liturgische Missstände behoben werden sollten. Ich war stolz, ein neues Statut für die Philosophisch-Theologische Hochschule der Diözese ausgearbeitet zu haben. Und nicht zuletzt hatte ich etliche Priester und Ordensleute dabei unterstützt, in der Diözese St. Pölten eine neue Heimat zu finden. Fast alle von ihnen gehörten zuvor Orden oder Organisationen an, die für sich in Anspruch nehmen, besonders rechtgläubig zu sein.

Dennoch ist Norbert Stanzels Vorwurf unzutreffend, dass Bischof Krenn systematisch darum bemüht gewesen wäre, »neuen, vorkonziliar orientierten Gemeinschaften«, die andernorts unerwünscht waren, »in der Diözese St. Pölten ein Refugium« zu schaffen. (Die Geißel Gottes, S. 102) Tatsächlich war es genau umgekehrt: Die betreffenden Personen und Organisationen wandten sich hilfesuchend an Bischof Krenn, der bereit war, ihnen, wenngleich unter bestimmten Bedingungen, Zuflucht zu gewähren. Zu diesen Bedingungen gehörte es nicht zuletzt, von allen Lehren, Bräuchen und Aktivitäten Abstand zu nehmen, die nicht mit dem übereinstimmten oder über das hinausgingen, was zu den ganz normalen katholischen Glaubenslehren und -praktiken gehörte.

Erhebliche Skepsis, wenn nicht sogar Abneigung brachte er – bei allem Verständnis und, falls nötig, Entgegenkommen – solchen Organisationen entgegen, die sich auf angebliche himmlische Erscheinungen, Visionen und Privatoffenbarungen beriefen, die allzu sehr auf die Person ihres Gründers oder ihrer Gründerin fixiert waren oder die meinten, der kirchlichen Sexualmoral eine zentrale Bedeutung beimessen zu müssen. Dass Bischof Krenn solchen Organisationen persönlich nahegestanden hätte, ist nichts anderes als eine Legende. Indem er den Kontakt zu solchen Organisationen pflegte, wollte er vielmehr verhindern, dass sie sich immer mehr isolierten, in immer extremere Positionen abrutschten und so am Ende immer weiter von der Kirche entfernten.

Denn Bischof Krenn war, allem Anschein zum Trotz, kein Moralist. Zwar polterte er in seinen Predigten, Hirtenbriefen und Interviews regelmäßig gegen Abtreibung, Ehescheidung und Empfängnisverhütung, aber weniger aus Sorge um das Seelenheil derer, die ohne ausreichende Katechismuskenntnisse ins Bett stiegen, als vielmehr aus Gehorsam gegenüber dem kirchlichen, näherhin dem päpstlichen Lehramt. Bischof Krenn war Papst Johannes Paul II. so treu ergeben, dass er es für seine Pflicht hielt, sich dessen Leidenschaft für die Sexualmoral zu eigen zu machen, auch wenn er sich für sexuelle Leidenschaften eigentlich überhaupt nicht interessierte. Sexualität und Sexualmoral hatten für ihn meinem Eindruck nach weniger mit Liebe, Lust und Lüsternheit zu tun als mit Loyalität.

Loyalität war Bischof Krenns größte Stärke, meinem Empfinden nach zugleich aber auch seine größte Schwäche. Aus Loyalität schien er unter Umständen sogar bereit zu sein, die Augen vor der Wirklichkeit zu verschließen und wider besseres Wissen zu handeln. Dabei nahm er in Kauf, Opfer zu Tätern und Täter zu Opfern zu machen. Fortwährend verstrickte er sich in innerkirchliche Grabenkämpfe, bei denen es keinen Sieger geben konnte, weil alle Beteiligten schlimme Verletzungen davontrugen. In diesen Kämpfen hat er sich, so mein Eindruck, letztlich überschätzt und übernommen. Ungeachtet seines Scharfsinns hat es mich immer wieder überrascht, wie sehr es ihm an Menschenkenntnis zu mangeln schien. Wenn es um Menschliches, allzu Menschliches und Unmenschliches ging, wirkte er mitunter regelrecht naiv, wenn nicht sogar ignorant.

Die beinahe regelmäßig eintrudelnden und fast immer anonymen Anzeigen angeblicher sexueller Fehltritte von Geistlichen mochte er in aller Regel nicht einmal lesen. Dergleichen konnte – oder wollte? – er sich schlichtweg nicht vorstellen. Selbst die einen eigenen Aktenordner füllenden Berichte über das allem Anschein nach etwas sprunghafte Triebleben eines Priesters, der früher einmal zu seinen engsten Mitarbeitern gehört hatte, interessierten ihn nicht. Einem Domkapitular, der mit seinem Lebensgefährten zusammengezogen war, ließ er lediglich ausrichten: »Der Homo muss weg!« – was sehr bald in der Diözese zu einem geflügelten Wort wurde. Der »Homo«, also der Lebensgefährte jenes Domkapitulars, bezog daraufhin eine eigene, nur ein paar Straßen entfernte Wohnung, woraufhin der Fall für Bischof Krenn erledigt war.

Indem er sich einerseits in der Öffentlichkeit als Moralapostel gebärdete, andererseits aber nicht dazu hergeben wollte, als eine Art Zölibats-Zerberus über die körperliche Unterwelt des Klerus zu wachen, machte sich Bischof Krenn Feinde auf beiden Seiten: aufseiten derer, die die kirchliche Sexualmoral für überholt und weltfremd hielten, aber ebenso auch aufseiten derer, die sie benötigten, um ihre innerkirchlichen Parallelwelten unter Kontrolle zu halten. Gerade in den moralistischen Organisationen wurde seine – aus deren Perspektive betrachtet – inkonsequente Haltung mit einigem Argwohn beobachtet. Mit noch weit größerem Argwohn wurde dort beobachtet, was Bischof Krenn bereits Jahre zuvor angekündigt hatte, aber erst 2001 mit beinahe letzter Kraft schaffte in die Tat umzusetzen.

Ein personeller Neuanfang im St. Pöltener Priesterseminar war längst überfällig. Seit einer gefühlten Ewigkeit war es von Prälat Franz Schrittwieser als Regens geleitet worden. Bischof Krenn hatte Schrittwieser, wie Ulrich Küchl dokumentiert, bereits »1998 nahegelegt, sich mit seiner Ablöse einverstanden zu erklären. Der Prälat wollte nicht. Darauf hätte ihm der Bischof angekündigt, ›in zwei Jahren ist es aber so weit‹.« (Im Harmannsdorfer Exil, S. 73) Nachdem Bischof Krenn dem Regens 2001 erneut und einmal mehr vergeblich nahegelegt hatte, »freiwillig auf sein Amt zu verzichten«, wurde er, wie Reinhard Dörner berichtet, »seines Amtes enthoben«, weigerte sich aber zunächst, »seine bisherigen Diensträume im Priesterseminar zu räumen«. (Der Wahrheit die Ehre!, S. 141)

Infolgedessen konnte sein Nachfolger, Prälat Ulrich Küchl, das Amt des Regens erst nach einer weiteren mehrmonatigen Verzögerung antreten. Doch auch nach seinem Amtsantritt hatte es der neue Regens schwer, sogar doppelt schwer: Zum einen schien es sich sein Vorgänger zur Aufgabe gemacht zu haben, die Arbeit seines Nachfolgers nach Kräften zu torpedieren, und zum anderen hatte Prälat Küchl neben seiner Tätigkeit als Regens auch noch ein Kollegiatstift sowie zwei kleine Pfarreien zu leiten. Hinzu kam der Erfolgsdruck, unter dem der neue Regens stand. Nachdem seinem Vorgänger immer wieder vorgeworfen worden war, unter seiner Ägide hätten immer weniger junge Männer Priester werden wollen, blieb dem neuen gar nichts anderes übrig, als zu liefern.

Und das tat er. Dabei hatte er im St. Pöltener Priesterseminar gar nicht so viel verändert – es wurde lediglich etwas mehr Wert auf Bildung gelegt als zuvor und auch ein wenig mehr gebetet. Es genügte jedoch, dass er als Vertrauter von Bischof Krenn galt. Dessen »Priesterseminar wurde dadurch zum Anziehungspunkt für zahlreiche ebenfalls extrem konservative junge Männer aus ganz Europa«, staunt David Berger. (Der heilige Schein, S. 189) Tatsächlich dauerte es nach dem Amtsantritt des neuen Regens gerade einmal eineinhalb Jahre, bis sich die Zahl der Seminaristen auf über 40 mehr als verfünffacht hatte. Dabei gab es allerdings ein Problem: Regens Küchl hatte einfach nicht genügend Zeit, um jeden neuen Seminaristen so unter die Lupe zu nehmen, wie es vielleicht nötig gewesen wäre.

Das konnte auf Dauer nicht gut gehen. Denn das St. Pöltener Priesterseminar stand nun einmal unter Beobachtung – keineswegs nur, aber eben auch vonseiten moralistischer Organisationen. Das belegt etwa eine Episode, die Jahre später David Berger enthüllte: Schon im Sommer 2003 hätte ihm Kardinal Leo Scheffczyk, der der Geistlichen Familie »Das Werk« angehörte, »von seinen einschlägigen Sorgen berichtet, die er sich im Hinblick auf St. Pölten mache, zumal wegen der Zustände im dortigen Priesterseminar. Er erwähnte auch, dass er Bischof Krenn, seinen langjährigen Kampfgefährten für eine traditionelle Kirche, mehrmals darauf angesprochen habe. Dieser mache aber einen kranken Eindruck« und »sei in der Sache völlig beratungsresistent«. (Der heilige Schein, S. 191)

Kardinal Scheffczyk kannte das St. Pöltener Priesterseminar nicht aus eigener Anschauung. Wenn er sich Sorgen machte, konnten diese also nicht auf eigenen Eindrücken beruhen. Dennoch waren diese Sorgen aus seiner Sicht begründet. »Das Werk« und ähnlich strukturierte Organisationen standen nämlich keineswegs so fest an der Seite von Bischof Krenn, wie man vielleicht hätte meinen können. Stattdessen betrachteten sie ihn und sein Priesterseminar zunehmend als Konkurrenz. Schließlich bot sich in St. Pölten jungen Männern, die in einem traditionsfreundlichen Umfeld Priester werden wollten, erstmals die Möglichkeit, diesem Wunsch nachgehen zu können, ohne sich einer jener Organisationen anschließen und sich deren rigiden Moralvorstellungen unterwerfen zu müssen.

Viel zu spät habe ich begriffen, dass Bischof Krenn in den Augen dieser Organisationen als inkonsequent und unzuverlässig galt – und zwar deshalb, weil er, aus welchen Gründen auch immer, nicht gewillt war, die kirchliche Sexualmoral als Instrument zur Unterdrückung, Unterwerfung und Überwachung des Klerus einzusetzen. Während ihn die einen beargwöhnten, weil er vehement Gehorsam gegenüber der lehramtlichen Sexualmoral einforderte, beargwöhnten ihn die anderen, weil er die lehramtliche Sexualmoral nicht einsetzte, um Gehorsam zu erzwingen.

Für die einen war er ein Wolf im Schafspelz, für die anderen ein Schaf im Wolfspelz. Bischof Krenn war ein denkbar schlechter Diplomat und Stratege. Am Ende hatte er es geschafft, fast alle gegen sich aufzubringen.

In dieser Gemengelage habe ich, nachdem ich Subregens des St. Pöltener Priesterseminars geworden war, einen schlimmen, ja fatalen Fehler begangen. Bischof Krenn und Regens Küchl waren keineswegs so blauäugig und beratungsresistent gewesen, wie Kardinal Scheffczyk behauptet hatte. Sie wussten, dass es mit dem Priesterseminar so nicht weitergehen konnte, dass ihnen die Situation zu entgleiten drohte, dass Handlungsbedarf bestand. Nicht nur der Regens, sondern auch der Spiritual waren gleichzeitig in der Pfarrseelsorge tätig und infolge dessen oft tagelang abwesend. In dieser Zeit gab es für die Seminaristen keine Ansprechperson vor Ort; sie waren sich selbst überlassen. Es musste also dringend jemand her, der ständig vor Ort sein konnte, um diese personelle Lücke zu schließen.

Die Wahl fiel auf mich. Nachdem sich der Bischof auf meine Bitte hin zuvor schon bereit erklärt hatte, mich vom Amt des Zeremoniars zu entbinden, waren er und der Regens der Meinung, dass das für mich machbar sein sollte. Meinem Einwand, dass ich nur deswegen darum gebeten hatte, vom Amt des Zeremoniars entbunden zu werden, damit ich mehr Zeit für mein Habilitationsvorhaben hätte, hielten sie entgegen, dass ich ja als Subregens nicht viel zu tun hätte; ich sollte vor allem dann, wenn Regens und Spiritual abwesend wären, an den Mahl- und Gebetszeiten im Priesterseminar teilnehmen, auf diese Weise Präsenz zeigen und den Seminaristen als Ansprechperson zur Verfügung stehen. Für mein Habilitationsvorhaben bliebe daneben noch genügend Zeit.

Kurz bevor ich mein neues Amt antreten konnte, bat mich Prälat Prof. Dr. Alois Hörmer, ein altgedientes Mitglied des St. Pöltener Domkapitels, um ein vertrauliches Gespräch. Was er mir zu sagen hatte, überraschte mich: »Wenn ich Ihnen einen guten Rat geben darf: Ziehen Sie nicht ins Priesterseminar!« Überrascht war ich insofern, als ich mir ohnehin ausbedungen hatte, nicht ins Priesterseminar ziehen zu müssen, sondern meine bisherige Wohnung behalten zu dürfen. Auf meine Nachfrage, was es mit seinem mysteriösen Rat auf sich habe, hielt sich der betagte Prälat bedeckt: »Sie wissen schon … Der Generalvikar … Prälat Schrittwieser …« Dass mir der Generalvikar und der ehemalige Regens nicht gerade wohlgesinnt waren, wusste ich wohl. Zu was sie fähig waren, wusste ich nicht.

Dennoch nahm ich mir vor, auf der Hut zu sein – und zwar sowohl was mich selbst als auch was das Priesterseminar betraf. Ich wollte aber nicht nur auf der Hut sein, sondern zugleich Vorsorge treffen. Und darum fasste ich einen Plan, für den ich sowohl den Regens als auch den Bischof gewinnen konnte: Wir wollten uns an die Kongregation für das katholische Bildungswesen wenden, also an jene Einrichtung der Römischen Kurie, die damals noch für die Priesterseminare zuständig war, und um eine informelle »Visitation« bitten. Mit römischer Rückendeckung würde es uns leichter fallen, den eingeschlagenen Weg fortzusetzen. Ich nahm also Kontakt mit der Bildungskongregation auf, wo mein Vorschlag, obwohl er sich außerhalb des Üblichen bewegte, ebenfalls auf offene Ohren traf.

Zu meiner Überraschung erklärte sich der einzige deutschsprachige Mitarbeiter der Bildungskongregation sogar höchstpersönlich bereit, nach St. Pölten zu reisen und die erbetene »Visitation« durchzuführen. Dabei handelte es sich um P. Dr. Friedrich Bechina, der – was mir zwar bekannt war, mich aber in keiner Weise stutzig machte – zur Geistlichen Familie »Das Werk« gehörte. Im Spätherbst 2003 traf er in St. Pölten ein und verbrachte mehrere Tage im Priesterseminar, wo er an den Gottesdiensten und Mahlzeiten teilnahm und eine ganze Reihe von Seminaristen zu Gesprächen empfing. Als er wieder abreiste, begleitete ich ihn zum Bahnhof. Er bedankte sich überschwänglich für die Einladung und zeigte sich äußerst zufrieden mit dem, was er gehört und gesehen hatte.

Dabei war unmittelbar zuvor etwas geschehen, das einen gänzlich anderen Eindruck hätte hervorrufen können, wenn nicht sogar müssen: Ausgerechnet während seines Aufenthalts im Priesterseminar wurden auf einem frei zugänglichen Computer Kinderpornos entdeckt! Genauer ausgedrückt: Es wurde entdeckt, dass auf einem Computer, dessen Zugangsdaten allgemein bekannt waren, wiederholt nach kinderpornografischem Bildmaterial gesucht und entsprechendes Bildmaterial auch tatsächlich konsumiert worden war! Während der Regens im Einvernehmen mit dem Bischof den betreffenden Computer unverzüglich der Kriminalpolizei aushändigte und Anzeige gegen Unbekannt erstattete, ließ der Pater aus Rom weder Überraschung noch Entsetzen erkennen.

Als wir auf dem Bahnsteig standen und auf den Zug warteten, mit dem er nach Wien weiterreisen wollte, sagte er zu mir: »Machen Sie sich keine Sorgen: Was im Sinne Gottes ist, muss vom Teufel verfolgt werden. Verfolgung ist in der Kirche ein Zeichen von Qualität. Unsere Gemeinschaft« – also die Geistliche Familie »Das Werk« – »hat das auch schon öfters erlebt.« Doris Reisinger berichtet, dass eine ebenfalls dem »Werk« angehörende Schwester ihr gegenüber einmal ganz ähnliche Gedanken geäußert hätte: »Alles, was von Gott sei, werde von Satan angegriffen«; deswegen sei auch »Das Werk« immer wieder verfolgt worden; »dennoch brächten diese schwierigen Zeiten auch immer einen besonderen Segen für die Gemeinschaft und neue Berufungen.« (Nicht mehr ich, S. 48)

Damals war ich naiv genug, mich von den Worten des Paters aus Rom tatsächlich beruhigen zu lassen. Das war nicht nur töricht, das war auch falsch. Wenn ich aus heutiger Sicht auf die damaligen Ereignisse zurückblicke, muss ich zu meiner Schande gestehen, dass ich immer nur das Wohl des Priesterseminars und der Kirche im Blick hatte. Ja, ich war zornig darüber, dass jemand Kinderpornos gesucht und angeschaut hatte. Zornig darüber war ich aber vor allem deswegen, weil dem Priesterseminar und der Kirche dadurch Schaden entstanden war, zumal die Sache einiges an medialer Aufmerksamkeit hervorgerufen hatte. An die Kinder, die beim Entstehen der betreffenden Bilder misshandelt und missbraucht worden waren, habe ich hingegen kaum gedacht. Dafür schäme ich mich zutiefst.

Abgesehen davon stellte sich schon bald heraus, dass die Worte des Paters aus Rom ohnehin nicht viel wert waren. Entgegen seiner wiederholten Beteuerung, die informelle »Visitation« des St. Pöltner Priesterseminars mit größtmöglicher Diskretion durchführen zu wollen, um nur ja kein Aufsehen zu erregen und Gerüchte über deren Veranlassung gar nicht erst aufkommen zu lassen, hatte er sich, wie im Nachhinein bekannt wurde, während seines Aufenthalts in St. Pölten klammheimlich mit dem Generalvikar und mehreren anderen Kirchenfunktionären getroffen, von denen wenig Gutes zu erwarten war. Insofern hielten sich sowohl die Überraschung als auch die Enttäuschung darüber in Grenzen, dass die erhoffte römische Rückendeckung am Ende ausblieb.

Stattdessen spitzte sich die Lage im Frühjahr 2004 gleich aus mehreren Gründen weiter zu: Ein erster Grund war der sich stetig verschlechternde Gesundheitszustand von Bischof Krenn. Selbst unter denen, die ihm wohlgesinnt waren, wuchs die Erkenntnis, dass es so nicht mehr lange weitergehen konnte. Mehrere Krankenhausaufenthalte waren nötig, brachten aber wenig Besserung. Wann immer Bischof Krenn im Krankenhaus war, dauerte es nicht lange, bis der Bischof von Feldkirch, Klaus Küng, zu Besuch kam. Ich habe ihm das damals sehr hoch angerechnet, zumal er von allen österreichischen Bischöfen die weiteste Anreise hatte. Dass das Motiv für seine Besuche nicht nur in Mitleid und Fürsorge bestanden haben könnte, lag damals außerhalb meiner Vorstellungskraft.

Trotz seiner gesundheitlichen Probleme reiste Bischof Krenn im Frühjahr 2004 ein letztes Mal nach Rom. Anlass der Reise war ein Gespräch mit dem Kardinalpräfekten der Bildungskongregation, zu dem er einbestellt worden war. Wie üblich begleitete ich ihn. Am Sitz der Kongregation nahm uns nach längerer Wartezeit P. Friedrich Bechina in Empfang, den ich ja noch von seinem Besuch in St. Pölten kannte. Er ging uns voraus zum Büro des Kardinals, öffnete die Tür und ließ Bischof Krenn eintreten. Als ich gerade im Begriff war, dem Bischof zu folgen, drehte sich der Pater urplötzlich um und zog, während ich zu meinem Erstaunen zurückbleiben musste, die Tür hinter sich ins Schloss. Das alles ging so schnell, dass ich gar nicht wusste, wie mir geschah.

Nachdem ich mich wieder gefasst hatte, kehrte ich in den Warteraum zurück, der sich unmittelbar neben dem

Büro des Kardinalpräfekten befand. Von dort aus konnte ich das Gespräch auf der anderen Seite durch eine dünne Zwischentür mühelos mitverfolgen. In der Hauptsache sprach der Pater, laut und hektisch. Er überschüttete Bischof Krenn mit einer Fülle von Vorwürfen, deren schlimmster lautete: Im St. Pöltener Priesterseminar gäbe es Homosexualität! Das hörte sich beinahe so an, als ob dort Homosexualität wie Schimmel an den Wänden wucherte. Bischof Krenn vermochte den hitzigen Tiraden des Paters wenig entgegenzusetzen, zumal sich alle Unterlagen, die wir vorbereitet hatten, in meiner Aktentasche befanden. Der Kardinal sagte fast gar nichts.

Noch weitaus schmerzlicher als diese Schelte war es für Bischof Krenn, zu erleben, dass erstmals der bis dahin übliche Anruf aus dem obersten Stockwerk des Apostolischen Palastes ausblieb. Seit ich sein Sekretär geworden war, hatte ich ihn so manches Mal nach Rom begleitet. Und jedes Mal rief kurz nach unserer Ankunft der päpstliche Privatsekretär an. Auf welche Weise er derart verlässlich davon Kenntnis erlangte, dass Bischof Krenn in Rom war, habe ich nie erfahren. Jedenfalls gehörte ein privater Besuch bei Papst Johannes Paul II., zumeist eine Einladung zum Abendessen, zu den festen Programmpunkten jeder Romreise. Dass die Einladung diesmal ausblieb, hatte seinen Grund: Der Papst war dazu einfach nicht mehr in der Lage. Wie Bischof Krenn war auch er krank, todkrank.

Ein weiterer – und sehr wahrscheinlich der entscheidende – Grund, warum sich die Lage im Verlauf des Frühjahrs 2004 immer weiter zuspitzte, bestand darin, dass der St. Pöltener Generalvikar kurz davor stand, sein 75. Lebensjahr zu vollenden, und spätestens zu diesem Zeitpunkt gehalten war, dem Papst seinen Rücktritt vom Amt des

Weihbischofs anzubieten. Das wiederum bot Bischof Krenn die Möglichkeit, um einen neuen Weihbischof anzusuchen. Auf wen das schließlich sogar von mehreren Medien aufgegriffene Gerücht zurückging, der Bischof hätte mich für dieses Amt vorgeschlagen, weiß ich nicht. Da ich die Kandidatenliste eigenhändig geschrieben habe, kann ich, ohne das Dienstgeheimnis zu verletzen, zumindest so viel klarstellen: Mein Name stand nicht darauf.

Letztlich spielte dies aber auch keine Rolle mehr, da sich die Ereignisse am Ende ohnehin regelrecht überschlugen: Nach anfänglich äußerst schleppenden Ermittlungen entschloss sich die St. Pöltener Kriminalpolizei zu einer Hausdurchsuchung im Priesterseminar. Durchsucht wurden die Zimmer von acht Seminaristen, wobei sechs Computer beschlagnahmt wurden. Auf einem davon fand sich tatsächlich kinderpornografisches Bildmaterial. Der betreffende Seminarist wurde angeklagt und zu einer sechsmonatigen Bewährungsstrafe verurteilt. Auf zwei weiteren Computern war pornografisches Bildmaterial homosexuellen Charakters gespeichert, das aber strafrechtlich nicht relevant war. Außerdem wurden ein paar dementsprechende Zeitschriften und Filme gefunden.

Wenige Tage später gelangte der Generalvikar an Fotos, die offenbar von einem der bei der Hausdurchsuchung beschlagnahmten Computer stammten. Wie er an diese Fotos kommen konnte, wurde nie geklärt. Obwohl der Sachverhalt von mehreren Personen zur Anzeige gebracht wurde, sah sich die Kriminalpolizei nicht veranlasst, Ermittlungen aufzunehmen. Der Generalvikar behauptete später, er habe die Fotos vor seiner Wohnungstür gefunden. Nur einen Tag nach seinem angeblichen Fund wurden die Fotos von einem anonymen E-Mail-Account aus an

Dutzende Medien in aller Welt verschickt und der Öffentlichkeit als Beweis für moralische Missstände im St. Pöltener Priesterseminar präsentiert. Der vermeintliche »Sexskandal im St. Pöltener Priesterseminar« war geboren.

Es dauerte Jahre, um gerichtlich durchzusetzen, dass diese Fotos nicht länger als Belege für moralisches Fehlverhalten der darauf abgebildeten Personen missbraucht werden dürfen. Einerseits waren sie gar nicht im St. Pöltener Priesterseminar entstanden, andererseits hatte man sie bewusst aus ihrem an sich völlig belanglosen Zusammenhang gerissen. Da ich auf einem dieser Fotos zu sehen war, habe ich mich dennoch gehalten gesehen, vom Amt des Subregens zurückzutreten. Ich wollte keinesfalls den Eindruck erwecken, einer umfassenden Untersuchung und Aufklärung der Angelegenheit im Weg zu stehen oder eine solche gegebenenfalls zu beeinflussen. Das glatte Gegenteil war der Fall: Ich wollte unbedingt, dass es dazu kam, denn schließlich hatte ich nichts zu verbergen.

Insofern war ich heilfroh, als wiederum ein paar Tage später bekannt gegeben wurde, dass der Bischof von Feldkirch, Klaus Küng, als päpstlicher Visitator nach St. Pölten entsandt würde. Bischof Küng gehörte dem Opus Dei an; nun würde alles gut werden, dachte ich. Von einem Fenster aus konnte ich beobachten, wie der Visitator eintraf. Seine dunkle Limousine hielt aber nicht vor dem Treppenaufgang, der zu den Räumlichkeiten des Bischofs führte, sondern vor dem Eingang zu den Räumlichkeiten des Generalvikars. Sobald der Visitator ausgestiegen war, wurde er vom Generalvikar, der offenbar auf ihn gewartet hatte, überschwänglich begrüßt und willkommen geheißen. Bischof Küng schien dies zu gefallen. Auch wenn er dem Opus Dei angehörte: So würde das nicht gut gehen.

Vierter Exkurs:
Zur Frage der Zölibatspflicht

Confiteor – ich bekenne! Ich bekenne, den Zölibat gebrochen zu haben! Ich bekenne, präziser formuliert, gegen das Zölibatsgesetz verstoßen zu haben – und das nicht nur einmal, sondern mehrfach, öfters, häufig, regelmäßig, wenn nicht sogar täglich. Und ich werde das, wie ich außerdem bekennen muss, auch weiterhin tun – genauso wie alle anderen katholischen Geistlichen, die zur Befolgung des Zölibatsgesetzes verpflichtet sind. Denn niemand, ausnahmslos niemand, hat das Zölibatsgesetz je ausnahmslos befolgt, und niemand wird es je ausnahmslos befolgen. Dazu ist nämlich schlichtweg niemand in der Lage. Das Zölibatsgesetz ist ein Gesetz, das unmöglich ausnahmslos befolgt werden kann und zu dessen Befolgung sich insofern auch niemand ausnahmslos verpflichtet fühlen muss.

Nach can. 277 § 1 CIC sind alle katholischen Geistlichen »gehalten, vollkommene und immerwährende Enthaltsamkeit um des Himmelreiches willen zu wahren; deshalb sind sie zum Zölibat verpflichtet.« Erstaunlicherweise erfährt man in diesem ebenso bedeutungsschweren wie strittigen Gesetzestext nicht, dass es durchaus Ausnahmen von der Zölibatsverpflichtung gibt, wie zum Beispiel für die sogenannten Ständigen Diakone, sofern sie zum Zeitpunkt ihrer Weihe bereits verheiratet waren. Noch erstaunlicher ist allerdings, dass man nur andeutungsweise und bruchstückhaft erfährt, wessen man sich zu enthalten hat, wenn man der Zölibatsverpflichtung unterliegt. Der Begriff Zölibat geht auf das lateinische Wort »caelebs« zurück, das so viel bedeutet wie: ehelos, allein lebend. Besteht die Zölibatsverpflichtung also lediglich im Verbot der Eheschließung?

Schön wär's! Nicht nur katholischen Insidern ist natürlich klar, dass sich die katholische Kirche immer dann besonders schwertut, die Dinge beim Namen zu nennen, wenn es um Sexualität geht. Und genau darum geht es beim Zölibat: um Sexualität! Zölibatär leben heißt, sich seiner Sexualität zu enthalten, heißt, auf jedwede Form von Sex zu verzichten. »Zölibatäres Leben ist keusch«, erläutert Andreas Wollbold: »Es erlaubt sich keinerlei Gedanken, Worte und Werke, die sexuelle Erregung zum Ziel haben oder sie auch nur hauptsächlich mit sich bringen.« (Der heilige Schein, S. 189) Die Zölibatsverpflichtung umfasst also keineswegs nur das Verbot, eine Ehe einzugehen. Es geht um mehr. Es geht um alles. Es geht um alles, was auch nur entfernt mit Sexualität zu tun hat.

Und genau das ist das Problem. Sexualität beginnt nämlich nicht an der Bettkante und endet auch nicht dort. Sexualität hat viele Facetten. Sexualität betrifft die komplette Persönlichkeit und das gesamte Leben. »Als solche kann Sexualität eine physische, psychologische, emotionale, intellektuelle, spirituelle, persönliche und soziale Dimension haben«, gibt Margaret A. Farley zu bedenken; und darum ist die menschliche Sexualität »vor allem eins: komplex.« (Verdammter Sex, S. 181) Erschwerend kommt hinzu, dass jeder Mensch von Natur aus mit einer mehr oder weniger funktionstüchtigen Grundausstattung an Werkzeugen und Gerätschaften zur Verrichtung sexueller Aktivitäten ausgestattet ist. Ein Knopf zum Ausschalten wurde allerdings nicht mitgeliefert.

Bei diesen Werkzeugen und Gerätschaften handelt es sich keineswegs nur um das, was gemeinhin als Sexualorgane bezeichnet wird. Die kann man immerhin wegsperren. Anders ist das bei den Sinnesorganen, die ebenfalls zu sexuellen Aktivitäten fähig sind. Jeder Mensch ist, und zwar aktiv ebenso wie passiv, »in eine Duftwolke sexueller Anziehung gehüllt, die überaus geschickt aus Hormonausschüttungen, Regungen des Vegetativums, Reizstimulationen und starken Belohnungen für dementsprechende Reaktionen, Konfluenz der Sinne, Fixierung des Denkens und natürlich einer Menge sehr starker Gefühle gemischt ist«, wie Andreas Wollbold weiß, um sogleich, als ob das nötig wäre, hinzuzufügen: »Das ist Schöpfungswerk, und es ist gut.« (Als Priester leben, S. 244)

Allerdings sei den Menschen, um nochmals Andreas Wollbold zu zitieren, infolge von Sündenfall und Erbsünde »nun leider als Vernunftwesen die Herrschaft über die Sinnlichkeit entglitten«; diese Herrschaft gelte es durch tagtäglichen, beharrlichen, heroischen Kampf zurückzuerobern: »Weil aber die sexuellen Bedürfnisse in gewisser Weise dominant und allgegenwärtig sind, hat die christliche Tradition ganz zu Recht im Kampf um deren Unterordnung unter die Vernunft eine große, aber auch besonders schwierige Aufgabe gesehen.« (Als Priester leben, S. 244) Diesen Kampf müsse man beispielsweise schon dann unverzüglich aufnehmen, wenn der Blick an jemandem oder etwas hängen bleibt, von dem eine wie auch immer geartete sexuelle Anziehungskraft ausgeht.

Nur ist es dann genau genommen schon zu spät. In dem Moment, in dem man sich bewusst wird, dass der Blick an jemandem oder etwas hängen geblieben ist, von dem eine sexuelle Anziehungskraft ausgeht, ist man dieser sexuellen Anziehungskraft bereits erlegen – einen kurzen Moment nur, aber eben doch. Die Panzerung wurde durchbrochen, die Keuschheit verletzt, der Zölibat gebrochen. Man mag mir jetzt entgegenhalten, dass ich maßlos übertreibe. Doch das stimmt nicht: Ich spitze lediglich zu – und genau das ist nicht nur statthaft, sondern unerlässlich, wenn es um die Befolgung einer gesetzlichen Vorschrift geht. Denn eine gesetzliche Vorschrift verlangt danach, vollständig befolgt zu werden. Sobald man sie nicht vollständig befolgt, begeht man einen Gesetzesverstoß.

Beim Zölibatsgesetz ist dies umso mehr der Fall, als es ausdrücklich »vollkommene und immerwährende Enthaltsamkeit« verlangt – vollkommen, also perfekt, komplett und uneingeschränkt, sowie immerwährend, das heißt ununterbrochen, dauerhaft und ausnahmslos. Da bleibt kein Spielraum – nicht einmal für einen flüchtigen Seitenblick. Wird man von einem erotischen Duft umwabert, wird es noch schwieriger: Den Blick kann man immerhin rasch wieder abwenden, wenn man sich einer Verfehlung bewusst wird, das menschliche Riechorgan hingegen lässt sich nicht einfach einfahren. Und wie soll man sich gar verhalten, wenn man von jemandem zur Begrüßung die Hand entgegengestreckt bekommt, den zu berühren einem einen lustvollen Schauer über den Rücken jagen würde?

Für diejenigen, die das Zölibatsgesetz zu befolgen haben, gibt's somit eigentlich nur zwei Möglichkeiten: entweder man wird paranoid oder man nimmt's einigermaßen gelassen und bricht nicht gleich in Panik aus, wenn man mal – auf welche Weise und in welchem Ausmaß auch immer – dagegen verfehlt hat. So, wie das Zölibatsgesetz formuliert ist, kann es unmöglich befolgt werden. Und damit liegt das Problem zunächst einmal nicht aufseiten der Gesetzesadressaten, also der zum Zölibat verpflichteten Geistlichen, sondern aufseiten des Gesetzgebers. Einem uralten Rechtsprinzip zufolge, das auch in der Kirche Anerkennung genießt, kann niemand zu etwas Unmöglichem verpflichtet werden. Insoweit ein Gesetz Unmögliches auferlegt, kann es keine Geltung beanspruchen.

Das ist umso mehr der Fall, als es der kirchliche Gesetzgeber, wie bereits erwähnt, versäumt hat mitzuteilen, was er denjenigen, die er zum Zölibat verpflichtet, mit dieser Verpflichtung überhaupt im Einzelnen verbieten oder auferlegen will. Die so entstehende Lücke lässt sich mithilfe der Rechts- und Kirchengeschichte zwar problemlos schließen, doch kommt man nicht umhin festzustellen, dass die gesetzliche Formulierung der Zölibatsverpflichtung unvollständig, unzulänglich, ungenügend ist. Wenn der kirchliche Gesetzgeber den Geistlichen jedwede Form von Sex verbieten möchte, dann hat er das gefälligst zu sagen und nicht stillschweigend vorauszusetzen. Wenn der Gesetzgeber sich nicht traut, sein Gesetz in klare Worte zu fassen, dann scheint an der Sache etwas faul zu sein.

Im Gegenteil, werden mir die Befürworter des Pflichtzölibats an dieser Stelle vermutlich entgegenhalten: Die Sache ist so eindeutig, dass sie gar nicht mehr eigens benannt werden muss. Schließlich liegen dem Zölibat klare biblische Vorgaben und eine ununterbrochene kirchliche Tradition zugrunde. Doch so vehement diese Eindeutigkeit auch behauptet wird, so wenig entspricht sie den historischen Tatsachen. Ohne den biblischen Befund hier im Einzelnen darlegen und deuten zu müssen, kann man mit Hubert Wolf festhalten: »Ehelosigkeit um des Himmelreiches willen ist nach dem Zeugnis der Heiligen Schrift eine besondere Gnadengabe, das Charisma der Leitung einer christlichen Gemeinde eine andere. Die eine ist aber nicht Voraussetzung für die andere.« (Zölibat, S. 24)

Was die kirchliche Tradition anbelangt, behaupten die einen, dass die Zölibatspflicht erst im Mittelalter eingeführt worden sei, während die anderen gerne auf Zeugnisse aus dem ersten Jahrtausend verweisen. Hubert Wolf zufolge handelt es sich bei der Entwicklung des Zölibats »nicht um einen geradlinigen und zielgerichteten Prozess, der die völlige sexuelle Enthaltsamkeit von Klerikern von vorneherein angestrebt hätte« – im Gegenteil: »Es wurde zu verschiedenen Zeiten nicht nur ganz Unterschiedliches darunter verstanden, die verordneten Einschränkungen mussten auch immer wieder erneuert, modifiziert und gegen große Widerstände durchgesetzt werden. Lange Zeit waren Abweichungen von den Vorgaben nicht skandalös, sondern der geduldete Regelfall.« (Zölibat, S. 36)

Letzteres bezeugen gerade die aus dem ersten Jahrtausend stammenden Bemühungen von Bischöfen, Päpsten und Synoden, eine wie auch immer geartete Zölibatspflicht einzuführen. Solche Bemühungen wären nicht nötig gewesen, wenn die jeweils vorausgehenden Bemühungen erfolgreich gewesen wären. Dass es immer wieder solche Bemühungen gab, beweist also nicht, dass es zum betreffenden Zeitpunkt bereits eine Zölibatspflicht gab, sondern das genaue Gegenteil: dass es sie eben nicht gab, denn sonst hätte man sich nicht darum bemühen müssen, sie, mit welcher Begründung auch immer, einzuführen. Erschwerend kommt hinzu, dass der Zölibat zu unterschiedlichen Zeiten ganz unterschiedlich zu begründen versucht wurde: mal kultisch, mal praktisch, mal spirituell.

Die älteste und beständigste, heute aber kaum noch ernsthaft vertretene Begründung für den Zölibat ist die Vorstellung, dass ein Priester kultisch rein sein müsse, um das heilige Messopfer würdig darbringen zu können. »Als

Hauptquelle jeder kultischen Verunreinigung galt« Hubert Wolf zufolge einst »alles, was irgendwie mit Sexualität zusammenhängt.« (Zölibat, S. 37) Diese Vorstellung ist allerdings vor- und außerchristlichen Ursprungs: Schließlich kannte »das frühe Christentum ein kultisches Opfer überhaupt nicht«, wie neuerlich Hubert Wolf aufzeigt, und brauchte »daher auch keine kultisch reinen Opferpriester« (Zölibat, S. 38); insofern sind »zur würdigen Feier der Eucharistie« auch heutzutage »sexuell enthaltsame Priester nicht nötig.« (Zölibat, S. 45)

Die praktische Begründung der Zölibatspflicht ist heute ebenfalls im Wesentlichen obsolet geworden: Solange es legitim und üblich war, dass Geistliche heirateten und infolgedessen eine Familie zu versorgen hatten, kam es immer wieder vor, dass sie als allzu fürsorgliche Väter versuchten, kirchliche Besitztümer an ihre Nachkommen zu vererben. »Die Gefahr der Vererbung von Kirchenbesitz an Pfarrerskinder besteht heute jedoch nicht mehr«, erinnert einmal mehr Hubert Wolf: »Ein Hauptargument für den Zölibat ist damit einfach in sich zusammengebrochen.« (Zölibat, S. 61) Sowohl die kirchliche als auch die jeweils geltenden staatlichen Rechtsordnungen sind durchaus in der Lage, für eine ausreichende Unterscheidung zwischen Kirchen- und Privatbesitz zu sorgen.

Umso größeres Gewicht gewinnt die spirituelle Begründung des Zölibats. Ihre Grundlage ist eine »extreme spirituelle Überhöhung und Quasi-Vergottung des Priesters«, die Hubert Wolf zufolge »in der katholischen Kirche seit der zweiten Hälfte des neunzehnten Jahrhunderts« aufkam und »ausgerechnet nach dem Zweiten Vatikanischen Konzil noch einmal einen neuen Höhepunkt« erreichte. (Zölibat, S. 84) Insofern die spirituelle Begründung nur allzu leicht den Eindruck aufkommen lässt, dass es sich bei den zölibatär lebenden Geistlichen um die Christus ähnlicheren, vollkommeneren und damit besseren Christen handle, bringt sie nicht unerhebliche Gefahren mit sich. In diesem Zusammenhang seien lediglich die beiden Stichworte Klerikalismus und Machtmissbrauch genannt.

Zweifellos kann man all diesen Begründungen auch zeitlos Gültiges abgewinnen: Selbstverständlich sollten sich die Priester bewusst sein, dass es sich bei der Feier der heiligen Messe um eine besondere Form der Begegnung mit Gott handelt, die sich in ihrer persönlichen Lebensführung widerspiegeln sollte. Selbstverständlich sollten sich die Priester von unnötigen Bindungen und Abhängigkeiten fernhalten, damit sie, wie es in can. 277 § 1 CIC heißt, »mit ungeteiltem Herzen Christus anhangen und sich freier dem Dienst an Gott und den Menschen widmen können«. Selbstverständlich sollten sich die Priester darum bemühen, Jesus Christus in ihrem Denken, Reden und Tun immer ähnlicher zu werden. Nur verlangt nichts davon zwingend nach Ehelosigkeit und sexueller Enthaltsamkeit.

Vor allem die spirituelle Begründung des Zölibats steht und fällt mit dem Beispiel Jesu. Und über dessen Sexualität ist schlichtweg nichts bekannt. Weder über seine sexuellen Neigungen und Bedürfnisse gibt es irgendwelche historisch verlässlichen Überlieferungen noch über sein Sexualleben. Sicher ist lediglich, dass er, weil er ein Mensch war, sexuelle Neigungen und Bedürfnisse hatte und diese, wie bei jedem Menschen, nicht ohne Auswirkungen auf sein Leben geblieben sind. Die Annahme, Sexualität hätte im Leben Jesu keinerlei Rolle gespielt, ist um keinen Deut besser begründet als alle sensationslüsternen Spekulationen, wonach er eine sexuelle Beziehung entweder mit Maria Magdalena oder mit seinem Lieblingsjünger Johannes (oder mit beiden zugleich) gepflegt hätte.

Interessanterweise scheint sich die Kirche durchaus bewusst zu sein, dass die Begründung der Zölibatspflicht auf wackligen Füßen steht. Wäre die Begründung überzeugend oder gar zwingend, hätte sie schließlich zur Folge, dass die Geistlichen den Zölibat in aller Regel hielten. Weil die Kirche aber weiß, dass dem nicht so ist, hat sie es für nötig befunden, die Zölibatspflicht mit Strafandrohungen zu versehen: Wer unter bestimmten Umständen gegen den Zölibat verstößt, muss damit rechnen, von der Kirche bestraft zu werden. Dies ist allerdings nur dann der Fall, wenn ein Zölibatsbruch entweder öffentlich wird oder wenn dadurch Personen geschädigt würden, die in der Folge allen Grund hätten, sich zur Wehr zu setzen und die Sache auf diese Weise öffentlich zu machen.

Es geht bei diesen Strafandrohungen also gar nicht primär darum, Geistliche davon abzuhalten, gegen die Zölibatspflicht zu verstoßen. Es geht vielmehr darum, sie von bestimmten Formen des Zölibatsbruchs abzuhalten: nämlich solchen, die in jedem Fall öffentlich bekannt würden oder die berechtigterweise öffentlich bekannt gemacht werden könnten. Wenn sich ein Geistlicher zum Beispiel selbst befriedigt, legale Pornos anschaut, Datingplattformen nutzt, ins Bordell geht oder sich im Darkroom einer Schwulensauna Erleichterung verschafft, bricht er damit zwar den Zölibat, begeht aber keine Straftat – nach staatlichem Recht ohnehin nicht, nach kirchlichem aber ebenso wenig. Das geht nur ihn selbst etwas an, allenfalls noch seinen Beichtvater, nicht aber seinen Bischof.

Sehr wohl aber begeht ein Geistlicher nach can. 1394 § 1

CIC eine Straftat, wenn er, ganz gleich ob mit einer Frau oder einem Mann, eine standesamtliche Ehe eingeht. Dasselbe ist nach can. 1395 § 1 CIC der Fall, wenn er, auch ohne Trauschein, in einer festen Partnerschaft lebt. In beiden Fällen wäre der Zölibatsbruch so offenkundig, dass sich dessen öffentliches Bekanntwerden kaum vermeiden ließe. Und genau das, das unvermeidliche öffentliche Bekanntwerden, ist der eigentliche Grund, warum die Kirche diese Formen des Zölibatsbruchs zu Straftaten erklärt hat. In can. 1395 § 2 CIC gibt die Kirche ihre Angst vor der Öffentlichkeit sogar unverblümt zu, indem sie ausnahmslos jeden Zölibatsbruch zur Straftat erklärt, wenn er »öffentlich begangen wurde«.

Bestätigung findet dies in unmittelbar anschließenden Paragrafen: Can. 1395 § 3 CIC betont die Strafbarkeit jener Formen von Zölibatsbruch, die ein Geistlicher »mit Gewalt oder durch Drohungen oder Missbrauch seiner Autorität« begeht oder wenn er jemanden zwingt, »sexuelle Handlungen vorzunehmen oder zu ertragen«. Der Grund dafür liegt auf der Hand: Schließlich sind solche Taten in aller Regel auch nach staatlichem Recht strafbar und würden, wenn sie im konkreten Fall zur Anzeige gebracht und geahndet würden, nahezu unvermeidlich öffentlich bekannt werden und für öffentliche Empörung sorgen. Aus Sicht der Kirche ist es also weniger das Leid der Opfer, das Zölibatsbrüche dieser Art zur Straftat macht, sondern einmal mehr die Angst vor der Öffentlichkeit.

Bis zur 2021 umgesetzten Reform des kirchlichen Strafrechts galt dies sogar für sexuellen Missbrauch. Nicht einmal hier war das Leid der Opfer im Blick, »sondern die Verfehlungen des Klerikers gegen eine seiner Standespflichten«, kritisiert beispielsweise Sabine Demel: »Dass es sich um sexuelle Gewalt, um Verletzung der sexuellen Selbstbestimmung handelt, die dazu noch an Minderjährigen verübt wird, ist sekundär; primär ist der Verstoß« gegen die Zölibatspflicht (Recht leben in der Kirche, 147). Dass sexueller Missbrauch seit der Strafrechtsreform von 2021 nicht mehr vornehmlich als Zölibatsbruch, sondern als Straftat gegen die Würde und Freiheit der Betroffenen geahndet wird, dürfte aber ebenfalls vor allem dem beharrlichen öffentlichen Druck zu verdanken sein.

In all diesen Fällen sieht sich die Kirche also letztlich – man möchte es kaum glauben – als das eigentliche Opfer. Genau genommen betrachtet sie sich sogar in doppelter Hinsicht als Opfer: Zum einen geht es ihr um die Außenwirkung, um ihr Ansehen und ihren Einfluss in der Öffentlichkeit. Zugleich geht es ihr aber auch – und vielleicht sogar noch mehr – um die Innenwirkung, denn das öffentliche Bekanntwerden jedes Zölibatsbruchs unterminiert die vom Zölibat gestützten innerkirchlichen Machtstrukturen. Ob durch den Zölibatsbruch eines Klerikers eine Person in ihrer sexuellen Selbstbestimmung verletzt, missbraucht und traumatisiert wird, scheint die Kirche nur nebenbei zu interessieren. Was sie vor allem interessiert, ist die Öffentlichkeit, ist ihr Einfluss, ist ihre Macht.

Man könnte fast meinen, die Kirche hätte im Grunde gar nichts dagegen, dass der Zölibat gebrochen wird, sondern nur, dass ein Zölibatsbruch öffentlich bekannt wird. Zumindest weiß sie, dass die Zölibatspflicht schlecht begründet und schwer, wenn nicht sogar unmöglich zu befolgen ist. Wenn sie aber weiß, dass die Zölibatspflicht schlecht begründet und schwer, wenn nicht sogar unmöglich zu befolgen ist, dann weiß sie auch, dass Zölibatsbrüche – in welcher Form und welchem Ausmaß auch immer – keine Seltenheit darstellen. Gleichzeitig wissen die Geistlichen, die – in welcher Form und welchem Ausmaß auch immer – gegen die Zölibatspflicht verstoßen, dass sie kirchlicherseits solange nichts zu befürchten haben, wie ihr Zölibatsbruch nicht öffentlich bekannt wird.

Die Kirche will durch ihr Sexualstrafrecht offenbar gar nicht oder zumindest nicht primär erreichen, dass die Geistlichen die Zölibatspflicht befolgen, sondern dass sie sich, wenn sie sie nicht befolgen, in Heimlichkeit üben. Denn das Wissen um die brüchige Keuschheit der Geistlichen und der damit verbundene Zwang zur Heimlichkeit bildet nicht nur meiner Erfahrung nach die Basis vieler innerkirchlicher Machtstrukturen. Mit den Worten von Christiane Florin ausgedrückt: »Das Wissen über die Sexualität eines anderen ist Macht.« (Trotzdem!, S. 112) Ein unter Geistlichen gern zitiertes Sprichwort, das ich vor allem in Rom häufig gehört habe, lautet: »Si non caste saltem caute« – was aus dem Lateinischen ins Deutsche übersetzt so viel bedeutet wie: »Wenn du schon nicht keusch bist, dann sei wenigstens vorsichtig.«

Die vermutlich nicht gerade wenigen Geistlichen, die – in welcher Form und welchem Ausmaß auch immer – gegen die Zölibatspflicht verstoßen, sind also zur Heimlichkeit verdammt. Wer aber etwas zu verheimlichen hat, lebt in Angst. Angst wiederum ist ein bewährtes Machtinstrument. Denn wer Angst hat, dass etwas öffentlich bekannt wird, was auf keinen Fall bekannt werden darf, wird alles vermeiden, was diejenigen, die ihn zur Rechenschaft ziehen könnten, wenn es in aller Öffentlichkeit publik würde, auf ihn aufmerksam machen und gegen ihn aufbringen könnte. Anders ausgedrückt: Er wird gefügig. Und genau darum dürfte es der kirchlichen Obrigkeit nicht zuletzt gehen, wenn sie, allen Widerständen zum Trotz, an der Zölibatspflicht festhält: Sie will, dass die Geistlichen gefügig sind und bleiben.

Das System ist so perfekt, dass es auch in umgekehrter Richtung funktioniert: Wer sich gegenüber der kirchlichen Hierarchie gefügig zeigt, steigt innerhalb der kirchlichen Hierarchie auf. Wer aufsteigt, hat weniger Obrigkeit über sich und weniger vonseiten dieser Obrigkeit zu befürchten. Und wer weniger zu befürchten hat, kann sich mehr erlauben. Machtstrukturen dieser Art sind schwer zu durchbrechen. Im Grunde gibt es nur zwei Möglichkeiten: Entweder man macht sich nicht angreifbar und vermeidet – so weit das, wenn überhaupt, möglich ist – jeden noch so geringen Verstoß gegen die Zölibatspflicht, oder man nimmt die Zölibatspflicht gelassen und schert sich weder um die Öffentlichkeit noch um die Obrigkeit. Beides ist nicht so einfach.

Umso mehr gilt es in diesem Zusammenhang deutlich zu machen, was der Zölibat eigentlich ist und – womöglich noch wichtiger – was nicht. Wenn Bischöfe, Priester und Theologen, aber auch Vertreter anderer Fachrichtungen und Journalisten über den Zölibat reden oder schreiben, ist häufig vom Zölibatsgelübde oder vom Zölibatsversprechen die Rede. Selbst ein namhafter Theologe wie Stephan Ernst bezeichnet den Zölibat als »freiwillig geleistetes Enthaltsamkeitsgelübde«. (Sexueller Missbrauch, S. 126) Manche Diözesen laden ihre Priester Jahr für Jahr dazu ein, an der vom Bischof in der Karwoche zelebrierten Chrisammesse teilzunehmen, um in deren Rahmen unter anderem ihr Zölibatsgelübde zu erneuern. Sie alle irren sich – oder wollen in die Irre führen.

So verhärtet die Fronten zwischen Befürwortern und Gegnern der Zölibatspflicht auch sein mögen – in einem sind sich alle einig: in dessen Überhöhung. Während die einen den Zölibat überhöhen, um ihn möglichst sakrosankt und unverzichtbar erscheinen zu lassen, überhöhen ihn die anderen, um ihn als möglichst weltfremd und absurd darzustellen. Schaut man hingegen einmal im kirchlichen Gesetzbuch nach, was der Zölibat ist und was nicht, wird vor allem eines klar: Er ist weder ein Gelübde noch ein förmliches Versprechen. Can. 277 § 1 CIC, in dem die Zölibatspflicht formuliert ist, findet sich in einem Kapitel, das den Titel trägt: »Pflichten und Rechte der Kleriker«. Und genau das ist der Zölibat: eine Pflicht, eine gesetzliche Verpflichtung. Nicht mehr und nicht weniger.

Zudem ist die Zölibatspflicht innerhalb des betreffenden Kapitels in keiner Weise herausgehoben oder mit besonderem Nachdruck versehen worden. Sie steht dort völlig unterschiedslos inmitten zahlreicher anderer Pflichten und Rechte. Dazu gehören unter anderem die Pflicht »zum täglichen Stundengebet« (can. 276 § 2 3° CIC) und die Pflicht, »eine geziemende kirchliche Kleidung zu tragen« (can. 284 CIC). Zwischen all diesen Pflichten und Rechten – wohlgemerkt: einschließlich der Zölibatspflicht – besteht hinsichtlich ihres Geltungsanspruchs und Verpflichtungsgrads nicht der geringste Unterschied. »Die Zölibatspflicht übernimmt der Weltkleriker nicht anders als die übrigen Pflichten seines Standes«, stellt Winfried Aymans klar. (Kanonisches Recht, Band II, S. 157)

Wer den Zölibat als Gelübde oder Versprechen bezeichnet, ist darum entweder schlecht informiert oder will bewusst in die Irre führen. Denn »wo rechtlich kein Gelübde verlangt ist«, klärt Winfried Aymans auf, kann und darf einem Betroffenen auch »nicht unterstellt werden, dass er ein Gelübde abgelegt habe.« (Kanonisches Recht, Band II,

S. 157) Abgesehen davon wäre es auch völlig widersinnig, etwas zu geloben, zu dem man ohnehin bereits von Gesetzes wegen verpflichtet ist. Und darum gilt, was Ludwig Mödl so auf den Punkt bringt: Die Zölibatspflicht wird nicht durch ein Gelübde, »sondern durch das kirchliche Gesetz« begründet. (Zölibat, S. 912) Anders ausgedrückt: Ein wie auch immer geartetes Zölibatsgelübde oder -versprechen gibt es nicht – zumindest nicht für Diözesanpriester.

Ein künftiger Diözesanpriester muss nach can. 1037 CIC vor seiner Diakonenweihe lediglich »nach dem vorgeschriebenen Ritus öffentlich vor Gott und der Kirche die Zölibatsverpflichtung übernommen« haben. Er muss also um die Zölibatsverpflichtung wissen und sie grundsätzlich bejahen. Letzteres geschieht, indem er vor der Diakonenweihe vom Bischof gefragt wird, ob er bereit sei, zum Zeichen seiner Hingabe an Christus und die Kirche fortan zölibatär zu leben. Die im Ritus vorgesehene Antwort lautet nun aber nicht: »Ich gelobe es.« Sie lautet auch nicht: »Ich verspreche es.« Sie lautet lediglich: »Ich bin bereit.« Das vermeintliche Zölibatsgelübde oder -versprechen ist also nichts anderes als eine Bereitschafts- oder Absichtserklärung – nicht weniger, aber auch nicht mehr.

Anders ist das bei den Ordensleuten und den Mitgliedern ordensähnlicher Gemeinschaften. Unabhängig davon, ob sie nun das Weihesakrament empfangen oder nicht, verpflichten sie sich nach can. 599 CIC durch ein Gelübde oder ein Versprechen »zu vollkommener Enthaltsamkeit im Zölibat«. Einmal abgesehen davon, dass wiederum nicht gesagt ist, wovon sich die Betroffenen zu enthalten haben – gemeint ist natürlich vom Sex –, sind sie also nicht nur durch ein Gesetz verpflichtet, zölibatär zu leben, sondern sie verpflichten sich zunächst und vor allem selbst dazu. In ihrem Fall gehört die Selbstverpflichtung zu sexueller Enthaltsamkeit (zusammen mit der Selbstverpflichtung zu Gehorsam und Armut) zum Wesen ihrer Lebensform und steht insofern auch nicht zur Disposition.

Und das ist gut so! Schließlich gab es »in der Geschichte der Kirche immer wieder Männer und Frauen, die um des Himmelreiches willen freiwillig auf die Ehe verzichteten, weil sie überzeugt waren, Christus auf diese Weise authentischer nachfolgen zu können«, wie Hubert Wolf in Erinnerung ruft. (Zölibat, S. 36) Dieses »spirituelle Ideal« ist also, wie Godehard Brüntrop bekräftigt, »so alt wie das Christentum selbst, ja letztlich sogar ein viel älterer Teil des spirituellen Erbes der Menschheit. Dieses Ideal lebt auch fort, wenn man die kirchenrechtliche Bindung an das Priestertum aufgibt. Die Entkoppelung dieser beiden Berufungen kann dann sogar jede in ihrer jeweiligen Eigenart deutlicher hervortreten lassen.« (Zölibat als Risikofaktor, S. 120–121)

Wer also heute oder künftig als Priester zölibatär leben will, sollte das unbedingt tun dürfen – dürfen, aber eben nicht müssen. Solange der Zölibat allerdings ein Muss ist, sollte man sich zumindest davor hüten, ihm eine größere Bedeutung beizumessen, als ihm die Kirche selbst beimisst – auch und gerade in Anbetracht von menschlichem Unvermögen und Versagen. Noch weniger angebracht, und zwar aus demselben Grund, sind moralische Überheblichkeit, Voyeurismus und Häme. Das ist umso mehr der Fall, als der Zölibat, man kann es gar nicht oft genug wiederholen, weder auf einem Gelübde noch einem Versprechen, sondern lediglich auf einem einfachen Gesetz beruht. Und auch das ist gut so! Denn das Problem ist nicht das Ideal, sondern die Illusion.

FÜNFTES KAPITEL
In Schwulitäten

Trotz seines irritierenden Auftretens zu Beginn der Apostolischen Visitation hatte ich die Hoffnung, Bischof Küng würde sich der ihm übertragenen Aufgabe gewachsen zeigen, keineswegs zur Gänze aufgegeben. Immerhin war er ja Mitglied des Opus Dei – und das war für mich damals noch ein Synonym für Glaubwürdigkeit und Gewissenhaftigkeit. Außerdem erinnerte ich mich daran, dass Bischof Küng wenige Jahre zuvor selbst im Zentrum eines Sexskandals gestanden hatte, der als das sogenannte Bischofs-Outing in die Geschichte eingegangen ist: Am 1. August 1995 hatte Kurt Krickler, Generalsekretär der Wiener Homosexuellen-Initiative, vier amtierende österreichische Bischöfe als schwul »geoutet«, darunter den damaligen Bischof von Feldkirch, Klaus Küng.

Die als politische Provokation angelegte Aktion geriet zum gigantischen Medienspektakel. Krickler unterstellte Bischof Küng und den drei anderen Bischöfen im Rahmen einer Pressekonferenz »homosexuelle Neigungen«, behauptete aber nicht, »dass sie sie auch ausgelebt hätten«. Dabei berief er sich auf jeweils mindestens drei Informanten, denen zufolge sie an »einschlägigen Orten« gesehen worden seien und über ihre homosexuellen Neigungen »private Mitteilungen an Freunde« gemacht hätten. Die Namen der mutmaßlichen Informanten gab er allerdings nicht preis. Die vier Bischöfe setzten sich erwartungsgemäß und mit gutem Grund gegen Kricklers Behauptungen gerichtlich zur Wehr und waren damit, ebenfalls erwartungsgemäß, am Ende erfolgreich.

Vor diesem Hintergrund glaubte ich davon ausgehen zu können, dass Bischof Küng seine Aufgabe als Visitator unvoreingenommen angehen und gewissenhaft ausüben würde. Ich sollte mich nicht zum ersten und leider auch nicht zum letzten Mal getäuscht haben. Eine seiner ersten Bestrebungen bestand darin, das Priesterseminar komplett schließen zu lassen und alle Seminaristen von einem Tag auf den anderen vor die Tür zu setzen. Die meisten von ihnen konnten zwar kurzfristig bei ihren Eltern oder Freunden unterkommen, aber einige landeten buchstäblich auf der Straße. Aus dem Grund für diese radikale Maßnahme machte der Visitator kein Geheimnis: Er wollte eine – wie er es selbst bei mehreren Gelegenheiten nannte – »Inspektion« des Priesterseminars durchführen. Und dazu brauchte er scheinbar freie Bahn.

Mit einem Generalschlüssel verschaffte er sich Zutritt nicht nur zu den Amts- und Gemeinschaftsräumen des Priesterseminars, sondern auch zu den privaten Räumlichkeiten der Seminaristen. Wonach er dort suchte, gab der Visitator ebenfalls offen und unumwunden zu: nach Hinweisen auf Homosexualität! Dafür hatte er einen ausgefeilten Katalog an Hinweisen, Indizien und Kriterien entwickelt, den David Berger aufgrund der Aussagen von Betroffenen dokumentiert hat: Homosexuelle meinte der Visitator erkennen zu können »erstens an der Vorliebe für bestimmte Farben, vor allem Violett und Rosa, zweitens an dem Bedürfnis, Fotos von sich selbst aufzuhängen, drittens an einem bestimmten Geruch und viertens an feuchten Händen und einem zu weichen Händedruck«. (Der heilige Schein, S. 206)

Der Visitator drang also in die privaten Räumlichkeiten der Seminaristen ein – wohlgemerkt in deren Abwesenheit und ohne deren Wissen – und betätigte sich dort als Schwulenjäger. Er inspizierte Schreib- und Nachttische, untersuchte Bücher- und Kleiderschränke und durchwühlte womöglich sogar die Betten. Und siehe da: Er wurde fündig! Wie er bei mehreren Gelegenheiten mit stockender Stimme öffentlich bekundete, wurden seine schlimmsten Befürchtungen sogar noch übertroffen: Mehrere Seminaristen besaßen Fotos von sich selbst! In einem Zimmer fand sich eine Armbanduhr mit rosafarbenem Plastikgehäuse! Und aus einem anderen Zimmer schlug ihm sogar jener ominöse Geruch entgegen, an dem Homosexuelle angeblich zu erkennen seien!

Wenn diese Vorgänge nicht von Bischof Küng höchstpersönlich in diversen Stellungnahmen, Interviews und Briefen dokumentiert worden wären, könnte man sie schwerlich wiedergeben, ohne sich dem Vorwurf übelster Diffamierung auszusetzen. »In der säkularisierten Welt wurden die Methoden des Opus-Dei-Visitators mit Humor aufgenommen«, belustigt sich David Berger. (Der heilige Schein, S. 206) Von den damals Betroffenen hingegen war niemandem zum Lachen zumute. Denn in der katholischen Kirche, zumal dort, wo ein Apostolischer Visitator aus dem Opus Dei am Werk ist, genügen ein paar verwackelte Schnappschüsse, eine Armbanduhr mit rosafarbenem Plastikgehäuse oder ein bestimmter Geruch, um über die Würde und das Schicksal von Menschen zu entscheiden.

Wenige Wochen nach der »Inspektion« des Priesterseminars trat Bischof Küng bei der Theologischen Sommerakademie im oberösterreichischen Aigen auf, einem alljährlichen Stelldichein des traditions- und lehramtstreuen

Klerus und seiner Anhängerschaft. Ausgerechnet dort bot er dem staunenden Publikum einen, wie er es nannte, »schonungslosen Zwischenbericht« über die Apostolische Visitation der Diözese St. Pölten. Unter anderem habe er feststellen müssen, dass im Priesterseminar »eine beträchtliche Anzahl von Personen homosexuell« gewesen sei, wie er mit seinem, wie Ulrich Küchl es nennt, »geheimdienstlichen Repertoire« habe feststellen können. (Im Harmannsdorfer Exil, S. 96) Außerdem hätte die Polizei »acht Computer voll strafrechtlich relevanter Bilder konfisziert.«

Ersteres war zu erwarten gewesen, Letzteres glatt gelogen. Dass es in einem Priesterseminar eine beträchtliche Zahl an Schwulen gibt, ist eine Binsenweisheit. Das ist in jedem Priesterseminar so – und warum auch nicht? Wunibald Müller geht davon aus, »dass bis zu 30 Prozent der katholischen Priester homosexuell sind.« (Aus dem Dunkeln ans Licht gebracht, S. 167) Andere Schätzungen rechnen mit einem deutlich höheren, wenige mit einem etwas niedrigeren Wert. Wenn dem so ist, wird man davon ausgehen können, dass auch der Anteil schwuler Männer, die sich auf den Priesterberuf vorbereiten, weit über dem Bevölkerungsdurchschnitt liegt. Das war immer so und wird weiterhin so sein – zumindest so lange, wie das katholische Priestertum ehelosen Männern vorbehalten bleibt.

Strafrechtlich relevantes Bildmaterial konnte schon deshalb nicht auf acht Computern aus dem St. Pöltener Priesterseminar gefunden worden sein, weil überhaupt nur sieben Computer dahingehend untersucht wurden. Dem polizeilichen Ermittlungsbericht zufolge, der auch dem Visitator vorlag, fand sich auf zweien davon strafrechtlich relevantes Bildmaterial: auf dem allgemein zugänglichen Computer, der die polizeilichen Ermittlungen auslöste, und auf dem erst unmittelbar vor der Sicherstellung käuflich erworbenen Computer eines Seminaristen. Jener Seminarist wurde aufgrund dessen angeklagt und verurteilt. Es gab also nicht, wie vom Visitor suggeriert wurde, acht Straftäter im St. Pöltener Priesterseminar, sondern – was allerdings schlimm genug ist – nur einen.

Man muss Bischof Küng zugutehalten, dass er auf seine Aufgabe nicht vorbereitet war – wie sollte er auch. Gewiss wäre es auch hilfreich gewesen, wenn ihm der Heilige Stuhl mindestens einen weiteren Visitator oder – warum auch nicht? – eine Visitatorin zur Seite gestellt hätte, wie das in solchen Fällen eigentlich üblich ist. Fachlich qualifizierte Mitarbeiterinnen und Mitarbeiter hätten ihm seine Aufgabe ebenfalls erleichtern können. So aber lastete nicht nur ein immenser Erwartungsdruck auf ihm, sondern die Sachverhalte und Themen, mit denen er im Zuge der Visitation konfrontiert war, schienen ihn, so mein Eindruck, auch ganz persönlich zu bewegen und emotional aufzuwühlen. Mitunter wirkte er auf mich derart betroffen, dass er mir fast leidtat.

Bei meiner ersten Unterredung mit ihm handelte es sich um ein Vieraugengespräch. Für sich genommen war das auch in Ordnung so. Allerdings hätte ich erwartet, dass mir der Visitator die handschriftlichen Aufzeichnungen, die er sich während des Gesprächs gemacht hatte, nach deren Abschrift noch einmal zur Überprüfung und Unterzeichnung vorlegen würde. Das aber geschah nicht. Das geschah, soweit ich informiert bin, auch bei anderen befragten Personen nicht, vielleicht sogar nie. Die Visitationsprotokolle, die ich einige Zeit später durch eine Indiskretion zu Gesicht bekam, trugen allesamt nur die Unterschrift Bischof Küngs, nicht aber die der befragten Personen und ebenso wenig die eines Zeugen oder Protokollanten. Damit waren sie eigentlich das Papier nicht wert, auf dem sie geschrieben standen.

Denn so gab es keine Gewährleistung dafür, dass die protokollierten Aussagen auch dem entsprachen, was die befragten Personen zu Protokoll gegeben hatten. Das aber wäre insofern nützlich gewesen, als dem Visitator mitunter ein wenig die Fantasie durchzugehen schien. So berichtete mir etwa ein Seminarist, dass ihm Bischof Küng vorgeworfen hätte, Fäkalsex betrieben zu haben. Dem vorausgegangen war, so der Bericht, die Befragung des hauswirtschaftlichen Personals im Priesterseminar nach entsprechenden Hinweisen, wobei eine Raumpflegerin eingeräumt hätte, einmal entsprechende Verschmutzungen von Bettwäsche wahrgenommen zu haben. Dazu war es allerdings, wie mir der betreffende Seminarist versicherte, nicht infolge von Fäkalsex gekommen, sondern infolge eines üblen Magen-Darm-Infekts.

Das ausgeprägte Interesse des Visitators an Fäkalsex kam wahrscheinlich daher, dass ein anderer Seminarist, dessen Computer von der Polizei sichergestellt und untersucht worden war, wohl mindestens einmal eine an sich legale Pornowebsite aufgerufen hatte. Auf dieser Website dürften sich auch Fotos von Fäkalsex befunden haben. Auf sie scheint der Visitator gestoßen zu sein, als er die dort gespeicherten Fotos begutachten konnte. Der betroffene Seminarist bestritt zwar entschieden, solche Fotos angeschaut, geschweige denn danach gesucht zu haben. Bischof Küng hingegen ließ sich nicht mehr davon abbringen, dass der Seminarist eine Neigung zu Fäkalsex gehabt und diese Neigung im Priesterseminar mehr oder weniger offen ausgelebt hätte.

Das sagte mir der Visitator selbst bei einem zweiten Gespräch, zu dem er mich bereits im repräsentativen Amtszimmer des Bischofshauses empfing. Dort befand sich ein monströser, mit teurem Furnier und kitschigen Metallapplikationen versehener Schreibtisch, den ich Bischof Krenn kein einziges Mal hatte nutzen sehen; er bevorzugte seinen eigenen, in einem kleinen Nebenzimmer untergebrachten Schreibtisch. Der Visitator hingegen saß hinter dem mächtigen Möbelstück und streichelte fortwährend dessen Oberfläche. Da habe er sie drin, die Pornofotos aus dem Priesterseminar, erklärte er mir, wobei er merkwürdig aufgewühlt wirkte. Es seien Tausende, ja Zehntausende! Ich bräuchte das gar nicht zu bestreiten. Dabei tat ich das überhaupt nicht. Ich wunderte mich nur darüber, dass ein Bischof Pornofotos in seinem Schreibtisch hortete.

Ein Ehepaar aus meinem Bekanntenkreis, das um ein Gespräch mit dem Visitator gebeten hatte, um Fürsprache für mich einzulegen, hatte exakt dieselbe Erfahrung gemacht. Sie hätte den Eindruck gehabt, sagte mir die Frau hinterher, dass Bischof Küng zum ersten Mal in seinem Leben solche Fotos hätte anschauen können, ohne dabei ein schlechtes Gewissen haben zu müssen. Die Fürsprache des Ehepaars war ohnehin vergeblich gewesen; der Visitator hatte, wie es schien, sein Urteil über mich längst gefällt. Zumindest setzte er mich immer mehr unter Druck: Ich solle doch einfach zugeben, dass im Priesterseminar eine homosexuelle Atmosphäre geherrscht hätte, warf er mir vor. Desgleichen sollte ich zugeben, selbst homosexuell zu sein, das würde alles viel einfacher machen. Ich dachte aber nicht im Traum daran, ihm diesen Gefallen zu tun.

Dabei lag der Visitator im Prinzip gar nicht so falsch: Im St. Pöltener Priesterseminar hatte tatsächlich eine – wenn man es denn so nennen will – »homosexuelle Atmosphäre« geherrscht. Ich würde zwar lieber von homosexuellenfreundlicher Atmosphäre sprechen, aber Homosexuelle wurden dort tatsächlich weder ausgeforscht und bespitzelt noch diskriminiert oder gejagt. Wenn es etwas gibt, worauf ich bis heute stolz bin, dann darauf, dass es gelang, im St. Pöltener Priesterseminar eine Atmosphäre zu schaffen, die einerseits traditionsorientiert war – und das war sie, denn sonst wären nicht so viele Seminaristen eingetreten –, aber im Unterschied zu nahezu allen anderen traditionsorientierten Ausbildungsstätten für künftige Priester nicht moralistisch geprägt war.

Doch nicht nur die »homosexuelle Atmosphäre« an sich erhitzte den Visitator, sondern mehr noch der für ihn zur Gewissheit gewordene Verdacht, dass sich im St. Pöltener Priesterseminar »aktive homophile Beziehungen« gebildet hätten. Auch damit könnte er recht gehabt haben. Ich erinnere mich noch gut an zwei Seminaristen, die so eng befreundet waren, dass man durchaus den Eindruck gewinnen konnte, sie würden miteinander nicht nur den Rosenkranz beten. Ich habe damals das Gespräch mit den beiden gesucht und ihnen klargemacht, dass es mich nicht interessiere und niemanden zu interessieren hätte, was sie hinter verschlossenen Türen täten, dass sie aber bedenken sollten, dass sie, bevor sie geweiht werden könnten, öffentlich die Zölibatsverpflichtung bejahen müssten.

Aber für solche Details schien sich damals weder der Visitator noch die mediale Öffentlichkeit zu interessieren. Stattdessen wurde eifrig dramatisiert und skandalisiert. Ein Seminarist, der nach der Schließung des Priesterseminars praktisch mittellos auf der Straße gelandet war, berichtete mir, dass ihm ein österreichisches Boulevardmedium 1000 Euro bar auf die Hand angeboten hätte, wenn er in einem Interview ein paar Schauer- und Schmuddelgeschichten über das St. Pöltener Priesterseminar zum Besten gäbe – allerdings unter der Bedingung, dass das Interview anonymisiert veröffentlicht würde, um jedwede Rückverfolgung und Überprüfung der Aussagen zu verunmöglichen. Jener Seminarist behauptete zwar, der Versuchung widerstanden zu haben, das Interview erschien aber trotzdem.

Mit solcherlei medialer Unterstützung war es dem Visitator ein Leichtes, seine Aufgabe zeitnah zum Abschluss bringen: Bischof Krenn wurde so lange bearbeitet, bis er dem Papst »freiwillig« seinen Rücktritt anbot; der Rücktritt wurde mit Datum vom 7. Oktober 2004 zeitgleich mit dem Rücktrittsangebot von Weihbischof Heinrich Fasching angenommen und der Apostolische Visitator Klaus Küng ebenfalls zeitgleich zum neuen Bischof von St. Pölten ernannt. Vorher allerdings landete Bischof Krenn noch einen Überraschungscoup, indem er Weihbischof Fasching als Generalvikar amtsenthob. Als er mir die ehrenvolle Aufgabe übertrug, ein entsprechendes Amtsenthebungsdekret zu verfassen, gestand er mir zerknirscht: »Fasching war der größte Fehler meines Lebens.«

Bevor ein neu ernannter Bischof sein Amt ausüben darf, muss er nach can. 382 § 1 CIC »in kanonischer Form von der Diözese Besitz« ergreifen; dabei handelt es sich um einen Rechtsakt, der normalerweise im Rahmen eines Gottesdienstes vollzogen wird. Die Besitzergreifung der Diözese St. Polten durch Bischof Küng erfolgte am 28. November 2004 im Dom zu St. Pölten. Um den zwar korrekten, aber allzu entlarvenden Begriff der Besitzergreifung zu vermeiden, bezeichnet man das Ganze gewöhnlich als

Amtseinführung. Ich sollte allerdings sehr bald erfahren, dass der Begriff der Besitzergreifung durchaus nicht ohne Berechtigung ist. Bereits am 6. Dezember 2004 wurde ich nämlich zu einem weiteren Gespräch mit Bischof Küng ins Bischofshaus von St. Pölten einbestellt.

Nachdem ich dort eingetroffen war, erschienen zu meiner Überraschung außer dem Bischof selbst auch noch sein erst wenige Tage zuvor neu ernannter Generalvikar, Prälat Leopold Schagerl, sowie sein Sekretär, der wie er selbst dem Opus Dei angehörte. Nahezu wortlos wurden mir drei Schriftstücke überreicht: Mit der förmlichen Enthebung von meinen bisherigen Ämtern, darunter dem des Bischöflichen Sekretärs, hatte ich gerechnet; das war durchaus in meinem Sinn. Dass mir darüber hinaus mein Gehalt drastisch gekürzt wurde, war zu verschmerzen. Als unzumutbar empfand ich hingegen das Verbot öffentlicher Äußerungen – man wollte mich offenbar mundtot machen – sowie die unbefristete Einweisung in ein Kloster, wo ich mich einer Art spirituell verbrämter Psychotherapie unterziehen sollte.

Dabei wusste ich zu diesem Zeitpunkt noch gar nicht, um was für eine Einrichtung es sich überhaupt handelte: nämlich um dieselbe Einrichtung, in die auch Doris Wagner von ihrer Vorgesetzten geschickt wurde, als sie noch der Geistlichen Familie »Das Werk« angehörte. Zuvor war sie von einem Priester, der ebenfalls dem »Werk« angehörte, sexuell missbraucht worden. »Das hieß, dass sie mich zur selben Therapeutin schickte, bei der ein Jahr zuvor« der Missbrauchstäter »in Behandlung war«, entrüstet sich Doris Wagner zu Recht. (Nicht mehr ich, S. 309) Es handelte sich, wie ich bald erfahren sollte, um eine Einrichtung, die sich auf die Behandlung von Priestern und Ordensleuten spezialisiert hatte, die nicht mehr so »funktionierten«, wie sie es nach Meinung ihrer Vorgesetzten sollten.

Obwohl ich dies alles noch gar nicht wusste, war ich geschockt. Mit so etwas hatte ich nicht gerechnet. Als ich das Bischofshaus verlassen wollte, erlitt ich auf der Treppe einen Kreislaufkollaps und brach zusammen. Man schleppte mich zurück in die bischöflichen Amtsräume, wo ich auf ein Sofa verfrachtet wurde. Der Bischof setzte sich vor mich auf die Sofakante, sodass ich, selbst wenn ich dazu wieder in der Lage gewesen wäre, nicht mehr aufstehen konnte. Dabei beobachtete er mich und schien zu überlegen. Nach kurzer Zeit wies er seinen Sekretär an, eine der Ordensschwestern zu holen, die ihm den Haushalt führten. Als sie kam, erteilte er ihr den Auftrag, ihm ein bestimmtes Medikament, dessen Name mir nichts sagte, sowie ein Glas Wasser zu bringen.

Nachdem er beides in Händen hatte, stand der Bischof kurz auf, sodass ich mich in eine sitzende Position aufrichten konnte. Dann steckte er mir die Tablette eigenhändig in den Mund, setzte mir das Glas an die Lippen und flößte mir ein paar Schlucke Wasser ein. Da ich mich dagegen wehrte, ergoss sich ein Teil des Wassers über meine Kleidung. Als er sicher sein konnte, dass ich die Tablette geschluckt hatte, schickte der Bischof alle noch anwesenden Personen hinaus. Die Tür wurde geschlossen, ich war mit ihm allein. Bedauerlicherweise muss ich an dieser Stelle die Schilderung dessen, was im Folgenden geschah, unterbrechen, um sie zu einem späteren Zeitpunkt wieder aufzunehmen. Jene Geschehnisse zu schildern wurde mir nämlich kirchlicherseits bei Strafe verboten.

Auf die kirchliche Strafandrohung für den Fall, dass ich jene Geschehnisse entgegen dem mir auferlegten Verbot öffentlich wiederholen würde, werde ich an anderer Stelle noch ausführlich eingehen. Wenn ich jetzt davon absehe, dann nicht nur aufgrund des mir auferlegten Verbots, sondern auch und vor allem, weil mir deren Schilderung nach wie vor nicht leichtfällt. Da die Geschehnisse einige Jahre später Gegenstand kriminalpolizeilicher und staatsanwaltschaftlicher Ermittlungen waren, sind sie aber ohnehin öffentlich bekannt geworden. Jene Ermittlungen standen unter dem »Verdacht der versuchten Vergewaltigung« und wurden am Ende eingestellt, weil die mutmaßliche Straftat zum betreffenden Zeitpunkt bereits verjährt war.

Als ich an jenem Abend endlich wieder zu Hause war, öffnete ich, um die Scham und den Ekel irgendwie loszuwerden, eine Flasche Rotwein, schenkte mir ein großes Glas davon ein und trank es in einem Zug aus. Ich ahnte ja nicht, dass ich dadurch das Verhängnis noch erheblich vergrößern würde. Bischof Küng hatte mir nämlich ein verschreibungs- und rezeptpflichtiges Betäubungsmittel verabreicht, näherhin ein Psychopharmakon aus der Gruppe der Benzodiazepine! Dabei handelt es sich um eine hochwirksame psychoaktive Substanz, die angstlösend, muskelentspannend, sedierend und hypnotisch wirkt und sehr schnell süchtig macht. Nach der Verabreichung eines solchen Medikaments Alkohol zu trinken ist eine denkbar schlechte Idee.

Insofern ist es nicht verwunderlich, dass ich an die weiteren Ereignisse jenes Abends und der darauffolgenden Nacht keinerlei Erinnerungen habe. Als ich am nächsten Tag wieder zu mir kam, lag ich im Krankenhaus. Ich war in den frühen Morgenstunden vom Balkon meiner Wohnung gestürzt, die sich zum Glück nur im ersten Stock befand. Dabei hatte ich mir eine Gehirnerschütterung und diverse

Prellungen zugezogen sowie das linke Handgelenk gebrochen. Obwohl ich es nicht über mich brachte, den behandelnden Ärzten zu erzählen, was genau mir widerfahren war – damals wäre so etwas noch schlichtweg unvorstellbar gewesen –, kamen sie von sich aus zu dem Schluss, dass ich einer außergewöhnlich schweren psychischen Belastung ausgesetzt gewesen sein musste.

Bischof Küng hingegen versuchte, den Vorfall ins Lächerliche zu ziehen; Ulrich Küchl gegenüber bezeichnete er ihn am folgenden Tag wörtlich als »einen Zirkus«. (Im Harmannsdorfer Exil, S. 20) Insofern rechnete ich eher nicht damit, dass er mich fortan in Frieden lassen würde. Nachdem ich herausgefunden hatte, um was für eine fragwürdige Einrichtung es sich handelte, in die er mich hatte einweisen wollen, stand für mich fest, dass ich dort nicht hingehen würde. Als ich den Bischof mit meinen Recherchen konfrontierte, war ihm das spürbar unangenehm. Um meinen guten Willen zu zeigen, bot ich ihm an, mich stattdessen anderswohin ins Exil zu begeben. Schlussendlich stimmte er zu. Und so verbrachte ich das Frühjahr 2005 in einem Kloster im Schwarzwald.

In der Zwischenzeit hatte er jedoch genügend Zeit, sich eine neue Strategie auszudenken, um mich mürbe und gefügig zu machen. Wenn ich je wieder als Priester tätig sein wollte, drohte er mir, müsste ich zuvor einen »Schwulentest« absolvieren und mich zu diesem Zweck von einem forensischen Psychiater begutachten lassen. Er selbst sprach natürlich nicht von einem »Schwulentest«, sondern nur von einem psychiatrisch-psychologischen Gutachten. Dieses Gutachten hatte jedoch den einzigen Zweck, »zu der Frage Stellung zu nehmen«, ob bei mir »eine homosexuelle Neigung vorliegt, die eine Einschränkung« meiner beruflichen »Einsatzmöglichkeiten als angeraten, angebracht oder unbedingt empfohlen erscheinen lässt«, wie es im fertigen Gutachten wörtlich heißt.

Ich ließ mich nämlich tatsächlich, wie ich gestehen muss, auf dieses abenteuerliche Unterfangen ein – warum, vermag ich heute nur bedingt zu erklären. Eigentlich wäre es richtig und notwendig gewesen, ein solch menschenunwürdiges Ansinnen aufs Schärfste zurückzuweisen und sich dessen Umsetzung um jeden Preis zu verweigern. Warum ich das damals nicht getan habe, kann ich mir nur mit dem extremen Druck erklären, dem ich mich vonseiten des Bischofs ausgesetzt fühlte. Trotzdem muss ich mir vorwerfen lassen – und werfe mir heute selbst vor –, dadurch ein System akzeptiert und gestützt zu haben, das offenkundig darauf angelegt ist, Menschen durch die missbräuchliche Anwendung psychiatrisch-psychologischer Methoden zu drangsalieren, innerlich zu brechen und gefügig zu machen.

Die Anwendung solcher Methoden ist aus diversen moralistisch geprägten katholischen Organisationen bekannt. Dietmar Scharmitzer beispielsweise berichtet von einem Opus-Dei-Mitglied, dem im Rahmen eines mehrstündigen Kreuzverhörs durch seine Vorgesetzten »Lexotanil, ein süchtig machendes Beruhigungsmittel, gereicht« wurde. (Neun Jahre im »Irrenhaus Gottes«, S. 239) Doris Wagner weiß von einer Mitschwester aus der Geistlichen Familie »Das Werk«, die ebenfalls »zur Einnahme von Psychopharmaka gezwungen« wurde. (Nicht mehr ich, S. 329) Die Anweisung von Psychotherapien, die Verpflichtung zu psychiatrisch-psychologischen Begutachtungen sowie die Verabreichung von Psychopharmaka scheinen dort gang und gäbe zu sein.

Meine Begutachtung fand im Institut für Forensische Psychiatrie der Universität Duisburg–Essen in Essen statt und erstreckte sich über zwei Tage. Am ersten Tag musste ich mich einer Art Kreuzverhör stellen, das der Leiter des Instituts, Prof. Dr. Norbert Leygraf, zusammen mit einem Diplompsychologen durchführte. Die beiden saßen an einem Ende eines großen Tisches, ich am anderen – genau dort, wo sonst mutmaßliche Serienmörder, Pädophile und Exhibitionisten saßen. Am ersten Tag stellten mir die beiden Gutachter, wie in ähnlichen Untersuchungen üblich, wechselweise Hunderte von Fragen – zum Beispiel, ob ich je ein Schädel-Hirn-Trauma erlitten, meine Eltern beim Sex beobachtet oder ein Tier (größer als eine Maus) getötet hätte. Dass man davon schwul werden konnte, war mir neu.

Am zweiten Tag musste ich vor einem Computer Platz nehmen und eine Fülle weiterer Fragen beantworten sowie Bilder kommentieren, die dort eingeblendet wurden. Diesmal war nur der Diplompsychologe anwesend. Prof. Leygraf ließ sich nicht mehr blicken. Einige Wochen später bekam ich dann von Bischof Küng eine Kopie des fertigen Gutachtens ausgehändigt. Das war eigentlich so nicht vorgesehen. Prof. Leygraf hatte mir auf meine Frage hin erklärt, dass er das Gutachten keinesfalls mir, sondern ausschließlich dem Auftraggeber zur Verfügung stellen würde. Das sei so üblich. Allerdings hatte ich meine Zusage, mich der Begutachtung zu unterziehen, an die Bedingung geknüpft, dass mir der Bischof eine Kopie des Gutachtens überlassen und mir dies vorab schriftlich zusichern müsse.

Tatsächlich kam er seiner Zusage nach. Als er mir das Gutachten aushändigte, wirkte er merkwürdig enttäuscht.

Das hätte ja alles nichts gebracht, seufzte er. Tatsächlich hatte ich, wie ich nach der Lektüre des Gutachtens erleichtert feststellen konnte, die Prüfung mehr oder weniger »bestanden«. Zusammenfassend stellten die beiden Psychologen auf der letzten von insgesamt achtundzwanzig Seiten fest, dass sich »aus psychiatrisch-psychologischer Sicht keine fundierten Aussagen darüber treffen« ließen, ob bei mir »eine homosexuelle Orientierung vorliegt oder nicht«, und dass infolgedessen auch »keine Empfehlungen dahingehend abgegeben werden können, ob wegen des Bestehens einer homosexuellen Orientierung« meine »zukünftigen Einsatzmöglichkeiten einzuschränken sind«.

So problematisch es auch war, dass ich mich damals auf die Begutachtung eingelassen habe, so froh bin ich doch heute, dass ich über eine Kopie des Gutachtens verfüge. Denn dadurch ist zum einen unwiderlegbar dokumentiert, dass das Gutachten, wie es auf der ersten Seite wörtlich heißt, »auf Ersuchen des Bischofs DDr. Küng« und damit im kirchlichen Auftrag erstellt wurde, und zum anderen, dass sich der Leiter eines Instituts für Forensische Psychiatrie an einer deutschen Universität – nein, nicht 1933, auch nicht 1950, sondern 2005 – darauf eingelassen hat, die Frage, ob jemand homosexuell ist oder nicht – wohlgemerkt: Es ging nicht um eine pädophile oder sonst eine paraphile Neigung –, zum Gegenstand einer psychiatrisch-psychologischen Begutachtung zu machen.

Doch damit nicht genug. Das Gutachten sollte nämlich nicht nur, wie es zu Beginn ausdrücklich heißt, »zu der Frage Stellung nehmen«, ob bei mir »eine homosexuelle Neigung vorliegt«, sondern auch, ob eine gegebenenfalls vorliegende homosexuelle Neigung »eine Einschränkung« meiner beruflichen »Einsatzmöglichkeiten als angeraten, angebracht oder unbedingt empfohlen erscheinen lässt«. Die Annahme eines solchen Auftrags aber lässt den Schluss zu, dass der Leiter eines Instituts für Forensische Psychiatrie an einer deutschen Universität – nein, nicht 1933, auch nicht 1950, sondern 2005 – die Möglichkeit in Betracht gezogen hat, dass das Vorliegen einer homosexuellen Neigung eine Einschränkung der beruflichen Einsatzmöglichkeiten der betreffenden Person zur Folge haben könnte, wenn nicht sogar sollte.

Doch selbst damit nicht genug. Es ging bei der Begutachtung nämlich nicht nur um die Frage, ob ich schwul sei oder nicht, und falls ja, ob ich in meiner Berufsausübung einzuschränken sei. Ausdrücklich wird zu Beginn des Gutachtens erläutert, dass sich eine etwaige Einschränkung meiner beruflichen Einsatzmöglichkeiten »auch auf die seelsorgliche Tätigkeit mit Jugendlichen und jungen Erwachsenen in der Gemeinde« bezöge. Die Annahme eines solchen Auftrags aber lässt den Schluss zu, dass der Leiter eines Instituts für Forensische Psychiatrie an einer deutschen Universität – nein, nicht 1933, auch nicht 1950, sondern 2005 – die Möglichkeit in Betracht gezogen hat, dass sich der seelsorgliche Einsatz einer homosexuellen Person gegebenenfalls nachteilig auf Jugendliche und junge Erwachsene auswirken könnte.

Nachdem ich den psychiatrisch-psychologischen Schwulentest zur Enttäuschung von Bischof Küng »bestanden« hatte, änderte er seine Strategie komplett. Fortan strebte er, so mein Eindruck, nicht mehr danach, mich gefügig zu machen, sondern mich loszuwerden. Er wollte meine Laisierung. Denn wenn ich laisiert wäre, würde ich jeden Rückhalt in der Kirche verlieren, könnte ich ihm nicht mehr gefährlich werden. Nach can. 290 CIC kann »die einmal gültig empfangene« Priesterweihe »niemals ungültig« werden. Dennoch führt die entweder vom Priester selbst erbetene oder ihm strafweise auferlegte Laisierung nach can. 292 CIC dazu, dass er alle »dem klerikalen Stand eigenen Rechte« verliert und »durch keine Pflichten des klerikalen Standes mehr gebunden ist«, ausgenommen die Zölibatsverpflichtung.

Zuerst versuchte der Bischof, mich dazu zu drängen, »freiwillig« um Laisierung zu bitten. Das wäre für alle Beteiligten am günstigsten, erklärte er lapidar. Als ich ablehnte, versuchte er, mir die Hoffnung zu nehmen, überhaupt je wieder als Priester tätig sein zu können. Ich weigerte mich dennoch, wieder und wieder. Als er merkte, dass er auf diesem Weg sein Ziel nicht erreichen würde, änderte er abermals die Strategie und trieb meine Laisierung von sich aus voran. Zumindest behauptete er das. Allerdings scheint sein Vorhaben in Rom auf taube Ohren gestoßen zu sein. Jedenfalls blieb es erfolglos. Er hatte ja auch so gut wie nichts in der Hand, womit er sein Vorhaben hätte begründen können. Insofern blieb ihm gar nichts anderes übrig, als seine Strategie ein weiteres Mal zu ändern.

Diesmal allerdings suchte er sich kompetente Unterstützung, und zwar in der Person von Prof. Dr. Ludger Müller, dem Inhaber des Lehrstuhls für Kirchen- und Religionsrecht an der Katholisch-Theologischen Fakultät der Universität Wien. Dessen Bemühungen, mich zu beseitigen, waren Bischof Küng die stattliche Summe von 10 000 Euro wert, wie ein Mitarbeiter des St. Pöltener Bischöflichen Ordinariats erfahren haben wollte und mir berichtete – leicht verdientes Geld, wenn man bedenkt, dass Prof. Müller sich nicht einmal die Mühe machte, mich persönlich zu kontaktieren oder gar anzuhören. Dafür fuhr er eilfertig das denkbar schwerste Geschütz auf, das die Kirche in ihrem Arsenal hat, um missliebige Priester zu beseitigen: Er stellte die Gültigkeit meiner Priesterweihe infrage!

Zu diesem Mittel wird nur äußerst selten und ungern gegriffen, denn »für die Kirche stellt die Nichtigkeit einer empfangenen Weihe«, wie Yves Kingata erläutert, »ein folgenschweres Problem dar«. (Die Weiheverfahren, S. 1722) Wird die Weihe eines Priesters für ungültig erklärt, gelten damit nämlich automatisch auch alle Messen als ungültig, die er je gefeiert hat, alle Trauungen, die er je gehalten hat, alle Krankensalbungen, die er je gespendet hat. Kurzum: Wird eine Priesterweihe für ungültig erklärt, ist das in jedem Fall eine seelsorgliche Katastrophe. Aber das schien Bischof Küng egal zu sein. Mir wurde immer klarer: Er wollte mich loswerden; und dazu war ihm jedes Mittel recht. Das zeigt auch die Begründung, die er vorbrachte, um meine Priesterweihe für ungültig erklären zu lassen.

Diese Begründung lautete wie folgt: Mein Sturz vom Balkon am 6. Dezember 2004 sei in Wirklichkeit kein Unfall, sondern ein Suizidversuch gewesen; weil ich einen Suizidversuch unternommen hätte, sei ich psychisch krank; wenn ich aber psychisch krank sei, hätte ich nicht gültig zum Priester geweiht werden können. Bischof Küng wollte sich also meinen Unfall, den er selbst durch die Verabreichung eines Psychopharmakons maßgeblich mitverschuldet hatte, schamlos zunutze machen, um mich einmal mehr als psychisch krank hinzustellen. Auf solch einen perfiden Gedanken muss man erst einmal kommen! Aber der Plan ging ohnehin nicht auf: Prof. Müller hatte nämlich übersehen, dass im Fall einer psychischen Erkrankung die Priesterweihe allenfalls unerlaubt, nicht aber ungültig gespendet worden wäre.

Immerhin wäre mir, wenn es gelungen wäre, mir eine psychische Erkrankung anzudichten und meine Priesterweihe für unerlaubt erklären zu lassen, jedwede priesterliche Tätigkeit untersagt gewesen. Das aber hätte das Problem des Bischofs nicht gelöst: Ich wäre immer noch da gewesen. Aber mittlerweile war man das Theater offenbar selbst in Rom leid. Mit Datum vom 5. März 2008 erließ die Kongregation für den Klerus ein Dekret, um »den aufgetretenen Konflikt endgültig zu beheben«. Der Konflikt zwischen Bischof Küng und mir dauerte damals schon an die vier Jahre – vier qualvoll lange Jahre, in denen ich keiner seelsorglichen Aufgabe nachgehen konnte, sondern quasi hauptberuflich damit beschäftigt war, mich gegen die bischöflichen Attacken zur Wehr zu setzen.

Aus dieser Zeit besonders eindrücklich in Erinnerung geblieben ist mir der Tag, an dem man mir auf mein Verlangen hin Einsicht in meine Personalakte gewähren musste. Die Akteneinsicht, die etliche Stunden in Anspruch nahm, erfolgte im Büro eines ranghohen Mitarbeiters von Bischof Küng. Angeblich gehört jener Mitarbeiter wie der Bischof selbst zum Opus Dei oder steht der Organisation zumindest nahe. Während ich dort saß und mich durch Hunderte von Aktenseiten quälte, auf deren Grundlage über mein Wohl oder Wehe entschieden werden würde, erschallten aus der Musikanlage des bischöflichen Ordnungshüters süßlich-fromme Lieder, deren Melodien er bisweilen fröhlich mitsummte. Unter Halleluja-Klängen kämpfte ich um meine Würde, meine Existenz, meine Zukunft.

Als Rom schließlich entschieden hatte, konnte Bischof Küng – zumindest auf den ersten Blick betrachtet – zufrieden sein: Alle Verfügungen, die er je gegen mich getroffen hatte, wurden »endgültig bestätigt«. Allerdings hatte der Bischof dabei so viele Rechtsverstöße begangen, dass man nicht umhingekommen war, Papst Benedikt XVI. persönlich zu bemühen. Indem der Papst das Dekret »in forma specifica«, das heißt in außerordentlicher Weise bestätigte, wurden all diese Rechtsverstöße pauschal und im Nachhinein behoben. Die katholische Kirche ist nämlich nicht mit einem demokratischen Rechtsstaat vergleichbar. Abgesehen von sogenanntem göttlichem Recht kann der Papst das Kirchenrecht nach Belieben ändern oder außer Kraft setzen – sogar nachträglich.

Bischof Küng hatte also noch mal Glück gehabt. Zufrieden mit dem römischen Dekret war er dennoch nicht: Als er es mir mit kraftlos wirkender Geste überreichte, lag nicht die geringste Spur von Triumph in seinem Blick. Bei näherer Betrachtung gab es dazu auch keinen Grund. Denn einerseits nahm das Dekret auch den Bischof in die Pflicht, indem es verlangte, dass alle Beteiligten des Konflikts – also auch er – »zu einer von geistlicher Liebe inspirierten Harmonie zurückfinden, die Gegensätze überwindet und Gemeinschaft aufbaut«. Und andererseits geht das Dekret mit keiner Silbe auf die Anschuldigungen und Anklagen ein, die er gegen mich vorgebracht hatte. Dementsprechend ist auch mit keiner Silbe von irgendwelchen Fehltritten, Straftaten oder Sanktionen die Rede.

Trotzdem war auch ich mit dem römischen Dekret alles andere als zufrieden. Denn mit keiner Silbe wird darin auf die zahlreichen von mir beanstandeten Rechtsverstöße von Bischof Küng eingegangen. Unmittelbar nachdem mir der Bischof das Schriftstück überreicht hatte, rief ich darum Prälat Gänswein an, meinen Doktorvater, den päpstlichen Privatsekretär. Wider Erwarten gelang es mir, zu ihm durchgestellt zu werden. Ob der Heilige Vater die zahlreichen Akten und Dokumente wirklich gelesen hätte, fragte ich ihn, oder ob er zumindest wisse, was in St. Pölten tatsächlich vonstattengegangen sei. Er ließ mich aber gar nicht zu Ende reden. Stattdessen blaffte er mich nur an, ich solle endlich Ruhe geben und die römische Entscheidung akzeptieren: Der Fall sei erledigt.

Immerhin waren damit die Bestrebungen des Bischofs erfolglos geblieben, mich aus dem priesterlichen Dienst zu entfernen – im Gegenteil: Er wurde nachdrücklich angehalten, mir »die für einen fruchtbaren Vollzug des eigenen priesterlichen Lebens notwendige innere Ruhe« zu ermöglichen. Mit anderen Worten ausgedrückt: Er sollte mich endlich in Frieden lassen. Das aber wollte und tat er immer noch nicht. Unter Berufung darauf, dass Rom alle seine Verfügungen bestätigt hatte, verlangte er von mir erneut eine mehrmonatige »Zeit der Besinnung«. Ein letztes Mal raffte ich mich auf, guten Willen zu zeigen. Da es sich nicht um eine psychotherapeutische Einrichtung, sondern um ein »normales« Kloster handelte, in das ich mich diesmal begeben sollte, tat ich, was er wollte.

Einmal mehr kam es schlimmer als befürchtet. Schlimm war weniger, dass ich in ein abgelegenes Kloster hoch oben in den Bergen beordert wurde, wo man mir eine modrig riechende Zelle mit schlecht funktionierender Heizung und einem viel zu kurzen Bett zuwies. Aber dass mich die Mönche – vermutlich, weil sie entsprechend instruiert worden waren – wie einen Schwerverbrecher behandelten und kaum mit mir redeten, war nicht leicht zu ertragen. Als sich die vereinbarte Zeit meiner »Klosterhaft« ihrem Ende zuneigte, rief ich den Bischof an und fragte ihn, wie es jetzt weitergehen sollte. Er aber wollte nichts mehr von einer zeitlichen Begrenzung wissen. Als ich mich weigerte, länger als ausgemacht zu bleiben, verlangte er von mir, dass ich nach Rumänien verschwinden solle.

Nach Rumänien war ich keinesfalls bereit zu gehen und ebenso wenig, über die vereinbarte Zeit hinaus in »Klosterhaft« zu bleiben. Als ich am Tag meiner Abreise neben meinem gepackten Koffer vor dem Kloster wartete, um abgeholt zu werden, läutete mein Telefon. Es war der Bischof. Obwohl ich nichts Gutes zu erwarten hatte, nahm ich den Anruf entgegen. Mittlerweile war mir alles egal. Umso mehr überraschte mich, was mir der Bischof mitzuteilen hatte: »Es wird München.« Der Vorschlag, nach München zu gehen, stammte von mir. Ich hatte ihn mehr als nur einmal vorgebracht. Jedes Mal war er vom Bischof entrüstet zurückgewiesen worden. Woher sein plötzlicher Sinneswandel kam, weiß ich bis heute nicht. Wie dem auch sei: Ich war gerettet!

Fünfter Exkurs:
Zur Frage der Homosexualität

Als ich Barnabas kennenlernte, war er noch keine zwanzig Jahre alt. Ungeachtet seiner Jugend hatte er sich im konservativ-katholischen Milieu bereits einen Namen gemacht. Das von ihm ins Leben gerufene Nachrichtenportal, dessen Inhalte strikt an den Vorgaben des kirchlichen Lehramts ausgerichtet waren, gehörte damals zu den einflussreichsten katholischen Internetseiten im deutschen Sprachraum. Barnabas war eine Ausnahmeerscheinung: tiefgläubig und fromm, engagiert und idealistisch, kultiviert und überaus korrekt. Doch sosehr ich ihn auch schätzte, so sehr irritierte mich etwas an ihm – etwas, das ich zunächst nicht näher benennen konnte: Er wirkte stets so, als stünde er unter Beobachtung und Druck, als würde er von etwas oder jemandem gehetzt.

Nicht lange, nachdem ich Barnabas kennengelernt hatte, eröffnete er mir stolz seine Absicht, ins Kloster gehen zu wollen. Sein Eintritt erwies sich allerdings als Debakel: Schon nach wenigen Tagen war er völlig verzweifelt, denn was er im Kloster vorfand, entsprach in keiner Weise seinen Vorstellungen, Idealen und Bedürfnissen. Er verließ das Kloster, noch bevor er überhaupt richtig eingetreten war. Um den vermeintlichen Misserfolg wettzumachen, wurde er in der Folge immer strenger, immer verbissener, immer radikaler. Nichts und niemand war ihm glaubensstark und sittenstreng genug. An allem gab es etwas auszusetzen. Da unsere Wohnorte weit auseinanderlagen, versuchte ich, ihn aus der Ferne so gut es ging zu stützen, zu besänftigen, zu mäßigen – vergeblich.

Als Barnabas urplötzlich seine Internetseite in andere Hände übergab, wusste ich, dass etwas nicht stimmte. Noch dazu schien es ihm vollkommen egal zu sein, dass sie daraufhin abrupt an Bedeutung verlor. Auf meine Nachfragen erhielt ich immer nur vage Antworten, unser Kontakt flachte ab. Den Grund dafür erfuhr ich schließlich nicht von ihm selbst, sondern über Umwege: Barnabas hatte sich vom Katholizismus ab- und dem Islam, und zwar dem konservativen Islam, zugewandt. Dort fand er, wovon ihm selbst der konservative Katholizismus nicht genug zu bieten hatte: klare Prinzipien, feste Regeln, eindeutige Antworten. Er konvertierte. Im Kreis seiner neuen Glaubensgeschwister galt er nun als Held; er wurde herumgereicht und vorgeführt wie ein Beutestück.

Bevor sich unser Kontakt vollends verlor, hielt ich es für meine Pflicht, ihm noch etwas Wichtiges mitzuteilen. Es fiel mir nicht leicht, dies zu tun, denn mir war klar, dass ich einen wunden Punkt berühren würde. Dennoch musste ihm einmal jemand sagen, was er sogar sich selbst gegenüber nicht zugeben wollte: dass er schwul war. Tatsächlich wies er meine Vermutung weit von sich. Danach brach unser Kontakt endgültig ab. Es dauerte Jahre, bis er sich wieder meldete. Ich war gerade im Bus unterwegs; ich weiß noch genau die Stelle, an der mich seine Nachricht erreichte – so sehr habe ich mich darüber gefreut. Barnabas ist heute verheiratet – mit einem Mann. Außerdem ist er Hilfsgeistlicher und glücklich darüber, ab und zu einen Gottesdienst halten zu können. Er ist jetzt da, wo er hingehört.

Wobei Letzteres nicht ganz stimmt. Eigentlich wäre Barnabas' Platz in der katholischen Kirche. Doch die verweigert ihm seinen Platz – den Platz, auf den Gott ihn eigentlich berufen hätte: den Platz eines schwulen, verheirateten, katholischen Geistlichen. Insofern blieb ihm gar nichts anderes übrig, als sich mit einem Platz zu begnügen, wo er als schwuler, verheirateter Geistlicher willkommen ist: in der evangelischen Kirche. Ich bin froh, dass er diesen Platz gefunden hat, denn endlich kann er der sein, der er immer war, kann er so leben, wie es ihm bestimmt ist. Endlich ist er von der unsäglichen Last befreit, die ihm die katholische Kirche mit ihrer unmenschlichen Sexualmoral aufgebürdet hat: von der Last, angeblich nicht so zu sein, nicht so zu empfinden, nicht so zu leben, wie es von Gott gewollt ist.

Nach Nr. 2357 des Katechismus der katholischen Kirche »verstoßen« homosexuelle Handlungen »gegen das natürliche Gesetz« und sind »in keinem Fall zu billigen«. Obwohl eine homosexuelle Neigung der Nr. 2358 des Katechismus zufolge »objektiv ungeordnet ist«, soll homosexuellen Menschen mit »Achtung, Mitgefühl und Takt« begegnet werden: »Man hüte sich, sie in irgendeiner Weise ungerecht zurückzusetzen.« Ein ihrem Empfinden entsprechendes Leben und Lieben bleibt ihnen gemäß Nr. 2359 aber verwehrt: »Homosexuelle Menschen sind zur Keuschheit gerufen.« Zusammenfassend zählt der Katechismus in Nr. 2396 »zu den Sünden, die schwer gegen die Keuschheit verstoßen«, unterschiedslos »Masturbation, Unzucht, Pornographie und homosexuelle Praktiken.«

Die Lehre der katholischen Kirche über Homosexualität, homosexuell empfindenden Menschen und homosexuellen Handlungen beruht auf zwei grundlegenden Annahmen, die der Katechismus der katholischen Kirche wie selbstverständlich benennt: Die »psychische Entstehung« von Homosexualität sei »noch weitgehend ungeklärt«, heißt es in Nr. 2357. Nach Auffassung der katholischen Kirche ist die Entstehung von Homosexualität also, im Unterschied zur Heterosexualität, erklärungsbedürftig – mit anderen Worten ausgedrückt: Heterosexualität wird als Norm, Homosexualität als (psychische) Abweichung gesehen. Die zweite Annahme findet sich im selben Abschnitt: »Die Heilige Schrift«, heißt es da, bezeichne Homosexualität »als schlimme Abirrung«. Beide Annahmen sind falsch.

Dass beide Annahmen falsch sind, ist mittlerweile Konsens sowohl in den Humanwissenschaften als auch, von wenigen Ausnahmen abgesehen, in der Theologie. Insofern konkurriert in meinem Gesicht die Schames- mit der Zornesröte, wann immer ich lese, was im Katechismus der katholischen Kirche zum Thema Homosexualität geschrieben steht. Die Ignoranz des kirchlichen Lehramts sowohl den einschlägigen humanwissenschaftlichen als auch theologischen Erkenntnissen gegenüber ist derart eklatant, dass ich mich im Folgenden gar nicht darauf einlassen möchte, die lehramtlichen Behauptungen und Folgerungen im Einzelnen zu überprüfen und zurückzuweisen. Das nämlich würde bedeuten, dem kirchlichen Lehramt eine Autorität beizumessen, die es längst verspielt hat.

Nur der Vollständigkeit halber soll an dieser Stelle daran erinnert werden, dass »an der Existenz einer biologischen Prädisposition der sexuellen Orientierung« Hartmut A. G. Bosinski zufolge »nach allen Befunden kein vernünftiger Zweifel bestehen« kann. (Eine Normvariante menschlicher Beziehungsfähigkeit, S. 125) Wenn dem so ist, kann »die Frage, ob eine homosexuelle Orientierung krankhaft«, widernatürlich oder schlecht ist, wie Hartmut A. G. Bosinski betont, »abschließend mit Nein beantwortet werden« (Eine Normvariante menschlicher Beziehungsfähigkeit,

S. 127) – mit anderen Worten ausgedrückt: »Die homosexuelle Orientierung« ist nichts anderes als »eine Normvariante menschlicher Liebesfähigkeit.« (Eine Normvariante menschlicher Beziehungsfähigkeit, S. 128)

Als krankhaft, widernatürlich oder schlecht kann eine homosexuelle Orientierung Hartmut A. G. Bosinski zufolge allein schon deshalb nicht bewertet werden, »weil der Maßstab für eine krankhafte Störung das Leiden an einem regelwidrigen Geistes- oder körperlichen Zustand ist. Menschen mit homosexueller Orientierung leiden jedoch nicht an der Ausprägung ihrer sexuellen Orientierung, sondern an den Folgen einer gesellschaftlichen Norm darüber, welche sexuelle Orientierung ›normal‹ und welche ›sündhaft‹, ›widernatürlich‹ oder ›krankhaft‹ sei.« (Eine Normvariante menschlicher Beziehungsfähigkeit, S. 127) Wenn etwas krankhaft, widernatürlich oder schlecht ist, dann also ganz sicher nicht Homosexualität an sich, sondern allenfalls deren Ablehnung und Ächtung.

Als Beleg dafür, dass die Heilige Schrift Homosexualität als schlimme Abirrung bewerte, verweist der Katechismus der katholischen Kirche auf die Bewohner von Sodom, die von Gott bestraft wurden, weil sie von Lot verlangten, seine Gäste an sie auszuliefern: »Wir wollen mit ihnen verkehren.« (Gen 19,5) Dazu erläutert Thomas Hieke: »Will man nicht die Absurdität annehmen, dass alle Männer von Sodom homosexuell gewesen seien«, dann kann es bei ihrem Übergriff nicht um »Lustgewinn und Befriedigung des Sexualtriebs« gegangen sein; »die Sünde der Männer von Sodom ist nicht ihre vermeintliche Homosexualität, sondern ihr Versuch des gewaltsamen Bruches des Gastrechts und der Unterdrückung von anderen.« (Kennt und verurteilt das Alte Testament Homosexualität, S. 49)

Auch wenn sie der Katechismus nicht erwähnt, gibt es zwei weitere Stellen, die gern als Beleg für die Verwerflichkeit homosexueller Handlungen angeführt werden. Die erste ist als Verbot formuliert: »Du darfst nicht mit einem Mann schlafen, wie man mit einer Frau schläft; das wäre ein Gräuel.« (Lev 18,22) Die zweite nennt die Konsequenzen einer Übertretung dieses Verbots: »Beide haben den Tod verdient; ihr Blut kommt auf sie selbst.« (Lev 20,13) Allerdings kennt das Alte Testament »wie die gesamte Antike nicht das heutige Konzept von Homosexualität und behandelt nicht die Frage sexueller Identität oder Orientierung«; damit verurteilt es Thomas Hieke zufolge »auch nicht die Homosexualität«. (Kennt und verurteilt das Alte Testament Homosexualität, S. 40–41)

Ähnlich ist es mit dem Neuen Testament. Michael Theobald erinnert daran, dass »gleichgeschlechtliche Praxis nur im paulinischen Schrifttum Erwähnung« findet (Paulus und die Gleichgeschlechtlichkeit, S. 54), nicht aber in den vier Evangelien und damit auch nicht in der Verkündigung Jesu. Ob Paulus nun beklagt, dass Männer »in Begierde zueinander« entbrannten und »mit Männern Unzucht« treiben (Röm 1,27), ob er mahnt, dass weder »Lustknaben« noch »Knabenschänder« das Reich Gottes erben werden (1 Kor 6,9) oder ob er »Knabenschänder« als gottlose Sünder bezeichnet (1 Tim 1,10) – immer geht es dabei um homosexuelle Praktiken vermeintlich heterosexueller Personen, nicht aber um homosexuelle Orientierung, homosexuelle Liebe oder homosexuelle Partnerschaft.

»Wenn mit Rekurs auf die Bibel gegen Homosexualität polemisiert wird, dann gegen ein Konzept, das nichts mit dem heutigen, humanwissenschaftlich-psychologischen Konzept von Homosexualität zu tun hat«, betont Magnus

Striet: »Grundsätzlich ist zu einem solchen Gebrauch von Bibeltexten als theologische Erkenntnisquelle zu sagen, dass dieser hermeneutisch unterkomplex und systematisch fatal ist.« (Schöpfungsglaube und Homosexualitätskonzepte, S. 167) Mit anderen Worten ausgedrückt: Wenn es um homosexuelle Orientierung an sich sowie »um die eigene Würde und das eigene Recht gleichgeschlechtlicher Partnerschaften« geht, fällt Michael Theobald zufolge Paulus »heute für uns als Gesprächspartner schlicht aus«. (Paulus und die Gleichgeschlechtlichkeit, S. 80)

In der Moraltheologie sind diese medizinischen und exegetischen Erkenntnisse längst angekommen und rezipiert worden. Für Margaret A. Farley ist es überhaupt keine Frage mehr, »ob gleichgeschlechtliche Beziehungen ethisch gerechtfertigt sein können, sondern was sie auszeichnen muss, damit sie ›richtig‹ sind«. (Verdammter Sex, S. 299) Dementsprechend steht, wiederum nach Margaret A. Farley, ebenfalls außer Frage, »dass gleichgeschlechtliche Beziehungen und Aktivitäten nach derselben Sexualethik gerechtfertigt sein können wie heterosexuelle.« (Verdammter Sex, S. 324) Stephan Goertz bringt es auf den Punkt: Homosexualität und homosexuelles Verhalten sind für sich genommen »moralisch neutral«. (Zwischen »himmelschreiender Sünde« und »Geschenk der Liebe«, S. 213)

Das kirchliche Lehramt hingegen hält weiterhin an der Vorstellung einer starren Schöpfungsordnung und eines ehernen Naturrechts fest und betrachtet Homosexualität, wie Stephan Goertz zu Recht kritisiert, »als etwas von Gott ursprünglich nicht Gewolltes«. (Zwischen »himmelschreiender Sünde« und »Geschenk der Liebe«, S. 230) Die Arroganz, mit der das kirchliche Lehramt vorgibt, den Willen Gottes ganz genau zu kennen, wird nur noch von der Ignoranz übertroffen, mit der es alle gegenteiligen humanwissenschaftlichen und theologischen Erkenntnisse, aber auch die Erfahrungen und das gelebte Beispiel homosexueller Menschen von sich weist. Als Katholik, Priester und Theologe treibt mir dies mehr als nur einen Hauch von Schamesröte ins Gesicht.

Die Zornesröte, und zwar ebenfalls mehr als nur einen Hauch davon, treibt es mir hingegen ins Gesicht, wenn ich erlebe, was das kirchliche Lehramt durch seine Arroganz und Ignoranz in Sachen Homosexualität bei den betroffenen Menschen anrichtet – und zwar auch und gerade bei den ohnehin nur mehr wenigen, die es überhaupt noch ernst nehmen. Meiner Erfahrung nach kommen Menschen, die ihrer lesbischen oder schwulen Identität entsprechend leben, im normalen Gemeindeleben und in der Seelsorge so gut wie nicht vor. Sie sind in der Kirche nicht etwa eine Minderheit, sie sind faktisch inexistent. Inexistent in der Kirche sind sie aber nicht deswegen, weil es sie nie gegeben hätte, sondern weil es in der Kirche keinen Platz für sie gibt, weil sie verachtet, verletzt und verjagt wurden.

Es beschämt mich, gestehen zu müssen, dass bis vor Kurzem noch nie eine lesbische Frau oder ein schwuler Mann zu mir gekommen ist, um über ihre oder seine geschlechtliche Identität und sexuelle Orientierung, ihre oder seine Lebensweise, ihren oder seinen Platz in der Kirche zu sprechen. Ich habe zwar immer wieder Personen von mir aus darauf angesprochen, wenn ich den Eindruck hatte, dass ihnen die Diskrepanz zwischen ihrer (im kirchlichen Kontext verborgenen) Identität und Lebensweise auf der einen und der lehramtlichen Doktrin auf der anderen Seite Probleme bereitete – und ich habe stets erlebt, dass solche Wahrnehmung und Zuwendung dankbar angenommen wurde. Aber von sich aus wären und sind diese Menschen allesamt nicht darauf gekommen, in mir als Vertreter der katholischen Kirche einen Gesprächspartner zu sehen.

Desgleichen muss ich beschämt gestehen, dass mich bis vor Kurzem auch noch kein lesbisches oder schwules Paar gebeten hat, ihre Partnerschaft oder Ehe zu segnen. Dabei hätte ich eine solche Bitte auch früher nicht abgelehnt, hätte mich als katholischer Priester sogar verpflichtet gesehen, ihr nachzukommen. Vermutlich aber hätte ich einigermaßen unbeholfen herumgeeiert und mich nur auf eine Feier hinter verschlossenen (Kirchen-)Türen eingelassen. Möglicherweise wäre ich auch auf Nummer sicher gegangen – wie es manche Geistliche nach wie vor zu tun pflegen – und hätte lediglich die betreffenden Personen gesegnet, nicht aber ihre Partnerschaft und schon gar nicht das, was die beiden so miteinander treiben. Aber bis vor Kurzem hat mich niemand danach gefragt.

Anders geworden ist dies ausgerechnet nach dem diktatorischen Nein, mit dem die Kongregation für die Glaubenslehre am 22. Februar 2021 die fiktive Frage beantwortet hat, ob es erlaubt sei, homosexuelle Paare zu segnen. Denn dieses Nein hat geradezu nach einem Jetzt-erst-recht verlangt und ein solches auch prompt hervorgerufen – nicht zuletzt, weil es auf eine Frage antwortet, die von den Betroffenen ohnehin so gut wie niemand mehr stellt. Die meisten Lesben und Schwulen wurden von der Kirche schließlich längst erfolgreich verprellt und vertrieben. Nicht ohne einen gewissen Stolz zähle ich mich daher zu den mehr als 2600 katholischen Seelsorgerinnen und Seelsorgern, die im Frühjahr 2021 öffentlich erklärt haben, sich nicht an das vatikanische Nein zu halten und auf Wunsch (weiterhin) lesbische und schwule Paare segnen zu wollen.

Dementsprechend habe ich es auch als Selbstverständlichkeit betrachtet, mich an der Initiative »#liebegewinnt« zu beteiligen, in deren Rahmen am 9. und 10. Mai 2021 deutschlandweit über 100 katholische Gottesdienste gefeiert wurden, in denen sich lesbische und schwule Personen und Paare, aber selbstverständlich auch alle anderen Personen und Paare Gottes Segen zusprechen lassen konnten. Obwohl es in dem von mir mit initiierten Gottesdienst meine Aufgabe war, als Priester Gottes Segen zu vermitteln, habe ich mich weit mehr als Gesegneter gefühlt. Die Dankbarkeit der gesegneten Personen und Paare für etwas, das ihnen eigentlich ganz selbstverständlich zukommen sollte, hat mich tief berührt und einmal mehr tief beschämt.

An diesem Tag hatte ich das Gefühl, dass der Himmel so weit offen stand, wie ich es selten zuvor bei einem Gottesdienst erlebt habe. An diesem Tag habe ich aber auch wie selten zuvor gespürt, wie tief die Verletzungen sind, die die Kirche durch ihre Sexualmoral Menschen zufügt, die nicht in das enge Schema der Heterosexualität und der heterosexuellen Ehe passen. An diesem Tag habe ich außerdem erlebt, wie weit sich die Kirche, näherhin die kirchliche Hierarchie, von der Lebenswirklichkeit der Menschen – gerade auch der homosexuellen Menschen – entfernt hat. »Ihr da oben«, verwahrt sich darum Christiane Florin zu Recht, ihr Bischöfe, Priester und Theologen, ihr selbsternannten Glaubens- und Sittenwächter, »seid nicht mehr involviert.« (Trotzdem!, S. 120)

Es sind allerdings nicht nur die homosexuellen Menschen selbst, die sich in der katholischen Kirche »mit einer

Lehre und mit Strukturen konfrontiert sehen, die es ihnen schwer machen, ihren eigenen Lebensentwurf akzeptiert zu finden«, was, vorsichtig formuliert, »ihrem Zugehörigkeitsgefühl zur Glaubensgemeinschaft abträglich« ist; Melanie Caroline Steffens und Claudia Niedlich weisen darauf hin, dass dasselbe auch für Menschen gilt, die »enge familiäre und freundschaftliche Beziehungen zu Lesben und Schwulen haben«. (Homosexualität zwischen Akzeptanz und Diskriminierung, S. 157) Sie leiden mitunter ebenso stark und unter Umständen sogar noch stärker unter der innerkirchlichen Herabwürdigung und Ausgrenzung ihrer homosexuellen Angehörigen.

Nie vergessen werde ich meinen Besuch bei einem in der Gemeinde ebenso engagierten wie angesehenen Ehepaar, dessen Goldene Hochzeit bevorstand. Nachdem wir den Ablauf des Gottesdienstes besprochen hatten, sagte die Frau plötzlich, dass es da noch etwas gäbe, was ich wissen müsste. Während sie das sagte, sank sie regelrecht in sich zusammen und blickte starr zu Boden: Zur Feier würde auch ihre Tochter kommen. Die lebe seit einiger Zeit mit einer Frau zusammen. Es könnte sein, dass die beiden zusammen zur Feier kämen. Daraufhin habe ich zu Beginn des Gottesdienstes die Tochter des Jubelpaares mit ihrer Frau ausdrücklich begrüßt und eine Fürbitte für alle vortragen lassen, die nicht so leben, wie es ihnen die Kirche glaubt vorschreiben zu können.

Dem Jubelpaar gab ich mit auf den Weg: »Bitte senkt niemals mehr den Blick, wenn ihr über eure Tochter sprecht! Ihr habt allen Grund, euch mit eurer Tochter zu freuen, dass sie die Frau ihres Lebens gefunden hat und dass die beiden so leben, wie es ihren Gefühlen, ihrem Willen und ihrer Bestimmung entspricht! Und wenn ihr deswegen in der Gemeinde komisch angeschaut werdet oder sich gar jemand herausnehmen sollte, respektlose Bemerkungen zu machen, dann gebt mir bitte Bescheid: Dann mache ich dort mal einen Hausbesuch!« Die Feier der Goldenen Hochzeit war für das Jubelpaar nicht nur ein harmonisches Familienfest, sondern auch so etwas wie eine Erlösung: eine Erlösung vom Gefühl, dass in ihrer Familie etwas nicht so ist, wie es sein sollte.

Gerade in der katholischen Kirche warten nach wie vor viele Menschen auf diese Erlösung – ob sie nun als Homosexuelle selbst betroffen oder als deren Angehörige mitbetroffen sind. Nachdem »in den liberalen Gesellschaften des Westens die Idee unveräußerlicher Menschenrechte zu einem historisch einzigartigen Prozess der Emanzipation sexueller Minderheiten und der Demokratisierung von Beziehungsformen geführt« hat, wie Stephan Goertz hervorhebt, erscheinen die Ablehnung und die Ausgrenzung homosexueller Menschen durch die katholische Kirche »umso schroffer«. (Einleitung, S. 7) Das Leid, das dadurch verursacht wird, ist unsäglich. »Die sozialen Verwundungen der Homosexuellen sind real. Gewalt hat viele Gesichter«, klagt Stephan Goertz. (Einleitung, S. 10)

Solche Gewalt üben keineswegs nur jene aus, die Homosexuelle verächtlich machen, bloßstellen, ausgrenzen, beleidigen oder gar körperlich attackieren, wie Martin Grabe deutlich macht: Es ist eine besonders subtile und umso wirksamere Form von Gewalt, wenn sie von den Betroffenen selbst ausgeht, weil sie die kirchliche Lehre so sehr verinnerlicht haben, »dass sie sich selbst nicht akzeptieren können«: »Die verachtenden, richtenden und strafenden Stimmen kommen dabei nicht von außen, sondern sitzen im eigenen Hinterkopf. Betroffene quälen sich unentwegt selbst. Sie fühlen sich schmutzig, sündig und schuldig – nicht, weil sie irgendetwas Böses getan hätten, sondern einfach deshalb, weil sie so sind, wie sie sind.« (Homosexualität und christlicher Glaube, S. 27)

Die kirchliche Lehre zur Homosexualität ist eine toxische Lehre: Sie vergiftet die Seelen. Die vergifteten Seelen leiden an diesem Gift. Manche gehen daran zugrunde, einige aber speichern es und geben es an andere weiter. Und so kommt es gar nicht so selten vor, dass Opfer zu Tätern, Homosexuelle zu Homosexuellenhassern, lehramtstreue Katholiken zu gnadenlosen Puritanern werden. Was in den normalen kirchlichen Strukturen aufgrund der veränderten gesellschaftlichen Verhältnisse kaum noch funktioniert, funktioniert in den geschlossenen klerikalen Zirkeln, ob im Vatikan oder in den moralistisch geprägten Organisationen, umso besser. Hier können die vergifteten Seelen das in ihnen angestaute Gift nahezu ungehindert an jene weitergeben, die in ihre Fänge geraten.

Frédéric Martel hat es dankenswerterweise auf sich genommen, dieses vor den Augen der Öffentlichkeit, auch der innerkirchlichen Öffentlichkeit, verborgene, in sich geschlossene und sich selbst erhaltende System durch aufwendige Recherchen zu entlarven – ein System, »bei dem das homosexuelle Doppelleben mit einer äußerst atemberaubenden Homophobie gepaart ist«. (Sodom, S. 14) Dabei ist es völlig unerheblich, ob die homosexualitätsfeindlichen Homosexuellen ihre Homosexualität tatsächlich ausleben oder zwanghaft unterdrücken. Fakt ist: »Die heimlichen Homosexuellen sind« in jenen Kreisen, wie Frédéric Martel bestätigt, »in der Mehrheit, mächtig und einflussreich, und sie tun, jedenfalls die ›rigidesten‹, ihre homophoben Positionen lautstark kund.« (Sodom, S. 18)

Nun könnte man meinen, dass sich das Problem in absehbarer Zeit von selbst erledigt haben müsste: Immerhin erleben wir gerade, dass »sich die gesellschaftliche Situation von Lesben und Schwulen hin zu immer breiterer Akzeptanz« wandelt, wie Melanie Caroline Steffens und Claudia Niedlich deutlich machen. (Homosexualität zwischen Akzeptanz und Diskriminierung, S. 157) Irgendwann, sollte man meinen, würde dieser Wandel ganz von selbst auch auf die katholische Kirche übergreifen. Tatsächlich ist dies nicht nur zu erwarten, sondern hier und da sogar bereits im Gange. Allerdings gibt es zugleich eine gegenläufige Tendenz, die sich bis auf Weiteres als die stärkere erweisen und die Kirche noch längere Zeit im homosexualitätsfeindlichen Würgegriff halten könnte.

Wiederum ist es Frédéric Martel, der dieses Problem präzise benennt: Als Homosexualität noch gesellschaftlich geächtet und sogar strafbar war, hatten sich junge Männer, »die entdeckten, dass sie homosexuell waren oder Zweifel an ihrer Sexualität hatten, lange ins Priestertum geflüchtet. So wurden diese Parias zu Eingeweihten. Sie machten eine Schwäche zur Stärke. Mit der homosexuellen Befreiung der 1970er-Jahre und der schwulen Sozialisierung der 1980er-Jahre gingen die katholischen Berufungen automatisch zurück.« (Sodom, S. 16) Heute besteht für junge Homosexuelle schlichtweg keine Notwendigkeit mehr, sich in der katholischen Kirche, näherhin im zölibatären Klerus, zu verstecken. Eine Vielzahl anderer, weit angenehmerer Möglichkeiten steht ihnen offen.

Junge Homosexuelle hingegen, die im Umfeld einer moralistisch geprägten Organisation aufgewachsen sind, würden, wenn sie sich als homosexuell outeten und einen dementsprechenden Lebensweg einschlügen, nach wie vor nicht nur ihre Familie, sondern ihr gesamtes soziales Umfeld verlieren. Sie würden verworfen und verstoßen. Insofern ist es für junge Homosexuelle, die unter dem Einflussbereich moralistischer Organisationen leben, nach wie vor eine verlockende Option, auf Ehe und Familie zu »verzichten«, um Priester zu werden und dafür auch noch gefeiert zu werden. Die Folge davon ist, dass sich das zahlenmäßige Verhältnis der »normalen« Diözesan- und Ordenspriester zu den Priestern in den moralistischen Organisationen zunehmend zugunsten Letzterer verschiebt.

Um nur ja nicht missverstanden zu werden, schreibe ich es ganz deutlich: Das Problem sind nicht homosexuelle Priester, sondern homosexuelle Priester, die ihre Homosexualität hinter Homophobie oder ganz allgemein hinter Moralismus zu verstecken suchen. Mit Bernd Mönkebüscher möchte auch ich alle schwulen Priestern darin bestätigen: »Ihr seid ein Segen in der Kirche« – und zwar allein schon deshalb, weil die Seelsorge ohne die zahlreichen schwulen Priester komplett zusammenbräche, »denn ohne euch hätten wir tatsächlich Priestermangel.« (Unverschämt katholisch sein, S. 36) Auch auf die Gefahr hin, mich zu wiederholen: Es gab immer schwule Priester, und es wird – warum auch nicht? – immer schwule Priester geben. Das hoffe ich zumindest.

Das Problem beginnt vielmehr dort, wo »dieser Umstand ein Abhängigkeitsverhältnis« begründet, verstärkt oder gar potenziert; denn, wie Bernd Mönkebüscher aus eigenem Erleben weiß: »Dieses von der Kirche irgendwie als Makel abgestempelte Schwulsein muss auf andere Weise wiedergutgemacht werden. Kirchenkritik wird darum selten von dieser Personengruppe geäußert, zumindest öffentlich nicht. Niemand will sich zu weit aus dem Fenster lehnen, auf sich aufmerksam machen. Im Gegenteil: Es entwickelt sich nicht selten eine große Kirchentreue.« (Unverschämt katholisch sein, S. 117) Und damit ist die Homosexualität von Priestern, und zwar die erzwungenermaßen verheimlichte Homosexualität, ein bewährtes Mittel, um diese Priester gehorsam und gefügig zu halten.

Mit anderen Worten ausgedrückt: Die Homosexualität von Priestern ist ein Machtinstrument – und zwar ganz unabhängig davon, ob sie ihre Homosexualität tatsächlich ausleben oder zwanghaft unterdrücken. In jedem Fall stehen homosexuelle Priester unter immensem Druck, und das Tag für Tag, ihr gesamtes Leben lang. Das geht nicht spurlos an einem vorüber, wie Bernd Mönkebüscher weiß: »Denunzieren war und ist eine Folge, und auf der anderen Seite Verschweigen, Einsamkeit, Angst, jede Bewegung kontrollieren, um nicht irgendwie aufzufallen.« (Unverschämt katholisch sein, S. 117) Ein solches Leben ist menschenunwürdig. Und dennoch ist es gewollt – und zwar von einer Kirche, die schamlos für sich in Anspruch nimmt, Jesus von Nazareth und seine Botschaft zu verkörpern.

Die Situation schwuler Priester (und Priesterkandidaten) hat sich in jüngerer Zeit sogar weiter verschlechtert – und zwar massiv: Am 4. November 2005 veröffentlichte die römische Kongregation für das katholische Bildungswesen, die damals noch für die Priesterseminare zuständig war, eine zuvor von Papst Benedikt XVI. approbierte Instruktion, wonach jene Personen nicht zu Priestern geweiht werden dürfen, »die Homosexualität praktizieren, tiefsitzende homosexuelle Tendenzen haben oder eine sogenannte homosexuelle Kultur unterstützen. Die genannten Personen«, so die lapidare Begründung des Verbots, »befinden sich nämlich in einer Situation, die in schwerwiegender Weise daran hindert, korrekte Beziehungen zu Männern und Frauen aufzubauen«.

Mit Datum vom 8. Dezember 2016 wurden diese Bestimmungen von der mittlerweile für die Priesterseminare zuständigen Kongregation für den Klerus sogar noch einmal bekräftigt und in die sogenannte »Ratio Fundamentalis«, die allgemeine Ausbildungsordnung für künftige Priester, übernommen. Dabei wird betont, dass es das ureigene Recht der Kirche sei, die Eignung der künftigen Priester auch unter medizinischem und psychologischem Aspekt zu prüfen. Es wäre gut, wenn die Kirche das mal täte. Denn jeder seriöse Mediziner und Psychologe wäre in der Lage, den grau melierten Herren in den grau getünchten vatikanischen Büros mit wenigen Worten begreiflich zu machen, dass die Begründung für den Ausschluss Homosexueller vom Priestertum ebenso lächerlich wie falsch ist.

Die vatikanischen Schwulenhäscher tun ja gerade so, »als seien homosexuell empfindende Menschen sexuelle Monster, die jeden Mann lüstern ansehen und jede Gelegenheit nutzen«, um wild übereinander herzufallen, ärgert sich Bernd Mönkebüscher. (Unverschämt katholisch sein, S. 11) Um es ganz deutlich festzuhalten: Kein Schwuler ist aufgrund seiner sexuellen Orientierung daran gehindert, korrekte Beziehungen zu seinen Mitmenschen aufzubauen – was auch immer man in diesem Zusammenhang unter »korrekt« verstehen mag. »Wir wissen« vielmehr, wie Margaret A. Farley erklärt, »dass Homosexualität eine Möglichkeit sein kann, verantwortungsvolle menschliche Liebe zu verkörpern und menschliche und christliche Freundschaft zu bewahren.« (Verdammter Sex, S. 315)

Wenn die Begründung für den kategorischen Ausschluss Homosexueller vom Priestertum so offenkundig falsch ist, stellt sich natürlich die Frage, was der eigentliche Grund dafür ist. Ich befürchte, der eigentliche Grund ist einmal mehr Macht – Machtgewinn und Machterhalt über die vielen homosexuellen Priester und Priesterkandidaten, denen durch das 2005 neu eingeführte Verbot vermittelt wird, dass sie eigentlich nicht Priester sein sollten beziehungsweise nicht werden dürften, und die infolgedessen noch mehr in Selbstzweifel, Heimlichkeit und Angst getrieben werden. Für diese Vermutung spricht, dass die Einführung des Verbots in den moralistisch geprägten katholischen Organisationen und den ihnen nahestehenden Medien frenetisch gefeiert wurde.

In diesem Zusammenhang sei daran erinnert, dass bereits 2005 ein Mitglied der Geistlichen Familie »Das Werk«, nämlich der bereits in anderem Zusammenhang erwähnte P. Friedrich Bechina, zu den einflussreichen Mitarbeitern der Kongregation für das katholische Bildungswesen zählte. Und wenn es stimmt, was Frédéric Martel behauptet, wurde der Erlass zum Ausschluss Homosexueller vom Priestertum nicht zuletzt durch den französischen Priester und Psychoanalytiker Tony Anatrella vorangetrieben, »der auch entscheidend an seiner Formulierung beteiligt« gewesen sein soll. (Sodom, S. 482) Anatrella, der diversen moralistisch geprägten Organisationen nahestand, wurde 2018 wegen »sexueller Übergriffe und wiederholter unsittlicher Berührungen« für schuldig befunden. (Sodom, S. 483)

Den moralistischen Organisationen und klerikalistischen Zirkeln ihr wichtigstes Machtinstrument zu nehmen wäre allein schon Grund genug, Menschen nicht länger aufgrund ihrer homosexuellen Orientierung vom Priestertum auszuschließen – wäre da nicht das Fehlen jedwedes humanwissenschaftlichen und theologischen Grundes,

Homosexuelle anders zu behandeln als Heterosexuelle: Homosexualität ist ebenso natürlich wie Heterosexualität und damit nicht nur völlig normal, sondern auch gottgewollt! Die Beseitigung jedweder Benachteiligung von Homosexuellen wäre nicht nur ein Segen für die Betroffenen selbst, sondern auch für die Kirche! Nicht homosexuelles Leben und Lieben sind ein Gräuel und eine himmelschreiende Sünde, sondern deren Ablehnung und Ächtung!

SECHSTES KAPITEL
Mit Macht

Es würde München werden, hatte Bischof Küng gesagt. Ich solle mich dort bei Prälat Wolf melden, hatte er noch hinzugefügt; der würde alles Weitere regeln. Nachdem ich einen Termin vereinbart hatte, fuhr ich am 1. Juli 2008 in die bayerische Landeshauptstadt, wo ich von Prälat Dr. Lorenz Wolf, dem Leiter des Kirchengerichts der Erzdiözese München und Freising, in dessen bescheidenem Büro empfangen wurde. Mit einem Schmunzeln, das ich zunächst nicht recht zu deuten vermochte, fragte er mich zunächst, ob mir überhaupt bewusst sei, was er über mich wisse. Ich verneinte. Viertausend Aktenseiten hätte er über mich gelesen, erwiderte er mir. Von daher wüsste er, dass ich nichts verbrochen hätte. Er hätte bereits mit Kardinal Marx besprochen, dass man mir helfen würde. Das Glück dieses Moments werde ich niemals vergessen: Ich war gerettet! Es würde tatsächlich München werden!

Wenig überraschend gab mir der Bischof, wenn er mich denn schon in die Freiheit entlassen musste, ein schmerzliches Andenken mit auf den Weg: Ich würde weiterhin, und zwar auf unbestimmte Zeit, nichts veröffentlichen und keine Vorträge halten dürfen. Das im Artikel 5 des Grundgesetzes für die Bundesrepublik Deutschland verbriefte Recht auf freie Meinungsäußerung interessierte ihn dabei ebenso wenig wie die in can. 218 CIC allen Gläubigen kirchenrechtlich garantierte Freiheit »der klugen Meinungsäußerung in den Bereichen, in denen sie über Sachkenntnis verfügen«. Meinem Eindruck nach sollte ich mundtot gemacht werden – und zwar dauerhaft. Wenn ich diesem Verbot zuwiderhandelte, drohte mir der Bischof unverhohlen, würde er meine Freistellung umgehend widerrufen.

Dennoch ließ ich es darauf ankommen. Um auszutesten, wie weit ich gehen konnte, veröffentlichte ich im folgenden Jahr einen völlig unbedeutenden wissenschaftlichen Artikel in einer völlig unbedeutenden theologischen Zeitschrift. Es dauerte nicht lange, bis aus St. Pölten ein wütender Brief eintraf, in dem mir mein Verstoß gegen das Schweigegebot mit scharfen Worten vorgehalten und für den Wiederholungsfall erneut gedroht wurde, meine Freistellung zu widerrufen. Angesichts dessen riet mir mein Geistlicher Begleiter, Prof. Dr. Ludwig Mödl, mich mit einer längerfristig angelegten wissenschaftlichen Arbeit zu beschäftigen. Und so entschloss ich mich, mein nach wie vor unvollendetes Habilitationsprojekt mit einem neuen Thema als zweites Doktorat abzuschließen.

Ursprünglich hatte der Bischof meine Freistellung an die Bedingung einer »fachlichen Begleitung« geknüpft. Mein Eindruck war, dass er mich auf diese Weise einmal mehr zum Problemfall abstempeln und unter Kuratel stellen wollte. Prälat Wolf hatte mir allerdings gleich bei unserem ersten Gespräch versichert, dass das nicht infrage käme. Statt, wie vom Bischof beabsichtigt, zu einem Psychologen sollte ich zu Prof. Mödl, dem früheren Inhaber des Lehrstuhls für Pastoraltheologie an der Münchner Ludwig-Maximilians-Universität, gehen – damit müsse sich der Bischof zufriedengeben. Das war weniger Auflage als Angebot. Einen solch weisen Seelsorger und weitherzigen Theologen wie Prof. Mödl als Geistlichen Begleiter an der Seite zu haben, sollte sich noch öfters als Segen erweisen.

Nicht zuletzt dank Prof. Mödls Hilfe fand ich ins Leben zurück. Was ich erlebt hatte, ließ sich zwar nicht ungeschehen machen, aber es ließ sich verdrängen und – zumindest phasenweise – vergessen. Wie Matthias Katsch »verschloss ich die Erinnerung daran in einer Rumpelkammer meines Bewusstseins, von wo aus Scham und Schuldgefühle mein Leben beeinflussten, ohne dass es mir selbst bewusst wurde. Heute weiß ich: Vergessen kann überlebensnotwendig sein. Doch der Ballast, den ich mit mir herumschleppte, wuchs von Jahr zu Jahr.« (Damit es aufhört, S. 42–43) Einem derart weisen Mentor wie Prof. Mödl blieb natürlich nicht verborgen, dass da etwas in mir schlummerte und schwelte. Dennoch brachte ich es zunächst nicht fertig, ihm alles zu erzählen.

Ich berichtete ihm von den jahrelangen Demütigungen und Schikanen, von den Bemühungen, mich als psychisch krank abzustempeln und aus dem priesterlichen Dienst zu entfernen, von der Verabreichung des Psychopharmakons und dessen beinahe tödlichen Folgewirkungen, vom psychiatrisch-psychologischen »Schwulentest«, von den Monaten in Exil und »Klosterhaft«. Nur eines erzählte ich ihm nicht: das, was noch einmal zu kriminalpolizeilichen und staatsanwaltschaftlichen Ermittlungen unter dem »Verdacht der versuchten Vergewaltigung« führen sollte. Das zu schildern brachte ich einfach nicht über mich. Einerseits waren Schmerz, Scham und Schande zu groß, andererseits war ich mir sicher, dass mir das niemand – nicht einmal Prof. Mödl – glauben würde.

Auch heute noch bin ich mir sicher, dass mir das damals niemand geglaubt hätte: nicht 2004, als es geschah, und auch nicht 2010, nach dem Offenbarwerden des Missbrauchsskandals. Matthias Katsch hat recht: »Damit man es erkennen kann, muss man es für möglich halten.« (Damit es aufhört, S. 64) Bis zum Offenbarwerden des Missbrauchsskandals hielt man es zwar für grundsätzlich möglich, dass es Menschen gab, die Kindern und Jugendlichen so etwas antun könnten. Dass Kindern und Jugendlichen so etwas von Bischöfen und Priestern, Ordensmännern und Ordensfrauen angetan werden könnte, hielt bis dahin aber kaum jemand für möglich. Danach dauerte es noch einmal schmerzlich lange Jahre, bis man es für möglich hielt, dass dergleichen auch Erwachsenen widerfahren konnte.

Doch so weit war es noch nicht, als Prof. Mödl den Plan fasste, eine Versöhnung zwischen Bischof Küng und mir herbeizuführen: Eine Versöhnung, meinte er, würde Geschehenes zwar nicht ungeschehen machen, aber allen Beteiligten einen unbeschwerten Weg in die Zukunft ermöglichen. Da ich nicht damit rechnete, dass man mir jemals glauben würde, was tatsächlich geschehen war, stimmte ich zu. Meine einzige Bedingung war, dass wir an ein und demselben Tag nach St. Pölten und wieder zurückfahren würden, denn am Ort des Geschehenen wollte ich keinesfalls übernachten. Nachdem der Bischof ebenfalls nur allzu gern bereit war, einen Schlussstrich unter das Geschehene zu ziehen, fuhren Prof. Mödl und ich am 12. April 2013 nach St. Pölten.

Es war ein sichtlich angespanntes Aufeinandertreffen. Nach der Begrüßung bat der Bischof um ein Vieraugengespräch mit Prof. Mödl. Der, um den es ging, musste draußen warten. Aber Prof. Mödl leistete ganze Arbeit: Als sich nach etwa einer halben Stunde die Tür wieder öffnete, wirkte der Bischof sichtlich erleichtert. Als Gegenleistung für meine Bereitschaft, mich mit ihm zu versöhnen, hatte er eingewilligt, nicht nur das Schweigegebot aufzuheben, sondern mir zudem die Erlaubnis zu erteilen, eine zweite Promotion anzustreben. Beim Abschied nach dem gemeinsamen Mittagessen geschah allerdings etwas, das mich beinahe jede Beherrschung verlieren ließ: Statt meine ausgestreckte Hand zu ergreifen, fiel mir der Bischof urplötzlich um den Hals und presste sich einen Moment lang an mich.

Obwohl in diesem Moment alles wieder hochkam – Entsetzen, Ekel, Scham und Schande –, gelang es mir, wenn auch unter größter Mühe, nach außen hin die Fassung zu wahren. Ich war schließlich nicht allein; Prof. Mödl war an meiner Seite. Gleich ist es vorbei, dachte ich mir, und so war es auch. Ungeachtet dieses Déjà-vu-Erlebnisses war die Versöhnung meinerseits ehrlich gemeint. Ich wollte keine Genugtuung, ich wollte keine Wiedergutmachung, ich wollte nicht einmal um Entschuldigung gebeten werden. Ich wollte einfach nur meine Ruhe, wollte in Frieden und Freiheit mein Leben weiterleben. Und genau das tat ich nun: Ich stürzte mich in die Arbeit, reichte wenig später meine bereits so gut wie fertiggestellte zweite Doktorarbeit ein und wurde noch im selben Jahr zum Doktor der Theologie promoviert.

Doch die Erinnerungen an das, was geschehen war, »waren nicht gelöscht, verdrängt, vergessen worden, sondern nur beiseitegeschoben und zwischengelagert, wie in einer staubigen Kiste, die ich nicht öffnete, damit sie meine Nächte nicht belasteten«; so beschreibt Matthias Katsch dieselbe Erfahrung, die auch ich gemacht habe. (Damit es aufhört, S. 18) Ich ging meinen Weg weiter, hatte dabei aber wie Matthias Katsch »die weggesperrten Erinnerungen im Gepäck, und sie verstrahlten alles, was ich anfing und unternahm. Irgendwann war die ursprüngliche Wunde zugewachsen, aber weil sie nicht fachkundig verbunden, sondern einfach zugewuchert war, mit eigenen Mitteln bewältigt statt versorgt, deshalb pochte darunter der Eiter.« (Damit es aufhört, S. 19)

Dass die Wunde schließlich wieder aufbrach und sich ihrer eitrigen Last entledigen konnte, verdanke ich einer Frau, die mit großem Mut und immenser Beharrlichkeit dazu beigetragen hat, »die Dynamik von Ideologie, Manipulation und Missbrauch zu veranschaulichen, der Menschen in bestimmten katholischen Gruppierungen zum Opfer fallen« (Nicht mehr ich, S. 9): Doris Wagner, die seit ihrer Heirat Doris Reisinger heißt. Obwohl es ihr verständlicherweise nicht leichtgefallen ist, hat sie ihre ebenso intimen wie verstörenden Missbrauchserfahrungen in der Geistlichen Familie »Das Werk« öffentlich gemacht – zunächst in Buchform, später dann in zahlreichen Vorträgen und Interviews. Damit wollte sie – und hat es getan – all denen eine Stimme geben, die unter dem Einfluss jener Organisationen Ähnliches erlebt haben.

Für einiges Aufsehen sorgte ein Gespräch zwischen Dr. Doris Reisinger und dem Erzbischof von Wien, Kardinal Dr. Christoph Schönborn, das vom Bayerischen Fernsehen aufgezeichnet und am 6. Februar 2019 ausgestrahlt wurde. Ich selbst sah die Sendung erst einige Tage später; ich zögerte, denn ich ahnte, was mich erwartete. Vor allem eine Passage des Gesprächs traf mich wie ein Blitz: »Ich möchte«, bat Doris Reisinger den Kardinal, »weil mir das unendlich viel bedeutet, noch einmal wirklich von Ihnen hören, was ich noch von niemandem in der Kirche gehört habe, zumindest von niemandem in einer Verantwortungsposition: dass Sie mir glauben«; die Antwort des Kardinals kam zwar etwas zögerlich, aber sie kam: »Ich glaube Ihnen, ja.« (Schuld und Verantwortung, S. 89)

Ich habe mir diese Szene Dutzende Male angeschaut. Da sitzt eine zierliche junge Frau, der unsägliches Leid widerfahren ist, einem mächtigen Kirchenmann gegenüber und äußert eine Bitte, die an Berechtigung und Bescheidenheit schwerlich zu überbieten ist, die aber dennoch bis dahin kein kirchlicher Verantwortungsträger zu erfüllen bereit gewesen war: ihr Glauben zu schenken. Was mich an dieser Szene so berührt und bewegt hat, war nicht die Antwort des Kardinals. Was mich so berührt und bewegt hat, war die allmähliche Veränderung, die in den Gesichtszügen von Doris Reisinger vor sich ging, nachdem ihr der Kardinal gesagt hatte, dass er ihr glaube: ängstliche Anspannung wich ungläubigem Staunen, um schließlich dankbarer Erleichterung Platz zu machen.

So sieht Erlösung aus! Beim wiederholten Anschauen dieser Szene entstand in mir eine unbändige Sehnsucht, dieselbe Erfahrung machen zu dürfen wie Doris Reisinger, endlich über das reden zu können, was mir widerfahren war, die befreienden Worte zu vernehmen, dass man mir Glauben schenkt, ebenfalls erlöst zu werden von der Last, die ich seit fast eineinhalb Jahrzehnten mit mir herumschleppte. In den folgenden Tagen und Wochen wuchs auf dem Boden dieser Sehnsucht ein Entschluss: Ich musste darüber reden, ich konnte darüber reden und ich würde darüber reden. Ich wusste auch sofort, mit wem ich darüber reden würde. »Denn es reicht nicht, wenn du sprichst«, weiß Matthias Katsch: »Es muss dir auch jemand zuhören.« (Damit es aufhört, S. 98)

Gott sei Dank kannte und kenne ich jemanden, der zuhören kann wie kein zweiter: mein Geistlicher Begleiter, Prof. Mödl. Zu Beginn unseres nächsten, für den 4. März 2019 vereinbarten Treffens, sagte ich ihm, dass ich ihm etwas erzählen müsse, das ich noch nie zuvor jemandem erzählt hätte. Prof. Mödl meinte hinterher, dass ich gut daran getan hätte, das Gespräch so einzuleiten, denn auf diese Weise hätte ich mich im Vorhinein quasi selbst in die Pflicht genommen. Andernfalls hätte ich es vielleicht tatsächlich nicht geschafft, wäre auf halber Strecke stecken geblieben oder ausgewichen, um nur ja nicht bis ins Zentrum des Schmerzes vorzustoßen. Es war eine Plackerei, eine Tortur, eine Operation ohne Narkose. Aber nach gut zwei Stunden war es geschafft.

Prof. Mödl unterbrach mich kein einziges Mal; während er mir schweigend zuhörte, zeichnete sich wachsendes Entsetzen in seinem Gesicht ab. Am Ende fehlten selbst ihm, der gewiss schon so manches angehört und miterlebt hatte, die Worte. Einen dringenden Rat gab er mir allerdings mit auf den Heimweg: »Sie müssen das unbedingt aufschreiben!« Diesen Rat versuchte ich in den folgenden Tagen umzusetzen, allerdings mit wenig Erfolg: Einen abstrakten Bericht zu verfassen wollte mir einfach nicht gelingen. So, wie ich, um das Erlebte erzählen zu können, jemanden gebraucht hatte, von dem ich wusste, dass er mir zuhören würde, brauchte ich, um es aufschreiben zu können, einen Adressaten. Und so kam ich auf die eigentlich abstruse Idee, mich an Kardinal Schönborn zu wenden.

Tatsächlich gelang es mir, in den nächsten Tagen und Wochen einen insgesamt zehnseitigen Bericht in Form eines an Kardinal Schönborn gerichteten Briefs abzufassen. Die Absicht, die ich damit verband, war eine doppelte:

Zum einen stellte ich fest, dass ich schon durch das Aussprechen, aber mehr noch durch das Aufschreiben einen gewissen Abstand zwischen mich und das mir Widerfahrene bringen konnte, das dadurch mit einem Mal nicht mehr ganz so übermächtig und bedrängend erschien wie zuvor. Zum anderen richtete ich an den Kardinal dieselbe Bitte, die auch Doris Reisinger an ihn gerichtet hatte: die Bitte um Gehör und Glauben. Ich sehnte mich einfach danach, von einem kirchlichen Verantwortungsträger die erlösenden Worte zu vernehmen: »Ja, ich glaube Ihnen!«

Abgesehen davon fühlte ich mich, nachdem mit einem Mal auch der Missbrauch Erwachsener in all seinen Formen zum Thema geworden war, in zunehmendem Maß verpflichtet, die Sache nicht länger auf sich beruhen zu lassen. Ich war mir zwar durchaus bewusst, dass die Aufarbeitung des Geschehenen alte Wunden wieder aufreißen würde und mir zudem einiges an Ärger einbringen könnte. Aber das musste ich in Kauf nehmen. Denn womöglich war ich nicht der Einzige, dem so etwas widerfahren war. Was, wenn es weitere Betroffene gab, die nur darauf warteten, dass endlich jemand das Schweigen brach? Ungeachtet aller Risiken und Bedenken konnte ich nicht länger schweigen, weil ich nicht länger schweigen durfte; ich hatte ohnehin schon viel zu lange geschwiegen.

Ich schickte das Schreiben also ab. Nach gut einem Monat traf die Antwort ein. Darin bestätigte mir Kardinal Schönborn den Erhalt meines Schreibens, bedankte sich für meine Ausführungen und empfahl mir, mich an die »Ombudsstelle der Erzdiözese Wien für Opfer von Gewalt und sexuellem Missbrauch in der katholischen Kirche« zu wenden. Meine Bitte um Gehör und Glauben blieb unbeantwortet: Weder lud er mich zum Gespräch ein, noch bot er mir eine telefonische Kontaktaufnahme an. Durchaus Verständnis hatte ich dafür, dass er mir nicht allein aufgrund meiner schriftlichen Ausführungen – so umfassend, detailliert und gut belegt sie auch sein mochten – bestätigen wollte, dass er mir glaube. Umso mehr allerdings hätte ich erwartet, dass er mir ein Gesprächsangebot unterbreiten würde.

Im Nachhinein allerdings hatte dies auch sein Gutes: Wenn mir der Kardinal nämlich schriftlich oder mündlich versichert hätte, dass er mir glaube, dass ihm leidtäte, was mir widerfahren ist, und dass so etwas bestimmt nicht wieder vorkommen würde, hätte ich mich damit vermutlich zufriedengegeben. Einen förmlichen Aufklärungs- und Aufarbeitungsprozess in Gang zu setzen war schon insofern nicht meine Absicht, als im kirchlichen Recht zum damaligen Zeitpunkt gar kein entsprechendes Prozedere vorgesehen war – noch nicht. Der Fall wäre erledigt gewesen. Doch dann geschah ohnehin etwas, das der ganzen Angelegenheit eine Dynamik verlieh, die ich nicht angestrebt hatte, die mir nicht recht war, die mich sogar in helle Aufregung versetzte: Die Polizei schaltete sich ein!

Völlig unerwartet standen eines Tages zwei junge Polizeibeamte vor meiner Wohnungstür: Sie hätten davon Kenntnis erhalten, dass ich Opfer eines Missbrauchs geworden sei, und wollten sich erkundigen, wie es mir gehe; dabei ging es ihnen wohl vor allem darum, eine mögliche Suizidgefährdung auszuschließen. Ich war vollkommen vor den Kopf gestoßen: Einerseits fühlte ich mich ohnmächtig und verraten, weil offenbar jemand ohne mein Wissen und meine Zustimmung die Polizei eingeschaltet hatte, andererseits tat es mir unendlich gut zu erleben, wie ernst die beiden Beamten die Angelegenheit nahmen und wie einfühlsam sie sich mir gegenüber verhielten. Auf meine Nachfrage hin machten sie auch keinen Hehl daraus, auf welche Weise sie davon erfahren hatten.

Bevor ich mein Schreiben an Kardinal Schönborn abgeschickt hatte, war es mir ein Bedürfnis gewesen, es vier meiner besten Freundinnen und Freunde zu lesen zu geben und sie um Rat zu bitten. Ich wollte wissen, ob ich ihrer Meinung nach die Sache tatsächlich – ungeachtet aller damit verbundenen Risiken und Bedenken – auf den Weg bringen oder um des lieben Friedens willen nicht doch besser auf sich beruhen lassen sollte. Von einer Ausnahme abgesehen, rieten mir alle, die Sache keinesfalls auf sich beruhen zu lassen: um meiner selbst willen, weil ich sonst keinen wirklichen Frieden fände, um möglicher weiterer Betroffener willen, weil sie vielleicht nur darauf warteten, dass jemand das Schweigen brach, und um der Kirche willen, in der so etwas nie wieder vorkommen dürfe.

Lediglich einer der Befragten, ein Priester, riet mir zu schweigen. Er wusste, welch diabolische Kräfte ich entfesseln würde, wenn ich den Brief abschicken würde. Er wusste, mit wem ich mich anlegen würde, wenn ich die Taten eines hochrangigen Kirchenmannes aufdeckte, der nicht nur dem Opus Dei angehörte, sondern auch im Vatikan bestens vernetzt war. Er wusste, wie man in der Kirche üblicherweise mit Personen umging, die – ganz egal, ob berechtigter- oder unberechtigterweise – dem Ruf der Institution schadeten. Und nicht zuletzt wusste er auch, was ich aufs Spiel setzte: meine berufliche Stellung, mein Einkommen, meine Wohnung, meine komplette Lebensgrundlage, ja meine gesamte Existenz, die ich mir gerade mit einiger Mühe und Geduld neu aufgebaut hatte.

Eine andere der von mir um Rat gebetenen Personen

hingegen war so entsetzt, dass sie etwas tat, das sie dennoch nicht hätte tun dürfen und das leider den Bruch unserer Freundschaft zur Folge hatte: Ungeachtet meiner dringenden Bitte, das Schreiben an Kardinal Schönborn vertraulich zu behandeln, gab sie es mindestens einer weiteren Person zu lesen oder berichtete ihr von dessen Inhalt. Diese zuletzt genannte, in Österreich wohnhafte Person wiederum hatte nichts Besseres zu tun, als die Polizei zu informieren. Die österreichische Polizei wiederum nahm die Angelegenheit so ernst, dass sie umgehend ein Strafverfahren eröffnete und die deutsche Polizei um Amtshilfe ersuchte. Und so kam es, dass die beiden jungen Polizeibeamten zu mir geschickt wurden, um nach dem Rechten zu sehen.

Wie mir die beiden Beamten bereits angekündigt hatten, wurde ich einige Tage später vorgeladen, um in dem ohne mein Zutun eingeleiteten Strafverfahren als Zeuge vernommen zu werden. Die Vernehmung erfolgte in den Amtsräumen der zuständigen Abteilung der Münchner Kriminalpolizei. Im Anschluss daran wurde das Protokoll meiner Zeugenvernehmung nach Österreich übermittelt. Wenige Tage später kontaktierte mich der Leiter der zuständigen Abteilung des Landeskriminalamts Niederösterreich. Obwohl er sich bewusst wäre, schrieb er mir, dass mein Schreiben an Kardinal Schönborn ohne mein Wissen polizeilich bekannt geworden war, sähe er sich nach Rücksprache mit der zuständigen Staatsanwaltschaft veranlasst, mit mir in Kontakt zu treten.

Einmal mehr gerieten meine Gefühle in Widerstreit: Einerseits fühlte ich mich von einer Entwicklung überrollt, die ich weder in Gang gesetzt hatte noch in ihrem Lauf beeinflussen konnte, andererseits tat es mir gut zu erleben, dass man den Fall offenbar für so gravierend und dringlich hielt, dass er auf höchster Ebene bearbeitet wurde. Jedenfalls schrieb mir der Beamte im Rang eines Chefinspektors, dass er mich – ungeachtet des ihm bereits vorliegenden Vernehmungsprotokolls aus München – auch noch persönlich befragen wolle. Ich könnte zu diesem Zweck nach St. Pölten kommen, doch wäre er auch bereit, mir bis Salzburg entgegenzukommen. Aus rechtlichen Gründen sei es nur wichtig, dass die Vernehmung auf österreichischem Boden erfolge.

Und so erwartete er mich am 30. April 2019 am Salzburger Hauptbahnhof, von wo aus wir von einem weiteren Beamten in die Salzburger Landespolizeidirektion chauffiert wurden. Die Vernehmung dauerte mehrere Stunden. Noch vor deren Beginn teilte mir der Beamte mit, was ich ohnehin schon wusste: dass die mutmaßliche Straftat bereits verjährt sei und es in keinem Fall zu einer gerichtlichen Anklage kommen würde. Es sei ihm aber dennoch wichtig, die dem Strafverfahren zugrunde liegenden Geschehnisse zu protokollieren und damit aktenkundig zu machen. Dass die Sache längst verjährt war, war ganz in meinem Sinn. Denn nach wie vor war mir nicht an einer strafrechtlichen Verfolgung des Täters, sondern lediglich an einer innerkirchlichen Aufarbeitung gelegen.

Das Strafverfahren, in dessen Rahmen ich nun – im Unterschied zur ersten Vernehmung – ausdrücklich als »Opfer/Geschädigter« vernommen wurde, erfolgte auf der Grundlage von § 218 des Österreichischen Strafgesetzbuchs, in dem es unter anderem um »Sexuelle Belästigung« geht. Umso erstaunter war ich, als ich einige Zeit später die amtliche »Benachrichtigung des Opfers von der Einstellung des Verfahrens« erhielt. Erstaunt war ich nicht über die Einstellung des Verfahrens an sich – damit hatte ich aufgrund der längst eingetretenen Verjährung ohnehin gerechnet. Erstaunt war ich vielmehr, dass dem Strafverfahren aufgrund meiner zweiten Vernehmung und der nachfolgenden Ermittlungen ein anderer Straftatbestand als zuvor zugrunde gelegt worden war.

Anstatt wie zu Beginn auf der Grundlage von § 218 waren die jüngsten Ermittlungen aufgrund von § 201 des Österreichischen Strafgesetzbuchs geführt worden, in dem es um nichts weniger als »Vergewaltigung« geht! Und so findet sich in der genannten Benachrichtigung ein »Beisatz«, der es in sich hat: »Betrifft Verdacht der versuchten Vergewaltigung am 6.12.2004 in St. Pölten. Einstellung erfolgt infolge Verjährung.« Mit anderen Worten ausgedrückt: Die Staatsanwaltschaft war aufgrund der kriminalpolizeilichen Ermittlungen zu der Überzeugung gelangt, dass es sich bei dem angezeigten Tatbestand um den Versuch einer Vergewaltigung gehandelt haben könnte. Wenn die mutmaßliche Straftat nicht bereits verjährt gewesen wäre, wäre es wohl zu einer gerichtlichen Anklage gekommen.

Doch nicht nur das kriminalpolizeiliche und staatsanwaltschaftliche Verfahren nahm im Frühjahr 2019 eine überraschende Wende, sondern auch das kirchliche: Am 7. Mai veröffentlichte Papst Franziskus das Apostolische Schreiben »Vos estis lux mundi«, in dem erstmals auch der sexuelle Missbrauch von schutzbedürftigen Erwachsenen zum kirchlichen Straftatbestand erklärt wurde. Strafbar sind seither auch sexuelle Handlungen, die »unter Gewalt oder Drohung oder durch Amtsmissbrauch« von Personen erzwungen oder an Personen vollzogen werden, die sich »im Zustand von Krankheit, von physischer oder psychischer Beeinträchtigung oder von Freiheitsentzug« befinden und dadurch, wenn auch nur vorübergehend, nicht in der Lage sind, »Widerstand zu leisten«.

Das päpstliche Schreiben erschien mir wie ein Zeichen vom Himmel! Schließlich war der neu eingeführte Straftatbestand wie gemacht für meinen Fall: Da mir der Bischof seinerzeit ein Psychopharmakon verabreicht hatte, war ich zum betreffenden Zeitpunkt sowohl physisch als auch psychisch beeinträchtigt und wenn überhaupt, dann nur bedingt in der Lage gewesen, mich zu wehren. Doch damit nicht genug: Noch eine weitere Bestimmung des neuen päpstlichen Schreibens war für mich von unmittelbarer Bedeutung und gab mir das Gefühl, alles richtig gemacht zu haben: Erstmals ist nämlich auch für den offenbar gar nicht so außergewöhnlichen Fall Vorsorge getroffen, dass ein amtierender oder ehemaliger Diözesanbischof des Missbrauchs beschuldigt wird.

In solch einem Fall legt das Schreiben ausdrücklich fest, wer für die Aufklärung und Aufarbeitung in erster Linie verantwortlich ist: nämlich der Metropolit, das heißt der jeweilige Erzbischof. In meinem Fall war das der Erzbischof von Wien, Kardinal Schönborn. Ich hatte mich also intuitiv an die richtige, nämlich die nunmehr rechtlich zuständige Stelle gewandt. Besser, dachte ich mir, hätte es gar nicht laufen können. Und zu guter Letzt stellte der Papst erstmals auch das unter Strafe, was gewöhnlich als Vertuschung bezeichnet wird: nämlich alle »Verhaltensweisen« von Bischöfen und anderen hochrangigen Kirchenleuten, »die darauf gerichtet sind, die zivilen Untersuchungen oder kirchenrechtlichen Untersuchungen« von sexuellem Missbrauch »zu beeinflussen oder zu umgehen«.

Mein Vertrauen in die kirchlichen Strukturen und Autoritäten war nach wie vor hoch – und das päpstliche Schreiben schien dieses Vertrauen zu rechtfertigen. Ich hatte das Gefühl, richtig gehandelt zu haben – und das noch dazu zum richtigen Zeitpunkt. Es schien mir nur mehr eine Frage der Zeit zu sein, bis mein Fall untersucht und aufgearbeitet würde. Was war ich doch naiv. Nachdem mich Kardinal Schönborn so eindringlich aufgefordert hatte, die Ombudsstelle seiner Diözese zu kontaktieren, tat ich das. Dort begegnete man mir ebenso entgegenkommend wie einfühlsam. Auf das Gesprächsangebot, das man mir umgehend unterbreitete, wollte ich – um die weite Reise nicht zweimal unternehmen zu müssen – eingehen, sobald mir ein Gesprächsangebot des Kardinals vorläge.

Auf dieses Gesprächsangebot wartete ich allerdings vergeblich. Tatsächlich sollte ich überhaupt nichts mehr von ihm zu hören oder zu lesen bekommen. Wie es schien, war der Fall für ihn erledigt. Jetzt sollte sich die Ombudsstelle mit mir herumschlagen. Allerdings machte ich gegenüber der Ombudsstelle deutlich, dass es meiner Meinung nach unabdingbar sei, gemäß den neuen Bestimmungen des päpstlichen Schreibens »Vos estis lux mundi« vorzugehen – und dass das ganz in meinem Sinn sei. Diesen Bestimmungen zufolge war nun der zuständige Metropolit, also Kardinal Schönborn, am Zug. Näherhin hätte er »umgehend« die zuständige Abteilung der Römischen Kurie über den Fall zu informieren und um den Auftrag zu bitten, eine »Untersuchung einzuleiten«.

Also erstellte die Ombudsstelle eine ausführliche Falldokumentation, die sie Kardinal Schönborn übermittelte. Diese Falldokumentation bestand allerdings im Wesentlichen aus meinem zehnseitigen Schreiben, das dem Kardinal bereits seit Ende März vorlag. Die Sache drehte sich also im Kreis, während Monat für Monat verstrich. Mittlerweile neigte sich bereits der Sommer seinem Ende zu. Immerhin gab ich mich der Hoffnung hin, dass die Untersuchung und Aufarbeitung des Falls jetzt, nach der Übermittlung der Falldokumentation an Kardinal Schönborn, endlich in Gang kommen würde. Doch ich hatte mich erneut getäuscht. Es geschah nämlich weiterhin nichts – zumindest nichts, über das ich informiert worden wäre oder auf andere Weise Kenntnis erlangt hätte.

Ich redete mir damals ein, dass sich der Kardinal bestimmt melden und mich zum Gespräch einladen würde, wenn er den offiziellen Auftrag erhalten hätte, den Fall zu untersuchen – so, wie es im jüngsten Schreiben des Papstes vorgesehen war. Nach mehrmaligen Nachfragen, die der Sekretär des Kardinals stets mit der Bitte um Geduld beantwortete, beschloss ich Ende November, die Sache selbst in die Hand zu nehmen. Ich informierte den Kardinal darüber, dass ich meine Anzeige nun selbst nach Rom schicken würde. Daraufhin erhielt ich von seinem Sekretär eine Antwort, die mich schier fassungslos machte: Das Dokument spräche »zwar von Fristen, allerdings betreten wir in dieser Angelegenheit Neuland, weshalb wir hier ganz formal auch einige Schritte erst lernen müssen«.

Was, fragte ich mich, war hier Neuland? Was an der Bestimmung des päpstlichen Schreibens »Vos estis lux mundi«, wonach eine Missbrauchsanzeige gegen einen Bischof »umgehend« nach Rom weiterzuleiten sei, war so schwer verständlich? Was daran musste man erst lernen? Meine Geduld war nun endgültig erschöpft – und mein Vertrauen aufgebraucht. Dass es den Kardinal nicht gerade freuen würde, wenn ich mich selbst nach Rom wandte und ihn dadurch in Zugzwang brachte, war mir mittlerweile egal. Dort, in Rom, war ich überzeugt, würde man die Bestimmungen des päpstlichen Schreibens jedenfalls ernst nehmen und, wie ausdrücklich vorgesehen, »unverzüglich«, näherhin »innerhalb von dreißig Tagen« eine Untersuchung des Falls auf den Weg bringen.

Wieder wurde ich enttäuscht. Ein Monat verging, ein weiterer ebenso, ohne dass mich irgendeine Reaktion aus Rom oder Wien erreichte. Anfang Februar 2020 entschloss ich mich daher, dem Papst persönlich zu schreiben. Obwohl ich mein Schreiben bewusst auf Italienisch verfasste, um die deutschsprachigen Schreibtische im Vatikan zu umgehen, erhielt ich sechs Wochen später ein auf Deutsch verfasstes Schreiben aus dem päpstlichen Staatssekretariat, in dem man mir »höflich« mitteilte, dass meine »Ausführungen zur Kenntnis genommen und an die entsprechenden Stellen der Römischen Kurie weitergeleitet wurden«. Meine vage Hoffnung, meinen Fall aus den Mühlen der vatikanischen Bürokratie heraushalten zu können, hatte sich also nicht erfüllt.

Dass mir »Seine Heiligkeit«, wie ich dem Antwortschreiben aus dem vatikanischen Staatssekretariat entnehmen konnte, »Gottes Schutz und Beistand« für mein priesterliches Wirken erbäte, vermochte meinen Verdruss nicht zu dämpfen. Denn offenbar hatte der Papst nicht einmal seine eigene Verwaltungsbehörde so weit im Griff, dass sie die von ihm unlängst erlassenen Vorschriften zum Umgang mit Missbrauchsanzeigen verlässlich umsetzte. Mittlerweile war aber ohnehin etwas geschehen, was der Angelegenheit eine ganz neue Dynamik verlieh: Der Fall wurde von der Presse aufgegriffen. Im Zuge der Indiskretion, die gegen meinen Willen zu polizeilichen Ermittlungen geführt hatte, war meine Anzeige nämlich auch verschiedenen Presseorganen zugespielt worden.

Ich wusste davon, weil es seit nahezu einem Jahr immer wieder zu Presseanfragen gekommen war, die ich allerdings durchweg abgeblockt hatte: E-Mails ließ ich unbeantwortet, Rückrufbitten unerfüllt, und falls mich doch einmal ein Journalist ans Telefon bekam, musste er sich mit der lapidaren Auskunft begnügen: »Kein Kommentar!« Obwohl es mir eigentlich nur hätte recht sein können, wenn die Sache von der Presse aufgegriffen würde, war ich nach wie vor darauf bedacht, der Kirche nur ja nicht zu schaden. Ungeachtet all dessen, was ich hatte erleben müssen, funktionierte immer noch der über viele Jahre hinweg antrainierte Reflex, wonach der Schutz der Kirche, der Schutz ihrer Autorität und der Schutz ihres Ansehens in der Öffentlichkeit, das höchste Glaubensgut ist.

Als zu Beginn des Jahres 2020 die Presseanfragen mit einem Mal nicht nur häufiger, sondern auch hartnäckiger wurden, hielt ich es darum für meine Pflicht, den Sekretär von Kardinal Schönborn zu informieren. Um mediale Spekulationen und Schnellschüsse zu verhindern, schlug ich vor, der Presse ein Stück weit entgegenzukommen. Konkret schwebte mir vor, die Existenz meiner Missbrauchsanzeige zu bestätigen und zugleich zu erklären, dass alles Weitere aufgrund des laufenden Verfahrens strikter Vertraulichkeit unterläge. Der Sekretär des Kardinals ging darauf jedoch gar nicht ein. Stattdessen riet er mir und ermahnte mich, demselben Reflex folgend wie eh und je, zu »Vorsicht im Umgang« mit den Medien: »Denn oft besteht deren Hauptinteresse darin, der Kirche zu schaden.«

Kurz darauf rief mich jedoch eine österreichische Zeitungsjournalistin an, die offenbar nicht nur zufällig irgendwelche Informationen aufgeschnappt, sondern aktiv recherchiert hatte. Sie verfügte sowohl über detaillierte Hintergrundinformationen als auch über eine Stellungnahme von Bischof Küng. Damit war nun auch für mich – ungeachtet aller reflexhaften Rücksichtnahme auf die Autorität und das Ansehen der Kirche – der Zeitpunkt gekommen, mein Schweigen zu brechen: Wenn Bischof Küng den Medien Rede und Antwort stand, dann durfte – nein: dann musste ich das erst recht. Und so kam es, dass Ende Januar 2020 nicht nur diverse Print- und Online-Medien über den Fall berichteten, sondern sogar das österreichische Fernsehen in seinen beiden Hauptnachrichtensendungen.

Wie kaum anders zu erwarten gewesen war, wies Bischof Küng in seiner Stellungnahme alle von mir erhobenen Vorwürfe weit von sich und drohte mit Klage. Er erklärte allerdings nicht, dass er rechtliche Schritte einleiten werde, sondern lediglich, dass er sich rechtliche Schritte vorbehalte. Desgleichen blieb offen, wem diese Klagedrohung galt – mir, den Medien oder wem auch immer. Bezeichnenderweise hat er seine Drohung bis heute nicht wahr gemacht. 1995 war das noch anders gewesen: Als ihm im Zuge des sogenannten Bischofs-Outings sowohl homosexuelle Neigungen als auch das Ausleben dieser Neigungen unterstellt worden war, hatte er nicht nur mit Klage gedroht, sondern diese Drohung auch unverzüglich in die Tat umgesetzt.

Damals lagen die Dinge allerdings komplett anders: Selbst wenn es möglich gewesen wäre, Zeugen für die Anschuldigungen namhaft zu machen, hätte Aussage gegen Aussage gestanden. In meinem Fall hingegen waren wesentliche Teile der Anschuldigungen beweisbar oder standen außer Streit. Außer Streit stand beispielsweise, dass

Bischof Küng mir seinerzeit ein Betäubungsmittel verabreicht hatte; indem er den Sachverhalt in seiner medialen Stellungnahme zu verharmlosen versucht hatte, hatte er ihn letztlich selbst bestätigt. Beweisbar war, dass ich mich auf seine Anweisung hin einem entwürdigenden psychiatrisch-psychologischen »Schwulentest« unterziehen musste. Im Zuge eines gerichtlichen Verfahrens würde dieses und vieles andere unweigerlich auf den Tisch kommen.

Darum versteckte sich Bischof Küng auch tunlichst hinter der Pressesprecherin der Diözese St. Pölten. Diese hatte im Zuge des kurzen, aber heftigen medialen Schlagabtauschs unbesehen die Täterperspektive eingenommen und alles darangesetzt, mich in der Öffentlichkeit zu diskreditieren. Wieder einmal griffen die unter anderem von Mary Hallay-Witte und Bettina Janssen angeprangerten innerkirchlichen »Koalitionen, Loyalitäten und Abhängigkeiten« (Gegen das Vergessen, S. 95): Besagte Pressesprecherin war nämlich 2014 zunächst als persönliche Medienreferentin von Bischof Küng in Dienst genommen worden, bevor sie 2018 die Leitung des diözesanen Kommunikationsreferats übernahm. In der Diözese St. Pölten gilt es als offenes Geheimnis, dass sie dem Opus Dei nahesteht.

Spätestens jetzt war mir klar, was aus meiner Missbrauchsanzeige werden würde. Und tatsächlich erreichte mich Mitte April 2020 ein Schreiben des amtierenden Bischofs von St. Pölten, Dr. Alois Schwarz. Darin teilte er mir auf gerade einmal zehn Zeilen lapidar mit, dass die vatikanische Kongregation für die Bischöfe »nach eingehendem Studium zu der Überzeugung gelangt« sei, dass meine Anschuldigungen gegen Bischof Küng »haltlos sind und darum der Fall zu den Akten gelegt werden kann«. Er, der Bischof von St. Pölten, sei in einem an Kardinal Schönborn gerichteten Schreiben aus Rom gebeten worden, mir dies mitzuteilen. In seinem Begleitbrief versicherte mir der Bischof, dass er für mich bete, damit ich mein »priesterliches Wirken mit innerer Kraft gestalten« kann. Wie nett.

Nachdem das staatliche Strafverfahren gegen Bischof Küng wegen Verjährung eingestellt worden war und die Medien ihr Pulver verschossen hatten, sah man sich nun offenbar in der Lage, die Sache kurzerhand abzuwürgen. Das damit einhergehende Risiko hielt man für überschaubar, denn immerhin stand ich ja nach wie vor im Dienst der Kirche und war wirtschaftlich von ihr abhängig. Dementsprechend erteilte mir der Bischof von St. Pölten eine kanonische Verwarnung, der zufolge ich »die als haltlos erkannten Vorwürfe gegen Bischof DDr. Klaus Küng ab sofort nicht weiterhin in der Öffentlichkeit aufrecht« erhalten oder verbreiten darf – wohlgemerkt: in der Öffentlichkeit. Ob die Vorwürfe wahr waren, interessierte nicht; Hauptsache, die Öffentlichkeit blieb außen vor.

Eine kanonische, das heißt kirchenrechtliche Verwarnung ist weit mehr als nur eine dringende Bitte; sie ist vielmehr eine veritable Drohung. Wie Bischof Schwarz in seinem Schreiben ausdrücklich erwähnt, basiert eine kanonische Verwarnung auf can. 1347 § 1 CIC. Demnach handelt es sich bei einer kanonischen Verwarnung um die rechtliche Voraussetzung für die Verhängung einer sogenannten Beugestrafe. Für einen Priester wie mich bedeutete das, dass man mir mit dem Entzug aller oder zumindest wesentlicher priesterlicher Vollmachten und Funktionen drohte. Mit anderen Worten ausgedrückt: Man drohte mir mit der Vernichtung oder zumindest einer Beschneidung meiner beruflichen und damit zugleich meiner wirtschaftlichen Existenz.

Der Gerechtigkeit halber sei allerdings erwähnt, dass sich die Verantwortlichen der Ombudsstelle, an die ich mich auf Ersuchen von Kardinal Schönborn gewandt hatte, wohltuend anders verhielten als die Mächtigen in St. Pölten, Wien und Rom: Im Rahmen ihrer äußerst bescheidenen Möglichkeiten übernahmen sie nämlich zumindest insofern Verantwortung, als sie mir anboten, die Kosten einer Psychotherapie zu übernehmen, um das, was mir Bischof Küng angetan hatte, leichter verarbeiten zu können. Dieses Angebot tat mir sehr gut, obwohl ich es nicht annehmen konnte. Nachdem mich Bischof Küng immer wieder mit psychologischen Mitteln gefügig zu machen versucht hatte, hätte mich eine Psychotherapie viel zu sehr getriggert, um mir hilfreich sein zu können.

Dessen ungeachtet sollte der Fall also zu den Akten gelegt werden – einfach so, ohne förmliches Verfahren, ohne nachvollziehbare Beweiswürdigung, ohne vollständige Aktenkenntnis, ohne die Befragung auch nur eines einzigen Zeugen und sogar, ohne dass sich irgendeine rechtlich zuständige Instanz oder Autorität die Mühe gemacht hätte, mit dem mutmaßlichen Opfer zu reden. Eine Organisation, die so handelt, ist definitiv eine Täterorganisation, genauer ausgedrückt: eine Missbrauchstäterorganisation! Ihr vorrangiges Interesse besteht nach meiner Erfahrung nicht darin, Missbrauch aufzuklären und aufzuarbeiten, sondern darin, sich selbst zu schützen, indem sie die Täter schützt und ihre Taten vertuscht. Dabei schreckt sie nicht einmal davor zurück, die Opfer zu bedrohen und somit neuerlich zu Opfern zu machen.

Möglicherweise ist der vatikanische Vertuschungsapparat ganz froh darüber, dass Papst Franziskus mit seinem Apostolischen Schreiben »Vos estis lux mundi« ein strenges Gesetz gegen Missbrauchs- und Vertuschungstäter im Bischofsrang erlassen hat. Auf diese Weise wird nach außen hin der Eindruck vermittelt: Die Kirche hat das Problem erkannt und tut etwas dagegen. Tatsächlich ist ein Gesetz, das zwar auf dem Papier existiert, im konkreten Fall aber einfach nicht angewandt wird, so etwas wie ein Freibrief dafür, so weiterzumachen wie bisher – und zugleich die perfekte Tarnung dafür. Obwohl es in meinem Fall Mitbetroffene, Zeugen, Indizien und Beweise gibt, wurde das im päpstlichen Schreiben vorgesehene Verfahren abgewürgt, bevor es überhaupt beginnen konnte.

Fünf Monate lang wartete man in St. Pölten ab, wie ich darauf reagieren würde. Ich reagierte gar nicht. Dann, am 14. September 2020, drei Tage vor dem 80. Geburtstag von Bischof Küng, veröffentlichte die Pressesprecherin der Diözese St. Pölten auf der diözesanen Website eine dürre Meldung, wonach die gegen den Bischof erhobenen Vorwürfe von Rom untersucht und als haltlos beurteilt worden wären. Anders als üblich wurde der Artikel aber nicht als Presseaussendung verschickt; es sollte nämlich gerade kein mediales Aufsehen erregt werden. Stattdessen wurde der Artikel noch am selben Tag über ein neu eingerichtetes Nutzerprofil in den Wikipedia-Artikel über Bischof Küng eingearbeitet. Für Bischof Küng, heißt es im Artikel, sei der Fall erledigt. Für mich war er das nicht.

Zunächst schien es, als wäre der Fall damit tatsächlich erledigt und würde nun, wie es meiner Vermutung nach von den Mächtigen in St. Pölten, Wien und Rom von Anfang an beabsichtigt war, in irgendwelchen Akten und Archiven verschwinden. Dann aber wurde kurze Zeit später, ohne dass ich es darauf angelegt hätte, ein Redakteur der Süddeutschen Zeitung auf die Sache aufmerksam. Ich zögerte zunächst, sein Angebot, den Fall zu recherchieren und unter Umständen darüber zu berichten, anzunehmen. Schließlich ist »der Umgang mit der Presse für Betroffene immer mit Angst besetzt«, wie Matthias Katsch aus eigener Erfahrung weiß: Denn unweigerlich geht dies mit einem »Kontrollverlust« einher – »und nichts fürchten Opfer mehr, als einer solchen Situation erneut ausgesetzt zu sein.« (Damit es aufhört, S. 56)

Dass ich schließlich doch auf das Angebot einging, lag an der Einsicht, dass sich hier wohl die letzte Chance einer umfassenden Aufarbeitung dessen auftat, was mir widerfahren war – und das noch dazu vonseiten einer der bekanntesten und renommiertesten deutschen Zeitungen. Bernd Kastner, so der Name jenes Redakteurs, hielt Wort: Er hörte mir aufmerksam zu, fragte beharrlich nach und überprüfte jedes noch so nebensächlich erscheinende Detail. Sehr beruhigend für mich war seine Zusage, dass ich es mir jederzeit anders überlegen und sowohl seine Recherchen als auch die geplante Berichterstattung bis zur Drucklegung der betreffenden Zeitungsausgabe stoppen könnte. Das immer wieder aufwallende Gefühl von Ohnmacht und Kontrollverlust blieb dadurch beherrschbar.

Nicht zum Nachteil gereichte der Sache auch das an sich sehr bedauerliche Debakel um die Missbrauchsaufarbeitung im Erzbistum Köln: Der Kölner Erzbischof, Kardinal Rainer Maria Woelki, hatte ein entsprechendes Gutachten zunächst in Auftrag gegeben, nach dessen Fertigstellung aber – angeblich zum Schutz von Persönlichkeitsrechten – unter Verschluss gehalten, um es durch ein neues, ihm genehmeres Gutachten zu ersetzen. Im Zuge dessen hatte er nicht nur den diözesanen Betroffenenbeirat für seine Zwecke instrumentalisiert, sondern war auch selbst in den Verdacht geraten, Missbrauchstäter gedeckt zu haben. Dass ein Bischof, ja sogar ein Kardinal Missbrauch begeht oder vertuscht, war mit einem Mal selbst in den kirchentreuesten Kreisen nicht mehr unvorstellbar.

Und so war es ein echter Befreiungsschlag, als am 2. Januar 2021 in der Süddeutschen Zeitung gleich zwei zusammen ganzseitige Artikel erschienen: In einem ersten ging es um das, was sich am Abend des 6. Dezember 2004 im St. Pöltener Bischofshaus ereignet hatte, in einem weiteren um den psychiatrisch-psychologischen »Schwulentest«, zu dem ich wenig später gezwungen worden war und dessen Fragestellung niemand Geringerer als Harald Dreßing, einer der Autoren der MHG-Studie, gegenüber der Süddeutschen Zeitung als »ungeheuerlich« und »eindeutig diskriminierend« beurteilt hatte. Damit stand nun endgültig und in aller Öffentlichkeit fest: Das, was mir Bischof Klaus Küng an besagtem Abend und in den Jahren danach angetan hatte, war massiver Machtmissbrauch.

Sechster Exkurs:
Zum Missbrauchs- und Vertuschungsskandal

Womöglich habe ich meine Leser mit dem vorausgegangenen Kapitel ziemlich strapaziert und ermüdet. Ich bin mir dessen bewusst – und habe es mit voller Absicht getan. Denn so ähnlich fühlt es sich an, wenn man sich nach qualvoll langen Jahren endlich entschließt, die mühsam installierten Verdrängungsmechanismen zu hinterfragen, vorsichtig zu umgehen und schließlich außer Kraft zu setzen, den dann ungebremst heranflutenden Schmerz zu spüren, sich der Scham, der Schande und den Schuldgefühlen auszusetzen, die nun durch nichts mehr gedämpft werden, mühsam in Worte zu fassen, was eigentlich unsäglich ist, um am Ende von den zuständigen Autoritäten ignoriert und zermürbt, als Störenfried und Nestbeschmutzer hingestellt und mit unverhohlenen Drohungen bedacht zu werden.

Allein diese Erfahrungen, die so oder ähnlich nicht nur ich gemacht habe, sondern die auch viele andere Betroffene machen mussten und – wie zu befürchten ist – nach wie vor machen müssen, zeigen, wie recht Mary Hallay-Witte und Bettina Janssen haben, wenn sie unter Berufung auf die MHG-Studie erklären, »dass sexueller Missbrauch immer auch ein Machtmissbrauch ist«. (Gegen das Vergessen, S. 93) Matthias Katsch ergänzt: »Häufig ist das Machtmotiv, im psychologischen Sinne, sogar das entscheidende Motiv für den Täter. Auch die Verbrechen der Vertuschung und Verheimlichung von Missbrauch in den Institutionen wurden begangen, weil es in der Macht der Verantwortlichen lag, sie ungestraft und unbeobachtet zu begehen.« (Damit es aufhört, S. 97)

Viele, wenn nicht sogar die meisten der kirchlichen Missbrauchstäter haben ihre Verbrechen aus einem einzigen Grund begangen: weil sie es konnten, weil sie die Möglichkeit dazu hatten, weil ihnen die Möglichkeit dazu geboten wurde. Mit anderen Worten ausgedrückt: Wenn die Täter nicht in der Lage gewesen wären, solche Taten zu begehen, ohne dass ihnen jemand auf die Finger geschaut, ohne dass jemand ihr Tun infrage gestellt, ohne dass ihnen jemand Einhalt geboten hätte, und vor allem, ohne dass sie befürchten mussten, jemals für ihr Tun zur Verantwortung gezogen zu werden, wären sie (oder zumindest eine nicht unbeträchtliche Zahl von ihnen) womöglich niemals auf die Idee gekommen, solche Taten zu begehen, oder sie wären zumindest rechtzeitig davor zurückgeschreckt.

Nicht wenige kirchliche Verantwortungsträger, insbesondere solche, die moralistischen Organisationen angehören oder nahestehen, scheinen hingegen die von Matthias Remenyi und Thomas Schärtl wie folgt wiedergegebene These zu vertreten, wonach »all dies nur bedauerliche und gegebenenfalls verwerfliche Fälle des Versagens Einzelner seien, denen durch geistliche Erneuerung und rigorose Anwendung der bestehenden Normen beizukommen sei«; »die einzelnen ›wenigen‹ schwarzen Schafe seien mit der ganzen Härte des weltlichen und kirchlichen Rechts zu bestrafen«. (Einleitung, S. 10) Demnach wäre sexueller Missbrauch die Folge einer korrumpierten Sexualmoral und ließe sich durch die korrekte katholische Sexualmoral bekämpfen.

Dieser These steht der eindeutige Befund der MHG-Studie entgegen, wonach es den kirchlichen Missbrauchstätern in den meisten Fällen gar nicht primär um die Befriedigung korrumpierter oder krankhafter sexueller Bedürfnisse geht. »Die weitaus größere Anzahl der Täter benutzt Sexualität als Mittel zur Machtausübung«, wie Mary Hallay-Witte und Bettina Janssen unter Berufung auf die MHG-Studie feststellen. (Gegen das Vergessen, S. 100) Auch Hans Zollner verweist darauf, »dass Täter in der Regel nicht nur aus sexuellen Interessen handeln, sondern – um es mit Augustinus' Worten zu sagen – aus einer ›libido dominandi‹«, das heißt, aus der Begierde zu dominieren, aus dem Verlangen nach Herrschaft, aus der Lust an Macht. (Kirchenleitung und Kinderschutz, S. 197)

Sexueller Missbrauch ist also weniger die Folge korrumpierter Moral als die Folge korrumpierter Macht. Es ist darum kein Wunder, dass den machtgeilen Triebtätern vor allem diejenigen zum Opfer fallen, die ihren sexuell aufgeladenen Machtgelüsten am wenigsten entgegensetzen können und auf die sie im häufig streng abgeschirmten kirchlichen Kontext fast überall – im wahrsten und zugleich schrecklichsten Sinn des Wortes – Zugriff haben: Kinder und Jugendliche. »Kinder wie Jugendliche«, weiß Matthias Katsch aus eigener Erfahrung, »sind Erwachsenen gegenüber grundsätzlich in einer schwächeren Position, nicht nur im körperlichen Sinne, sondern weil sie wehrlos sind gegen die Macht der Manipulation. Sie sind deshalb die idealen Opfer sexueller Gewalt.« (Damit es aufhört, S. 112)

Kinder und Jugendliche, fährt Matthias Katsch fort, »sind leicht zum Schweigen zu bringen – durch subtile Drohungen, vor allem aber durch ihre eigenen Schuldgefühle und ihre Scham. Kinder und Jugendliche zu missbrauchen ist für einen erwachsenen Gelegenheitstäter, und das ist die große Mehrheit der Täter, viel einfacher, als sich die Mühe zu machen, eine Affäre mit einem Erwachsenen einzugehen – vor allem wenn man Ehelosigkeit« und darüber hinaus vollständige sexuelle Enthaltsamkeit »versprochen hat. Das zwischen Kind und Erwachsenen gegebene Machtgefälle wird durch eine Autoritätsperson noch gesteigert. Und in einer katholisch geprägten Umgebung hat niemand höhere Autorität als ein Priester.« (Damit es aufhört, S. 113)

Letzteres stimmt allerdings nur bedingt. Priester haben innerhalb der katholischen Kirche zwar eine hohe Stellung, aber beileibe nicht die höchste. In ihren Gemeinden und sonstigen Wirkungsbereichen mögen sie über mehr oder weniger großes Ansehen und dementsprechend große Autorität verfügen; betrachtet man jedoch die kirchliche Machtpyramide in ihrer Gesamtheit, findet man die Priester beinahe an deren unterem Ende. Über ihnen stehen vor allem jene, denen sie bei ihrer Priesterweihe Ehrfurcht und Gehorsam versprochen haben: die Bischöfe. »Wer zu dieser Blanko-Erklärung bereit ist«, meint Petra Morsbach, muss schon »eine überdurchschnittliche hierarchische Sehnsucht mitbringen, egal wie zynisch er vielleicht später wird.« (Der Elefant im Zimmer, S. 44)

Innerhalb ihrer Diözesen verfügen die Bischöfe über eine fast unbeschränkte Machtfülle: Nach can. 381 § 1 CIC kommt ihnen »alle ordentliche, eigenberechtigte und unmittelbare Gewalt zu«, die sie zur Ausübung ihres Amtes benötigen. Diese Gewalt wird nach can. 135 § 1 CIC »unterschieden in gesetzgebende, ausführende und richterliche Gewalt« – wohlgemerkt: unterschieden, nicht etwa getrennt. Gewaltentrennung ist, wie Reiner Tillmans unverblümt formuliert, »dem kanonischen Recht fremd«; stattdessen herrscht in der katholischen Kirche »das Prinzip der Gewalteneinheit.« (Gewaltenunterscheidung, S. 133) Ein Bischof ist somit innerhalb seiner Diözese der oberste Gesetzgeber, der oberste Verwaltungschef und der oberste Richter in einer Person.

Unter und neben den Bischöfen gibt es in der katholischen Kirche ein überaus komplexes Geflecht an Ämtern und Funktionen, die sie in ihrer Machtausübung tragen und unterstützen. Selbstverständlich werden solche Ämter und Funktionen in aller Regel an Personen vergeben, die sich durch unbedingte Loyalität und absoluten Gehorsam auszeichnen. Ähnliche Strukturen finden sich aber nicht nur innerhalb der Diözesen, sondern in nahezu jeder Einrichtung und Organisation der katholischen Kirche: in den Orden ebenso wie in den vielgestaltigen geistlichen Gemeinschaften, Gruppierungen und Bewegungen. Auch wenn es gerade in der Leitung der Orden durchaus auch demokratische Elemente gibt, ist all diesen Einrichtungen grundsätzlich ein streng hierarchischer Aufbau gemeinsam.

In einem solch komplexen Geflecht aus Loyalitäten und Abhängigkeiten, aus Ansprüchen und Erwartungen, aus Gefälligkeiten und Verpflichtungen ist Missbrauch geradezu vorprogrammiert. Wie groß die Gefahr tatsächlich ist, hängt allerdings stark davon ab, wie sehr das jeweilige System sich nach außen hin abschottet. Besonders gefährdet sind jene Einrichtungen und Organisationen, die sektenähnlichen Ideologien anhängen und sektenartige Strukturen aufweisen. Doris Reisinger nennt dafür beispielhaft folgende Merkmale: »... unbedingter Gehorsam, radikale Relativierung des Einzelnen und seiner Bedürfnisse, Idealisierung der Oberen, Verteufelung von allem, was nicht aus der Gemeinschaft kommt, extreme Askese und unermüdliches Arbeiten.« (Nicht mehr ich, S. 327–328)

Missbrauch innerhalb solcher Strukturen und Organisationen betrifft in der Regel nicht Kinder und Jugendliche, sondern Erwachsene. Der Missbrauch Erwachsener aber ist ein besonders heikles, weil extrem tabuisiertes Thema. Über ihre leidvollen Erfahrungen zu sprechen oder zu schreiben fällt erwachsenen Betroffenen infolgedessen keineswegs leichter als minderjährigen. Denn es ist nach wie vor eher die Regel als die Ausnahme, dass der Missbrauch Erwachsener ignoriert, wenn nicht sogar bagatellisiert wird: Wer davon berichtet, als Erwachsener missbraucht worden zu sein, muss damit rechnen, dass ihm mehr oder weniger offen entgegengehalten oder zumindest signalisiert wird, dass er sich ja hätte wehren können, dass er es eigentlich gewollt hätte, dass er letztlich selbst schuld sei.

Wer zugibt, als Erwachsener missbraucht worden zu sein, steht in den Augen der Öffentlichkeit und infolgedessen auch sich selbst gegenüber gewissermaßen als Dummkopf und Schwächling da. Er wird erneut zum Opfer. Und darum ziehen es viele Betroffene vor zu schweigen. Das ist umso mehr der Fall, wenn der Missbrauch im kirchlichen Umfeld geschah, wenn er von einer angesehenen kirchlichen Persönlichkeit ausging, wenn er vielleicht sogar von einem oder einer Vorgesetzten des Opfers begangen wurde. Missbrauch in seinen verschiedenen Formen betrifft nämlich, wie Matthias Katsch weiß, »auch Ordensfrauen. Er trifft auch Priester. Allmählich beginnen Priester davon zu berichten, wie sie in ihrer Ausbildung« oder danach »zu Opfern wurden«. (Damit es aufhört, S. 122)

Insofern ist es zu bedauern, dass im Zuge der 2021 umgesetzten Reform des kirchlichen Strafrechts darauf verzichtet wurde, auch den Missbrauch Erwachsener ausdrücklich zur Straftat zu erklären. Zwar wird in can. 1398 § 1 CIC neben dem Missbrauch von Minderjährigen auch der von Personen unter Strafe gestellt, »deren Vernunftgebrauch habituell eingeschränkt ist oder« denen »das Recht einen gleichen Schutz zuerkennt«. Im Apostolischen Schreiben »Vos estis lux mundi« vom 7. Mai 2019 hatte Papst Franziskus im entsprechenden Zusammenhang noch ausdrücklich alle Personen genannt, deren Verstand oder Wille auch nur vorübergehend eingeschränkt ist oder die, aus welchem Grund auch immer, nicht in der Lage sind, sich gegen den Missbrauch zur Wehr zu setzen.

Wird Missbrauch nämlich im kirchlichen Umfeld und durch eine kirchliche Persönlichkeit begangen, kommen zu allem Schmerz, aller Scham und allen Schuldgefühlen des Opfers auch noch die Angst und das schlechte Gewissen hinzu, der Kirche dadurch, dass man den Missbrauch zur Sprache bringt, Schaden zuzufügen. Das ist umso mehr der Fall, wenn das Opfer nach wie vor der Kirche und der betreffenden kirchlichen Organisation angehört. Manche, aber keineswegs alle kirchlichen Opfer kehren der Kirche den Rücken. Wenn sie es tun, kommt das der Kirche in der Regel sogar ganz gelegen: Schließlich ist es, wie Matthias Katsch richtig beobachtet, »bequemer, wenn die Opfer von sich aus das Weite suchen. So prallt ihre Kritik an der Institution ab.« (Damit es aufhört, S. 116-117)

Grundsätzlich tun sich Betroffene, die der Kirche oder zumindest der jeweiligen kirchlichen Organisation den Rücken gekehrt haben, weitaus leichter, über ihre Erfahrungen zu sprechen oder zu schreiben, als diejenigen, die noch dazugehören. Nahezu alle Betroffenen, die es bislang geschafft haben, ihre Erfahrungen aus eigener Kraft, also nicht mittels medialer Recherchen und Berichte, öffentlich zu machen, mussten zuvor einen Schlussstrich unter ihre kirchliche Vergangenheit ziehen. Wer hingegen der Kirche und der jeweiligen kirchlichen Organisation weiterhin angehört, weiß genau, was alles auf dem Spiel steht, wenn man öffentlich macht, welche Abgründe sich hinter den ach so rechtgläubig, fromm und tugendhaft erscheinenden Fassaden auftun.

Der Missbrauch Erwachsener in einem kirchlichen Umfeld betrifft nämlich in aller Regel Personen, die weitgehend oder zur Gänze kirchlich sozialisiert sind. Je umfassender die kirchliche Sozialisierung, so mein Eindruck, desto größer die Gefahr des Missbrauchs. Je umfassender die kirchliche Sozialisierung, desto weniger Möglichkeiten gibt es nämlich, sich einem etwaigen Missbrauchsversuch zu entziehen. Je umfassender die kirchliche Sozialisierung, desto mehr riskiert man zu verlieren, wenn man einen versuchten oder erfolgten Missbrauch zur Sprache bringt. Ganz egal, ob es sich um einen Priester, eine Ordensfrau, einen Ordensmann oder das Mitglied einer kirchlichen Organisation handelt: Wer Missbrauch zur Sprache bringt, muss damit rechnen, plötzlich ganz allein dazustehen.

Priestern, Ordensleuten und den Mitgliedern kirchlicher Organisationen, deren ideologischer Anspruch das gesamte Glaubens- und Alltagsleben umfasst, ist nämlich gemeinsam, dass sie in der Regel über wenige oder überhaupt keine Kontakte außerhalb ihrer jeweiligen kirchlichen Blase – also ihrer Diözese, ihrer Gemeinde oder ihrer Gemeinschaft – verfügen und noch dazu beruflich und damit finanziell von ihr abhängig sind. Aus Abhängigkeit entsteht nur allzu leicht Auswegslosigkeit – Auswegslosigkeit, die Missbrauch nicht nur begünstigt, sondern auch verhindert, dass man darüber spricht. Kein Wunder, dass es viele Betroffene nicht schaffen, sich daraus zu befreien. »Wie es ihnen geht, weiß Gott allein«, befürchtet Doris Wagner. (Nicht mehr ich, S. 328)

Nicht wenige von ihnen gehen daran seelisch zugrunde. Mitunter aber kommt es noch schlimmer: »Einige Opfer sexuellen Missbrauchs durch Priester ergreifen selbst den Priesterberuf«, klärt Matthias Katsch auf: »Und einige werden selbst zum Täter. So pflanzen sich die Gewalt und der Missbrauch mit all ihren Folgen auch innerkirchlich von Generation zu Generation fort.« (Damit es aufhört, S. 117) Innerhalb mancher Orden und Organisationen dürfte das kaum anders sein. Auch wenn dieses Phänomen nicht auf die Kirche beschränkt ist, scheint es in der Kirche doch besonders ausgeprägt zu sein. Ausgehend von ebenso charismatischen wie autoritären Führungspersönlichkeiten herrschte und herrscht in bestimmten kirchlichen Kreisen eine regelrechte Missbrauchskultur!

Über den Missbrauch von Kindern und Jugendlichen in der Kirche wurde in den letzten Jahren – Gott sei Dank! – viel gesprochen und geschrieben. Die kirchlicherseits vermutlich seit jeher angewandte Strategie, solche Fälle zu verheimlichen und zu vertuschen, ist definitiv gescheitert. Als ebenso gescheitert kann der nach dem Offenbarwerden des Missbrauchsskandals versuchte Strategiewechsel gelten, das Ganze zu bedauerlichen Einzelfällen zu erklären. Doch noch immer ist man in der Kirche weit davon entfernt, das gesamte Ausmaß des Missbrauchsskandals wahrzunehmen, zu prüfen, zuzugeben und aufzuarbeiten. Dabei wäre Matthias Katsch zufolge das Erste und Wichtigste zugleich das »Banalste: Wir müssen es für möglich halten.« (Damit es aufhört, S. 150)

Nur was man grundsätzlich für möglich hält, kann man

wahrnehmen. Und nur was man wahrnimmt, kann man unvoreingenommen prüfen, unverhohlen zugeben und konsequent aufarbeiten. »Es für möglich halten heißt nicht hysterisch überall Missbrauch wittern, aber nüchtern davon ausgehen, dass es ihn geben kann«, hält Matthias Katsch etwaigen Befürchtungen entgegen. (Damit es aufhört, S. 150) Noch viel zu oft wird kirchlicherseits auf Missbrauchsanzeigen reagiert, indem man sie einfach abtut: »Das kann nicht sein, das ist undenkbar!« Doch, es ist denkbar! Nach allem, was bislang schon ans Tageslicht gekommen ist, wird man ohne Wenn und Aber darauf beharren müssen: Nichts, absolut nichts ist undenkbar! Und nur, wenn man es für denkbar hält, wird man erfahren, ob es wahr ist.

Aufhören, endlich aufhören muss auch das beinahe reflexhafte Victim blaming, das mit dem vorschnellen Abtun von Missbrauchsanzeigen regelmäßig einhergeht. Wer es wagt, eine einflussreiche kirchliche Persönlichkeit des Missbrauchs zu beschuldigen, wird sehr schnell selbst zum Beschuldigten: Die beliebtesten, weil bewährtesten Techniken im Zuge der Täter-Opfer-Umkehr sind zum einen die Unterstellung, es handle sich um einen Racheakt, und zum anderen der Vorwurf, es gehe dem mutmaßlichen Opfer letztlich nur um Geld. Dem ist jedoch entgegenzuhalten: Selbst wenn es dem mutmaßlichen Opfer um Rache oder Geld ginge, sagt das zunächst einmal gar nichts über den Wahrheitsgehalt der Anzeige. Deren unvoreingenommene Prüfung wäre somit umso mehr geboten.

Abgesehen davon kann Mary Hallay-Witte und Bettina Janssen zufolge als erwiesen gelten, »dass die große Mehrheit aller Anschuldigungen, in über 95 Prozent der Fälle, begründet ist. Menschen stellen sich nicht gerne als Opfer dar, schon gar nicht als Opfer sexuellen Missbrauchs. Einem tatsächlich Betroffenen die Anerkennung zu verweigern, wäre für das Opfer und die Kirche bei weitem schlimmer, als einem Trittbrettfahrer fälschlicherweise zu glauben.« (Gegen das Vergessen, S. 99) Und darum muss die Maxime lauten: Für möglich halten, hinschauen, wahrnehmen, und zwar nicht nur dort, wo Betroffene sich melden, sondern auch dort, wo von außen betrachtet alles bestens, fromm und tugendhaft erscheint und sich vielleicht gerade deswegen Betroffene nicht zu offenbaren trauen.

Bislang haben sich erst wenige Priester gemeldet, die von ihren kirchlichen Vorgesetzten missbraucht wurden und nach wie vor als katholische Priester tätig sind, desgleichen wenige Ordensleute, die nach wie vor in ihrer Ordensgemeinschaft leben, und wenige Mitglieder katholischer Organisationen, die der betreffenden Organisation weiterhin angehören. Dabei vermutet Matthias Katsch mit gutem Grund: »Unter den Priestern dürfte der Anteil von Opfern beträchtlich sein.« (Damit es aufhört, S. 117) Dasselbe gilt für die Ordensleute und die Mitglieder katholischer Organisationen. Zu aller Scham und allen Schuldgefühlen, die ohnehin auf jedem Opfer lasten, kommt in ihrem Fall auch noch der Druck, der von ihrem Lebensumfeld und ihren Vorgesetzten auf sie ausgeübt wird.

Dabei ist es zunächst einmal unerheblich, ob dieser Druck aktiv ausgeübt oder nur subjektiv empfunden wird. Zwar mag es vorkommen, dass ein erwachsenes Missbrauchsopfer einem Vorgesetzten oder einer Person aus seinem kirchlichen Umfeld von seinen Missbrauchserfahrungen berichtet und daraufhin unter Druck gesetzt und mundtot zu machen versucht wird, damit nur ja der Ruf der Kirche oder der betreffenden Organisation nicht Schaden nimmt. Viel häufiger dürfte jedoch der Fall sein, dass ein Missbrauchsopfer sich gar nicht erst traut, sich gegenüber seinen Vorgesetzten oder irgendeiner Person aus seinem kirchlichen Umfeld zu offenbaren, weil völlig außer Frage steht, unter welchem Druck es infolgedessen geriete und welchen Ärger es sich dadurch einhandelte.

Ursache und Antrieb sexuellen Missbrauchs ist somit ganz eindeutig nicht die Moral, nicht eine zu liberale, zu großzügige, zu zwanglose Sexualmoral. Dementsprechend »ist es zum Mindesten grob verkürzend, wenn Joseph Ratzinger, der emeritierte Papst Benedikt XVI.«, wie Matthias Remenyi und Thomas Schärtl scharf kritisieren, »die These vertritt, dass die eigentliche Schuld die 68er-Revolte, die angeblich laxe moralische Gesinnung der Spätmoderne und eine vermeintlich uneindeutig gewordene Moraltheologie treffe«; dem steht allein schon der unbestreitbare Befund entgegen, dass es zu den schlimmsten »Übergriffen in weitgehend geschlossenen katholischen Milieus, fernab der vermeintlichen oder tatsächlichen 68er-Libertinage« kam. (Einleitung, S. 11)

Ohnehin wurde die gerade in moralistischen Kreisen beharrlich gestrickte Legende von Papst Benedikt XVI. als einem Vorreiter der Missbrauchsaufklärung inzwischen von Doris Reisinger und Christoph Röhl ein für alle Mal widerlegt: Joseph Ratzinger ging es, so die beiden Autoren, immer nur um die Verteidigung abstrakter Wahrheiten und um die Durchsetzung moralischer Ge- und Verbote – koste es, was es wolle; »die menschliche Ebene, das Einzelschicksal, die empirisch nachweisbaren Konsequenzen kirchlicher Gebote/Verbote im Leben realer Menschen« schienen ihn hingegen kaltzulassen. (Nur die Wahrheit rettet, S. 165) Er sah sich, wie Doris Reisinger und Christoph Röhl richtig feststellen, »im Dienste einer Wahrheit, die er jenseits aller menschlichen Maßstäbe verortete.« (Nur die Wahrheit rettet, S. 189)

Weitaus überzeugender als Ratzingers Theorie von der Schuld der Achtundsechziger klingt da schon, was Petra Morsbach schreibt: »Die Enttabuisierung der Sexualität hat die Menschheit nicht mit einem Schlag glücklich gemacht. Sie hat aber mehr Bewusstsein, Verantwortung und Selbstbestimmung ermöglicht. Das ist viel.« (Der Elefant im Zimmer, S. 20) Tatsächlich hat die sexuelle Revolution nicht alle Probleme gelöst und zweifellos auch ein paar neue mit sich gebracht. Aber alles in allem ist es, wie Margaret A. Farley erläutert, »eine gute Sache, von irrationalen Tabus erzeugte Angst und Scham zu überwinden und eine auf Unwissen beruhende Selbstgefälligkeit hinter sich zu lassen. Es ist auch gut, Klarheit über solche sexuellen Beziehungsmuster zu erlangen, die verletzend und ungerecht sind.« (Verdammter Sex, S. 22)

Offenkundig ist die korrekte katholische Sexualmoral, wie sie vom kirchlichen Lehramt gerade in der zweiten Hälfte des 20. Jahrhunderts unverdrossen und mit wachsendem Nachdruck verkündet wurde, gerade nicht geeignet gewesen, sexuellen Missbrauch im kirchlichen Kontext zu verhindern. Ich behaupte sogar: Das Gegenteil ist der Fall, denn jeder sexuelle Missbrauch ist zugleich und zuerst ein Machtmissbrauch – und die im Rahmen der lehramtlichen Sexualmoral betriebene Überhöhung und Tabuisierung der menschlichen Sexualität ist, wie ich hoffe, an genügend Beispielen deutlich gemacht zu haben, ein überaus bewährtes und verlässliches Instrument der Manipulation, der Unterwerfung und der Kontrolle, der Machtergreifung, des Machtzuwachses und des Machterhalts.

Christiane Florin bringt es mal wieder auf den Punkt, wenn sie einerseits von einem »Machtinstrument Sexualmoral« (Trotzdem!, S. 116) und andererseits von einem »Risikofaktor Sexualmoral« (Trotzdem!, S. 112) schreibt. Es genügt nicht, die offenbar gewordenen Missbrauchs- und Vertuschungsverbrechen wortreich zu beklagen. Es genügt auch nicht, durch noch so ausgefeilte Präventionsmaßnahmen dafür zu sorgen, dass dergleichen nicht oder zumindest nicht mehr so leicht vorkommen kann. Es genügt nicht einmal, die angezeigten Taten schonungslos aufzuklären und die Täter zur Rechenschaft zu ziehen. All dies bleibt so lange Farce, Deckmantel und Heuchelei, wie man sich weigert, die systemischen Ursachen von Missbrauch und Vertuschung wahrzunehmen und zu beseitigen.

Allen gegenteiligen Beteuerungen zum Trotz weigert sich die Kirche, näherhin das kirchliche Lehramt, nach wie vor, »dem nachzugehen, was es denn im Tiefsten ist, das dafür verantwortlich gemacht werden kann, dass sich die Kirche in diese Situation hineinmanövriert hat; dass es mitunter so ist, dass auf der Folie sexualisierter Gewalt wir mit etwas abgrundtief Verabscheuungswürdigem konfrontiert werden, das aus dem Inneren der Kirche selbst kommt; für das nicht nur die Täter, die Bischöfe, die versagt haben, Mitglieder der Kirche, die weggeschaut haben, sondern die Struktur selbst verantwortlich ist; dass es sich hier neben der persönlichen Schuld und Sünde auch um eine strukturelle Sünde handelt«, wie Wunibald Müller beklagt. (Aus dem Dunkeln ans Licht gebracht, S. 175)

Diese strukturelle Sünde – diese Missbrauch ermöglichenden, Missbrauch begünstigenden und Missbrauch bemäntelnden Strukturen – will man aber, wie Wunibald

Müller weiter beklagt, »lieber nicht anschauen oder getraut sich nicht, sie anzuschauen; zu sehr haftet ihr etwas Sakrosanktes an, das sich in Wirklichkeit, wenn man es wagt, ihm die Aura des Heiligen zu entziehen, mitunter als das gerade Gegenteil von heilig, nämlich als etwas fundamental Unheiliges erweisen könnte«. (Aus dem Dunkeln ans Licht gebracht, S. 175) Genau das ist es, was jene Frau zum Ausdruck bringen wollte, die kurz nach Erscheinen der MHG-Studie unter Bezugnahme auf die entsprechende Passage im Glaubensbekenntnis zu mir sagte: »Das mit der heiligen Kirche, das könnten wir langsam mal lassen.«

Schließlich kann es mit der Heiligkeit der Kirche nicht allzu weit her sein, wenn all das, was im Zuge des Missbrauchsskandals ans Tageslicht gekommen ist, in der Kirche nicht nur möglich war (und, allen gegenteiligen Bemühungen zum Trotz, immer noch ist), sondern zudem vonseiten der kirchlichen Verantwortungsträger mit schier beeindruckender krimineller Energie vertuscht oder zumindest zu vertuschen versucht wurde (und wird), damit, Wunibald Müller zufolge, nur ja »das Ansehen der Kirche, ihre ›Heiligkeit‹, keinen Schaden nimmt«; »das Wohl und Ansehen der Kirche, die sogenannte heilige Sache, stand über allem und rechtfertigte offensichtlich jede Maßnahme, die anscheinend dazu beitrug, das zu gewährleisten«. (Aus dem Dunkeln ans Licht gebracht, S. 170)

Nein, diese Kirche – diese Missbrauch ermöglichende, Missbrauch begünstigende und Missbrauch bemäntelnde Organisation – hat es eigentlich nicht länger verdient, heilig genannt zu werden. »Heilig ist nicht die Kirche, auch wenn sie das von sich behauptet«, bricht es aus Wunibald Müller regelrecht heraus: »Wenn jemand als heilig bezeichnet werden kann, dann ist es Gott. Der aber lässt sich vornehmlich bei Menschen nieder, die verletzt worden sind. Ihre Wunden sind das Eintrittstor, über das er bei ihnen einkehrt, um dort zu wohnen und heilend zu wirken. Es sind die Opfer, die Betroffenen, von denen Heiligkeit, seine Heiligkeit, ausgeht. Eine Heiligkeit, die sich heilend auf die Kirche, alle, die Kirche ausmachen, auswirkt.« (Aus dem Dunkeln ans Licht gebracht, S. 171)

Wenn die Kirche aus der Missbrauchskrise etwas lernen sollte, dann zuallererst eine gesunde Skepsis und Vorsicht in Bezug auf alles, was allzu sehr darauf bedacht ist, heilig zu erscheinen. Die Wahrung des heiligen Scheins dient nämlich, wie David Berger bestätigt, einem einzigen Zweck: der »Aufrechterhaltung von Macht« (Der heilige Schein, S. 12) – derselben Macht, die jene, die sie innehaben, überhaupt erst befähigt, Missbrauch zu verüben und zu vertuschen. Wer darauf bedacht ist, heilig zu erscheinen – ganz gleich, ob es sich um eine kirchliche Führungspersönlichkeit, eine kirchliche Organisation oder die Kirche als solche handelt –, will sich unangreifbar machen, will sich einen Freiraum schaffen mit eigenen Rechten und eigener Moral. Und damit ist Missbrauch vorprogrammiert.

Es ist darum kein Zeichen von Heiligkeit, sich von der vermeintlich bösen Welt abzugrenzen und sich ihr gegenüber so weit wie möglich abzuschotten – im Gegenteil. Es ist kein Zeichen von Heiligkeit, sich in scheinbar heile Parallelwelten und weltfremde Nischen zurückzuziehen – im Gegenteil. Es ist kein Zeichen von Heiligkeit, sich der Hierarchie und dem Lehramt der Kirche kritiklos zu unterwerfen – im Gegenteil. Es ist kein Zeichen von Heiligkeit, sein Leben von spirituellen Führungspersönlichkeiten bestimmen zu lassen – im Gegenteil. Es ist kein Zeichen von

Heiligkeit, möglichst ausgedehnte Gottesdienste zu feiern und möglichst umfangreiche Frömmigkeitsübungen zu absolvieren – im Gegenteil. Es ist kein Zeichen von Heiligkeit, sich in strenger Askese zu üben – im Gegenteil.

Und es ist erst recht kein Zeichen von Heiligkeit, die von Gott geschaffene, für gut befundene und den Menschen geschenkte Sexualität zu verteufeln und zu unterdrücken, eine rigorose Sexualmoral zu propagieren und mit ihrer Hilfe Menschen zu manipulieren, zu unterwerfen und zu kontrollieren, Frauen anders und schlechter zu behandeln als Männer, Frauen, die abgetrieben haben, pauschal als Mörderinnen zu diffamieren, Menschen ein schlechtes Gewissen zu machen, weil sie sich selbst befriedigen, Empfängnisverhütung betreiben oder mit jemandem Sex haben, mit dem sie nicht verheiratet sind, wiederverheiratete Geschiedene auszugrenzen sowie Lesben, Schwule, Bisexuelle, Transgender oder andere queere Personen zu diskriminieren – ganz im Gegenteil!

Diese sexualfixierte und zugleich sexualfeindliche Haltung könnte unheiliger, unmoralischer und unheilvoller kaum sein, denn sie ist, man kann es gar nicht oft und nachdrücklich genug betonen, ein ebenso verlässliches wie verhängnisvolles Machtinstrument – und stellt damit einen erheblichen Risikofaktor für Machtmissbrauch in jeder nur denkbaren Ausprägung dar. Wenn im Zuge des Missbrauchsskandals eines deutlich geworden ist, dann dies: Die lehramtliche Sexualmoral der katholischen Kirche ist nicht die Lösung; sie ist ein wesentlicher Teil des Problems. Und dasselbe gilt für jene katholischen Organisationen, deren Macht auf ebendieser Sexualmoral beruht und die infolgedessen alles in ihrer Macht Stehende tun, damit das auch so bleibt.

FAZIT
»Zur Freiheit hat uns Christus befreit«

Nur für den Fall, dass ich in den vorausgegangenen Kapiteln und Exkursen noch nicht genug für Erregung gesorgt haben sollte, erlaube ich mir, zum Schluss noch eins draufzusetzen: Mein Ideal von Kirche wäre verwirklicht, wenn eine katholische Priesterin ein schwules Paar im Tridentinischen Ritus traut – und niemand daran Anstoß nimmt. Allein diese Vorstellung dürfte sowohl unter der Anhängerschaft der »Alten Messe« als auch unter der von »Wir sind Kirche« manche und manchen in Schnappatmung verfallen lassen. Intoleranz ist kein Alleinstellungsmerkmal von Traditionalisten, Konservativen und Rechten. Ernüchtert stellt Christiane Florin fest: »Auch lockere Typen sind autoritär«, und zwar gar nicht so selten. (Sag niemals »ich«, S. 71) Was katholisch ist und was nicht, meinen beide Seiten ganz genau zu wissen.

Die ebenso aufgeblähte wie windige Überzeugung, ganz genau zu wissen, was man zu glauben und wie man zu leben habe, steckt tief in den Gedärmen des Katholizismus – und mehr noch die Überzeugung, genauso genau zu wissen, was man als Katholik nicht glauben und wie man keinesfalls leben dürfe. Dabei ist vieles von dem, was heute als typisch katholisch gilt, weitaus älter als das Christentum, während anderes zu irgendeinem Zeitpunkt der Kirchengeschichte als der letzte Schrei galt. Beides trifft auch auf die katholische Sexualmoral zu: dass sich etwa »die Frauen in allem den Männern unterordnen« sollen (Eph 5,24), war in neutestamentlicher Zeit schlichtweg Mainstream, während man sich die Mühe, nach Bibelstellen über Kondome zu suchen, getrost sparen kann.

Dennoch scheinen die Gräben zwischen den beiden kirchlichen Lagern auf keinem anderen Gebiet so tief zu sein wie auf dem der Sexualmoral. »Der Katholizismus wird im Bett entschieden«, spottet Christiane Florin. (Trotzdem!, S. 117) Das ist eigentlich absurd. Denn bei näherer Betrachtung liegen sich die beiden Lager nur in der Theorie, nicht aber in der Praxis feindlich gegenüber. In beiden Lagern stehen sich nämlich, und zwar ausschließlich, Menschen gegenüber – Menschen mit sexuellen Gefühlen, Menschen mit sexuellen Bedürfnissen und Menschen mit sexuellen Erfahrungen. Sollte es da nicht möglich sein, alle ihre Sexualität so leben zu lassen, wie sie es – Gleichberechtigung, Einvernehmlichkeit und Verantwortungsbewusstsein vorausgesetzt – selbst möchten?

Tatsächlich ist es gar nicht möglich, die eigene Sexualität nicht zu leben. Selbst wer sich freiwillig und bewusst dazu entschließt, auf den Gebrauch seiner Geschlechtskraft zu verzichten, trifft eine sexuell motivierte Entscheidung. Somit ist auch der Zölibat, also die religiös begründete vollständige und dauerhafte sexuelle Enthaltsamkeit, nichts anderes als eine mögliche Form gelebter Sexualität – und zwar eine durchaus legitime, solange niemand dazu gedrängt, gezwungen oder gegen seinen Willen verpflichtet wird. Das Problem beginnt erst an der Stelle, wo Sexualität zum Machtinstrument wird, wo jemand sich – mit welcher Begründung auch immer – erdreistet, die Sexualität anderer Menschen über die grundlegenden ethischen Standards hinaus einzuschränken oder zu reglementieren.

Der eigentliche Graben innerhalb der katholischen Kirche verläuft darum nicht zwischen Rechten und Linken, Konservativen und Progressiven, Traditionalisten und Modernisten. Der eigentliche Graben verläuft zwischen denen, die in der Kirche nach Macht gieren, über Macht verfügen, sich an ihre Macht klammern und diese Macht gegebenenfalls missbrauchen sowie dem nicht nur ohnmächtigen, sondern mitunter auch recht gleichgültigen Rest. Bei nahezu allen innerkirchlichen Diskussionen und Streitigkeiten geht es nur vordergründig um Religion, Glaube, Dogmen, Gebote, Traditionen, Riten und Frömmigkeitsformen. Solche Diskussionen und Streitigkeiten lassen nur allzu leicht in Vergessenheit geraten und verschleiern zugleich, worum es eigentlich geht: um Macht!

Richtig ist, dass die »Autoritären« (Trotzdem!, S. 120), wie Christiane Florin diejenigen nennt, die ich gewöhnlich als Klerokraten zu bezeichnen pflege, vor allem im rechtskonservativ-traditionalistischen Lager zu finden sind. Das ist kein Zufall, denn dort fallen sie weniger auf als im linksprogressiv-modernistischen Lager. Es gibt sie aber auf beiden Seiten: Auch dort, wo das zuletzt genannte Lager das Sagen hat, gibt es Machtgier, Machtrausch und Machtmissbrauch. Der Missbrauchsskandal hat gezeigt: »Sexualisierte Gewalt gegen Kinder und Jugendliche« gab und gibt es – was nur wenige so deutlich wie Christiane Florin bereit sind zuzugeben – »in beiden Kleriker-Milieus«: »bei den Autoritären mit Priesterkragen und bei den Geistlichen in Jeans.« (Sag niemals »ich«, S. 71)

Es ist darum an der Zeit, dieses irreführende Lagerdenken zu hinterfragen und aufzubrechen, um den klandestinen Klerokraten auf die Spur zu kommen und ihre machtgeilen Machenschaften aufzudecken. Ich selbst war lange, über mehrere Jahrzehnte hinweg, fest im rechts-konservativ-traditionalistischen Lager verwurzelt. Ich weiß aus eigener Erfahrung, wie man dort denkt, wie man dort glaubt und wie man dort seinen Glauben lebt. Ich weiß, was Leute in dieses Lager treibt und was sie dort hält. Und das ist nicht die lehramtliche Sexualmoral. Die müssen sie mitschlucken, denn den rechten Glauben gibt's per definitionem nur im Gesamtpaket. Und so werden biedere Rechtgläubige, smarte Konservative und exzentrische Traditionalisten ganz unwillkürlich zu knallharten Moralisten.

Dabei geht es den Rechtgläubigen, Konservativen und Traditionalisten – zumindest den meisten von ihnen – eigentlich um ganz andere Dinge: Sie wollen klare Ansagen in der Glaubensverkündigung, sie wollen eine auf ihre individuellen religiösen Bedürfnisse zugeschnittene Seelsorge, sie wollen Priester, die als solche erkennbar sind, sie wollen ebenso vertraute wie verlässliche Gottesdienstformen, sie wollen feierliche Hochämter, erbauliche Maiandachten und volkstümliche Prozessionen, sie wollen sich an üppig geschmückten Kirchen und barocken Messgewändern erfreuen, sie wollen die Mundkommunion praktizieren und den Rosenkranz beten, ohne dafür schief angesehen zu werden. All das ist heutzutage längst nicht mehr selbstverständlich, aber für sich genommen völlig legitim.

Hingegen dürfte kaum jemand katholisch werden und katholisch bleiben, weil die katholische Kirche außerehelichen Sex verdammt und die Homoehe ablehnt. Schließlich wird auch außerhalb der katholischen Kirche niemand gezwungen, fremdzugehen oder als Mann einen Mann zu heiraten. Die lehramtliche Sexualmoral ist somit selbst für rechtgläubige, konservative und traditionalistische Katholiken häufig nur so etwas wie religiöser Beifang – allerdings ein Beifang, den man nicht so leicht wieder über Bord kippen kann. Wer das versucht, muss damit rechnen, von der Kommandobrücke des Schiffleins Petri scharf zurückgepfiffen zu werden. Und darum bleibt den braven Matrosen gar nichts anderes übrig, als den ganzen moralistischen Ballast irgendwo unter Deck zu verstauen.

Das gilt im Grunde für alle rechts-konservativ-traditionalistischen Katholiken, aber umso mehr für die betreffenden Kleriker. Sie stehen vor der immensen Herausforderung, sowohl ihre Berufsausübung, insbesondere ihre Predigten, als auch ihre persönliche Lebensführung an der lehramtlichen Sexualmoral auszurichten und damit zugleich an ihr messen lassen zu müssen. Letzteres ist auch dann der Fall, wenn sie versuchen – wie ich es selbst über lange Zeit hinweg gehalten habe –, zu Fragen der Sexualmoral im Rahmen ihrer Berufsausübung möglichst wenig oder gar nichts zu sagen. Denn wer schweigt, stimmt zu; wer die lehramtliche Sexualmoral nicht kritisiert, trägt sie mit; wer diejenigen gewähren lässt, die sie als Machtinstrument verwenden, macht sich mitschuldig.

Rechts-konservativ-traditionalistische Kleriker haben ihre Sexualität nicht am Weihealtar abgegeben. Auch sie haben sexuelle Gefühle und Bedürfnisse. Auch sie leben, in welcher Form auch immer, ihre Sexualität. Sexualität ist eine Bedingung des Menschseins und ein integraler Bestandteil der eigenen Persönlichkeit. Sie lässt sich nicht eliminieren und, wenn überhaupt, dann nur unter größten Mühen unterdrücken – und selbst dann nicht zur Gänze. Und so ist es eine Binsenweisheit, dass auch rechts-konservativ-traditionalistische Kleriker den Maßstäben der lehramtlichen Sexualmoral nicht immer gerecht werden – in welcher Form und welchem Ausmaß auch immer. Und manche von ihnen haben sogar Sex – manche einmal, manche öfters, manche regelmäßig.

Ich weiß das aus eigener Erfahrung. Wenn ich gewollt hätte, hätte ich im Lauf der Jahre mit so manchem rechtskonservativ-traditionalistischen Kleriker im Bett landen können – unter anderem mit mehreren Mitarbeitern der Römischen Kurie und einem Mitglied der Priesterbruderschaft St. Petrus. Nur um nicht missverstanden zu werden: Es handelte sich nicht um Missbrauch oder Missbrauchsversuche, sondern, in Ermangelung jedweden Machtgefälles, um ganz normale Annäherungsversuche, um harmlose Flirts. Falls einer der Betroffenen das hier liest, braucht er sich keine Sorgen zu machen: Ich sehe das als unproblematisch an und käme niemals auf die Idee, jemanden aufgrund seiner sexuellen Gefühle und Bedürfnisse zu verdammen, bloßzustellen oder gar zu denunzieren.

Gerade aus christlicher Perspektive ist es völlig unproblematisch, wenn jemand dem eigenen Ideal nicht gerecht wird. Eine gewisse Diskrepanz zwischen Anspruch und Wirklichkeit liegt im Wesen des Ideals. Einem Ideal nicht gerecht zu werden, tut dem Ideal keinen Abbruch, nimmt ihm nichts von seinem Wert. Der Wert des Ideals liegt nicht im Erreichen, sondern im Erstreben. Ein Ideal ist dazu da, Orientierung zu bieten. Und das vermag es unabhängig davon, ob und inwieweit man ihm gerecht wird. Problematisch ist also nicht das Zurückbleiben und Scheitern. Problematisch ist allenfalls, wenn man so tut, als ob man dem Ideal gerecht würde, wenn man sich und anderen etwas vormacht, und vor allem, wenn man anderen aufbürdet, was man selbst nicht zu tragen vermag.

Das ist umso mehr dann der Fall, wenn es sich, wie beim Zölibat der Weltpriester, gar nicht um ein freiwillig gewähltes Ideal, sondern lediglich um eine gesetzlich auferlegte Verpflichtung handelt. Aber selbst dann, wenn das Ideal, wie zum Beispiel bei den Ordensleuten, freiwillig gewählt wurde, gibt es nicht nur Schwarz und Weiß, nicht nur Gelingen und Versagen. Dazwischen liegen vielerlei Grautöne: Bemühen, Schwäche, Versagen, Schuld, Reue, Barmherzigkeit und Vergebung. Das ist menschlich, das ist normal, das ist für sich genommen unproblematisch. Problematisch wird es erst, wenn das Doppelleben, also die mehr oder weniger große Diskrepanz zwischen Anspruch und Wirklichkeit, mit moralistischer Doppelmoral zu kaschieren versucht wird.

So kritisiert etwa Frédéric Martel keineswegs die »weit verbreitete Homophilie« im katholischen Klerus, sondern lediglich, und zwar völlig zu Recht, »die schwindelerregende Scheinheiligkeit derer, die eine engstirnige Moral predigen, während sie einen Lebensgefährten haben oder Abenteuer und sich manchmal auch Escorts gönnen«; völlig zu Recht kritisiert er mit Papst Franziskus »diese Doppelzüngigkeit, diese Schizophrenie«. (Sodom, S. 12) Aufgrund seiner Recherchen formuliert Frédéric Martel als Regel, was ich aus eigener Erfahrung nur bestätigen kann: Je lautstarker ein Kleriker »die Schwulen kritisiert, je stärker seine homophobe Obsession ist, desto wahrscheinlicher ist es, dass er unaufrichtig ist, und desto vehementer versteckt er etwas vor uns.« (Sodom, S. 58)

Es ist darum richtig, wichtig und notwendig, diese Doppelmoral aufzudecken – und zwar ganz unabhängig davon, ob sie sich nun speziell in Form von Homophobie oder ganz allgemein in Moralismus entlädt. Dasselbe gilt leider auch in Bezug auf diejenigen, die sich zwar nach außen hin nicht als Moralisten gebärden, das moralistische System aber stillschweigend mittragen und auf diese Weise seinen Fortbestand sichern. Die unfreiwilligen Moralisten und ihre Mitläufer müssen endlich begreifen, dass sie sich mitschuldig machen, wenn sie sich dazu hergeben, jene Machtstrukturen mitzutragen, die Machtmissbrauch, in welcher Form auch immer, überhaupt erst möglich machen. Sie müssen begreifen, dass sie zu diesem Zweck letztlich selbst missbraucht werden.

Man möge mich bitte nicht missverstehen: Ich möchte keineswegs zur Jagd auf homophobe Schwule und scheinheilige Moralisten aufrufen – im Gegenteil: Anstatt sie unter noch mehr Druck zu setzen, hielte ich es für weitaus zielführender, Druck von ihnen zu nehmen, nämlich den Druck, sich moralistisch gebärden zu müssen, obwohl sie eigentlich nur rechtgläubig, konservativ oder traditionstreu sein wollen. Man sollte sie einfach all das tun lassen, was sie tun möchten, sofern sie dabei nicht ihrerseits andere unter Druck setzen. Noch einmal zur Erinnerung: Auch im links-progressiv-modernistischen Lager meint man mitunter, ganz genau zu wissen, was katholisch ist und was nicht. Auch von dieser Seite wird Druck ausgeübt – Druck, der Verlustangst und Gegendruck erzeugt.

Vielfalt ist keine Bedrohung, sondern eine Bereicherung – auch und gerade in der Kirche. Denn wie kaum eine andere Institution hat es die Kirche über viele Jahrhunderte hinweg in geradezu beispielhafter Weise verstanden, die verschiedensten intellektuellen und kulturellen Strömungen aufzunehmen und sich zu eigen zu machen, wobei sie stark genug war, mitunter nicht nur unterschiedliche, sondern sogar gegenläufige Tendenzen als Ausdruck ein und desselben Glaubens gelten zu lassen. »Nicht alles, was alt ist, ist schlecht, und nicht alles, was neu ist, ist gut«, gibt

Michael Seewald zu bedenken und plädiert dafür, »den Spielraum des Möglichen« auszuloten. (Reform, S. 149) Damit dies funktionieren kann, braucht es allerdings viel Geduld, gegenseitigen Respekt und Toleranz.

Wer die Tridentinische Messe feiern möchte, sollte dies darum überall und jederzeit tun dürfen, sofern er davon absieht, sich als Glaubens- und Sittenwächter zu gebärden. Wer Soutane, Spitzenalben und barocke Messgewänder tragen möchte, sollte dies nach Gutdünken tun dürfen, sofern er sich aus dem raushält, was andere Menschen hinter ihren Schlafzimmertüren tun. Wer sich in Weihrauchwolken hüllen, gregorianische Gesänge anstimmen und den Rosenkranz beten möchte, sollte dies unbehelligt tun dürfen, solange er nicht unverheiratete Paare schief anschaut, Menschen wegen des Gebrauchs empfängnisverhütender Mittel verdammt, wiederverheiratete Geschiedene ausgrenzt oder Lesben, Schwule, Bisexuelle, Transgender und andere queere Personen diskriminiert.

Wer wirklich rechtgläubig, konservativ und traditionstreu sein möchte, sollte sich sogar so verhalten, denn nichts ist weniger katholisch, weniger bewährt und weniger authentisch als die derzeitige lehramtliche Sexualmoral. Immerhin ist die Kirche fast zwei Jahrtausende lang ohne eine detaillierte »Geschlechtsverkehrsordnung« ausgekommen, um noch einmal diese treffliche Begriffsschöpfung von Christiane Florin zu zitieren. (Trotzdem!, S. 172) Weder in der Bibel noch in den Beschlüssen der großen Konzilien finden sich ausgefeilte Gebrauchsanweisungen für die Geschlechtsorgane. Was die Kirche heute als den Markenkern des Katholischen präsentiert, ist nichts anderes als eine komplett verfehlte Markenneupositionierung, als der Rückzug in eine stetig schwindende Marktnische.

Aber auch im links-progressiv-modernistischen Lager muss man endlich begreifen, dass es nicht genügt, einfach gegen die lehramtliche Sexualmoral zu sein. Es genügt nicht, dagegen zu sein, um des lieben Friedens mit der kirchlichen Obrigkeit willen aber nach außen hin kein Wort darüber zu verlieren. Noch einmal: Wer schweigt, stimmt zu; wer schweigt, stützt das System; wer schweigt, macht sich mitschuldig. Diese Sexualmoral, dieses System, dieser Machtapparat quält Menschen, verletzt Menschen, grenzt Menschen aus – und zwar ganz unabhängig von der Nähe oder Zugehörigkeit zu irgendeinem kirchlichen Lager. Wenn man aus der Missbrauchskrise eines unbedingt lernen sollte, dann das: Opfer gibt es auf beiden Seiten – und darum sind beide Seiten in der Pflicht.

Als Machtinstrument hat die lehramtliche Sexualmoral im »normalen« kirchlichen Leben ohnehin längst ausgedient. »Normale« Katholiken, ganz gleich, wie nahe sie der Kirche auch stehen mögen, können mit der kirchlichen Sexualmoral nämlich schon lange nichts mehr anfangen; und weil sie nichts damit anfangen können, halten sie sich auch nicht daran – und können darum auf diese Weise auch nicht unter Druck gesetzt, geschweige denn manipuliert und missbraucht werden. Letzteres funktioniert nur noch in den moralistischen Organisationen – dort allerdings besser denn je, weil die Verantwortungsträger innerhalb dieser Organisationen ihren Untergebenen mehr denn je den Eindruck vermitteln können, sie seien die letzten Gerechten, die kleine Herde, die wahre Kirche.

Es ist darum kein Wunder, dass es gerade auch in einigen der sogenannten Neuen Geistlichen Gemeinschaften und Bewegungen zu systematischem Machtmissbrauch und sexueller Gewalt gekommen ist. Doris Reisinger nennt beispielhaft »die Johannesgemeinschaft, die Seligpreisungen« und andere, wo dergleichen der Fall war, wie auch solche Organisationen, in denen ehemalige Mitglieder ähnliche Erfahrungen gemacht haben, nämlich »Opus Dei, Engelwerk, Focolarini, Neokatechumenat und andere«. (Nicht mehr ich, S. 327) Ungeachtet aller Unterschiede ist diesen Organisationen ihre strikte Anhänglichkeit an die lehramtliche Sexualmoral gemeinsam, als deren Hüter sie sich nach außen hin gebärden, um sie in ihrem Inneren ungehindert instrumentalisieren zu können.

Dabei tarnt sich die ebenso manipulative wie missbräuchliche Fixierung auf Sexualität und Sexualmoral »mit einer glühenden Kirchlichkeit«, wie Wolfgang Beinert darlegt, »die sich in unkritischer Ergebenheit gegenüber dem geistlichen Amt, insbesondere dem Papsttum, äußert. Dieses hat sich deswegen auch immer gern und ebenfalls unkritisch der angebotenen Unterstützung bedient. Zahlreiche Mitglieder der neuen geistlichen Gemeinschaften sind aus diesem Grund, wie schon bemerkt, in höchste Ämter aufgestiegen. Am Anfang finden wir also eine anziehende Spiritualität, die sich in hellem Kontrast zu den beklagenswerten Verfallserscheinungen darbietet, welche die Gegenwart der Kirche aufweist.« (Geleitwort, S. 13) Am Ende kommt es fast zwangsläufig zu Missbrauch.

Doris Reisinger und Christoph Röhl machen darauf aufmerksam, dass es mittlerweile »Hunderte solcher Gemeinschaften und Bewegungen« in der katholischen Kirche gibt: »Und auch wenn sie sich hinsichtlich ihrer Anerkennungsformen, Größe, Ästhetik, Sprache und Selbstdarstellung voneinander unterscheiden, sind die Parallelen unübersehbar, nicht zuletzt jene, die sich in den Geschichten ihrer Opfer finden. In ihnen ist von exzessivem Führerkult, von

Elitismus und der Verachtung ›normaler Katholiken‹ die Rede, von perfiden Systemen der Gewissens- und Gedankenkontrolle« sowie »von Narrenfreiheit, Willkür und Exzessen der Gründer und Leiter, von emotionaler, physischer und sexueller Gewalt« und vielem mehr. (Nur die Wahrheit rettet, S. 149)

»Man braucht keine prophetische Gabe«, mutmaßt Christiane Florin mit gutem Grund, »um zu ahnen, dass in sexuell-autoritären Gemeinschaften die nächsten Opfer produziert« werden. (Trotzdem!, S. 114) Die kirchliche Hierarchie bis hinauf zu den Päpsten hat davor lange die Augen verschlossen – und sie tut es nach wie vor. Sie will das Offenkundige nicht wahrhaben, sie lässt sich nur allzu gern blenden vom Schein der Frömmigkeit, des Gehorsams und der Sittenstrenge. Insofern trägt sie eine erhebliche Mitverantwortung, wenn nicht sogar eine Mitschuld an den schier unvorstellbaren Missbräuchen und ihrer Vertuschung, zu denen es in den diversen moralistischen Organisationen gekommen ist und – wie leider zu befürchten steht – nach wie vor kommt.

Dass die kirchliche Hierarchie ihre Mitverantwortung erkennt und ihre Mitschuld bekennt, ist unwahrscheinlich. Sie hat zu lange von der Macht und zum Teil auch von der Finanzkraft der moralistischen Organisationen profitiert und tut es nach wie vor. Würde die kirchliche Hierarchie die derzeit geltende Sexualmoral auf den Prüfstand stellen und hinter sich lassen, würde sie die moralistischen Organisationen ihres verlässlichsten Machtinstruments und damit ihrer Machtbasis berauben und auf diese Weise zugleich ihre eigene Machtbasis unterminieren. Das zu erwarten wäre naiv. Aus dem gleichen Grund ist nicht zu erwarten, dass sie die moralistischen Organisationen als solche auf den Prüfstand stellt und dem in ihnen systematisch praktizierten Machtmissbrauch ein Ende bereitet.

Denn »hier geht es um Millionen von Menschen, die sich einer inneren, mentalen Kontrolle durch charismatische Führungsfiguren unterwerfen«, wie Doris Reisinger und Christoph Röhl aufzeigen: »Und viele dieser Führungsfiguren haben große Macht. Einzelnen von ihnen folgen teils Hunderttausende Laien, einflussreiche Familien und substantielle Teile des Klerus großer Diözesen. Sie besetzen wichtige Positionen im Vatikan oder in bischöflichen Verwaltungen mit ihren Gefolgsleuten. Ihre Laien-Mitglieder sitzen in Parlamenten und Regierungen, sprechen Recht, unterrichten an Schulen und Hochschulen und prägen als Medienschaffende die öffentliche Meinung. Sie besitzen weltweit unzählige Immobilien und Finanzen.« (Nur die Wahrheit rettet, S. 150f.)

Beide, die kirchliche Hierarchie und die moralistischen Organisationen, stützen sich gegenseitig, denn sie sind voneinander abhängig – abhängig sogar in doppelter Hinsicht: einerseits, indem sie voneinander profitieren, andererseits, indem sie einander decken. Denn wenn das ganze Ausmaß dessen, was hinter den frommen Fassaden vor sich geht, offenbar wird, kommt man nicht umhin, mit Doris Reisinger zu fragen: »Was ist das für eine Kirche, die so mit Menschen umgeht? Was ist das für eine Kirche, die aus Eigeninteresse Gruppen in ihrem Inneren duldet, die sich über jedes Recht und Gesetz hinwegsetzen, Menschen ausbeuten« und »missbrauchen«; und »was sind das für Bischöfe, die sich von solchen Gemeinschaften hofieren und umschmeicheln lassen«? (Nicht mehr ich, S. 329f.)

Aufbrechen und zum Einsturz bringen können dieses sich bis dato selbst erhaltende System darum nur dessen

Opfer. An sie wende ich mich mit diesem Buch zuerst. Ihnen möchte ich eine Stimme geben. Sie möchte ich ermutigen, nicht länger zu schweigen, ihr Leid zur Sprache zu bringen und damit zugleich zu verhindern, dass sich dieses Leid fortsetzt. So schwer und schmerzlich es auch sein mag: Reden hilft – hilft einem selbst, hilft aber auch denen, die dadurch ebenfalls zum Reden ermutigt und ermächtigt werden. »Indem die Geschichten nicht mehr verschämt verschwiegen oder verborgen werden«, bekräftigen Barbara Haslbeck, Regina Heyder und Ute Leimgruber, »werden sie zu einer lebendigen, unverschämten Macht.« (Erzählen ist Widerstand, S. 13)

Diese unverschämte Macht des Erzählens »ist Widerstand gegen die unheilvollen Mächte des Missbrauchs, gegen die Taten und gegen das Vertuschen, gegen die eigene Ohnmacht«, wie Barbara Haslbeck, Regina Heyder und Ute Leimgruber ergänzen. (Erzählen ist Widerstand, S. 13) Diese unverschämte und eben dadurch befreiende Macht kann sich umso leichter Bahn brechen, wenn alle falsche Scham, näherhin die gleichzeitige Überhöhung und Tabuisierung der Sexualität, endlich überwunden wird. Matthias Katsch hat recht: »Wir müssen lernen, über Gewalt und Gewaltverhältnisse zu sprechen. Und über Sex« (Damit es aufhört, S. 151); näherhin müssen wir – auch und gerade in der Kirche – »eine neue Gelassenheit im Umgang mit Sexualität« entwickeln. (Damit es aufhört, S. 152)

Die katholische Kirche hat durch ihre Sexualmoral die Sexualität zum Todfeind des Menschen erklärt, den man nur bekämpfen kann, zu einer Bestie, die gebändigt werden muss, zu einer Krankheit, die der Therapie bedarf. Nichts davon ist sie – im Gegenteil: Sie ist Geschenk Gottes, Bedingung des Menschseins, Einladung zur Freiheit.

»Zur Freiheit hat uns Christus befreit«, mahnt der Apostel Paulus: »Steht daher fest und lasst euch nicht wieder ein Joch der Knechtschaft auflegen!« (Gal 5,1) »Der geistliche Mensch wird also dem Evangelium entsprechend geformt, wenn und indem er zur Freiheit der Kinder Gottes geführt wird«, erläutert Wolfgang Beinert, »wenn und indem ihm der Raum der Selbstverwirklichung als Gottes Gleichbild eröffnet wird.« (Geleitwort, S. 17)

Das ist dann der Fall, fährt Wolfgang Beinert fort, »wenn genau jene Lebensordnung aufgegeben wird, die die hier anvisierten Bewegungen ihren Mitgliedern aufzwingt« (Geleitwort, S. 17) – aber eben nicht nur ihren Mitgliedern, sondern durch ihre enge Verzahnung mit der kirchlichen Hierarchie auch allen übrigen Gläubigen. Um der Wahrung ihrer Macht willen halten solch moralistische Organisationen die gesamte Kirche in Geiselhaft. Sie missbrauchen die Kirche. Dieser Missbrauch der Kirche, dieser Missbrauch aller Gläubigen muss ein Ende finden. Ohne diese moralistischen Organisationen, ohne all die Prälaturen, Bruderschaften, Geistlichen Familien, Gemeinschaften, Gruppierungen und Bewegungen stünde die Kirche besser da. Ohne sie wäre die Kirche mehr sie selbst.

Nachwort von Doris Reisinger

Im vorliegenden Erfahrungsbericht von Wolfgang F. Rothe wird anschaulich und nachvollziehbar, wie einzelne rote Linien, die in vergangenen Jahrzehnten von kirchlichen Führungspersonen überschritten wurden, sich zu einem beunruhigenden Gesamtbild zusammenfügen: Die zum Kern des Katholischen stilisierte und zugleich allen vernünftigen Maßstäben enthobene Sexualmoral samt der darin enthaltenen Homophobie und Zölibatsverherrlichung, der wachsende Einfluss totalitärer und moralistischer Organisationen im Schoß der Kirche, die kaum verhohlene und mancherorts extreme Misogynie, die Undurchsichtigkeit, Unverständlichkeit und systemische Intransparenz kirchlicher Logiken, das zahnlose kirchliche Rechtssystem und der verleugnende und defensive Umgang mit sexualisierter Gewalt greifen wie Zahnräder ineinander und werden so zu einer unaufhaltsamen Maschinerie, der ein kirchlich gebundener Mensch – und sei er auch katholischer Priester – nahezu ohnmächtig gegenübersteht. Nach wie vor fixieren sich Aufarbeitungsversuche auf einzelne Aspekte und laufen so Gefahr, dem Missverständnis allzu eilfertiger Problemanalysen und Reformhoffnungen zu erliegen. Das vorliegende Buch zeigt dagegen anhand Rothes persönlicher Erfahrungen ebenso wie anhand einiger thematisch weiterführender Exkursionen auf, wie erst die Gesamtheit und das Ineinandergreifen all dieser Zahnräder die überwältigende Unentrinnbarkeit erzeugen, die sich mit entsprechender Wucht und Nachhaltigkeit im Leben Einzelner wie im Gefüge der verfassten Kirche auswirkt.

Ich gratuliere dem Verfasser zu diesem Buch und freue mich, dieses Nachwort beisteuern zu dürfen, nicht nur, weil ich es für außerordentlich wichtig halte, das eben skizzierte Zusammenspiel und seine gefährlichen Konsequenzen öffentlich wie innerkirchlich noch mehr ins Bewusstsein zu heben.

Es gibt weitere Gründe: Zum einen geht mir das Buch von Wolfgang F. Rothe persönlich nahe. Es gibt viele Berührungspunkte zwischen seiner und meiner Geschichte. Dazu gehört die jugendliche Beheimatung in einem provinziell-»normal-konservativen« Katholizismus, der sich im Rückblick als Einfallstor für eine religiöse Radikalisierung erweist. Dazu gehören auch die in diesem Kontext erlebten spirituellen und sexuellen Übergriffe. Dazu gehören aber auch das Studium an der Opus-Dei-Universität Santa Croce in Rom und die Begegnung mit konkreten Personen, die sowohl in seiner wie auch in meiner Geschichte eine Schlüsselrolle spielen.

Vor allem aber ist es eines, was ich an dieser Stelle ebenso wie Wolfgang F. Rothe ausdrücklich unterstreichen möchte: Was die oben skizzierte Maschinerie hervorgebracht hat und was sie so gefährlich macht, ist sicher nicht »die Kirche« oder »der Glaube«. Es sind auch nicht »die Traditionalisten« und schon gar nicht »die Konservativen« – so schwammig und breit beide Begriffe sind –, die zu bekämpfen wären, weil ihre Ideologien besonders zu Übergriffigkeiten und Gewalt neigen würden, im Gegenteil: Wie von liberalerer Seite gelegentlich übersehen wird, sind gerade der Tradition viele Aspekte der modernen Gewaltherrschaft, unter der die katholische Kirche leidet, fremd und verfälschen sie. Das Problem liegt jenseits und quer durch ideologische Lager: »Der eigentliche Graben innerhalb der katholischen Kirche«, schreibt Wolfgang F. Rothe, »verläuft darum nicht zwischen Rechten und Linken, Konservativen und Progressiven, Traditionalisten und Modernisten. Der eigentliche Graben verläuft zwischen denen, die in der Kirche nach Macht gieren, über Macht verfügen, sich an ihre Macht klammern und diese Macht gegebenenfalls missbrauchen sowie dem nicht nur ohnmächtigen, sondern mitunter auch recht gleichgültigen Rest.« Das heißt, das wirklich Gefährliche an der katholischen Kirche und ihrem Glauben ist ihre Instrumentalisierung in der Hand von Gewalttätern und Gewalttäterinnen. Damit meine ich Menschen, die ungerührt zur Kenntnis nehmen oder es gar aus Gründen ihres dadurch gesicherten Machterhalts begrüßen, dass ihre Lehren und obrigkeitlichen Verfügungen anderen das Leben schwer machen, sie teils sogar in die Verzweiflung treiben. Menschen, die allen erschütternden Erfahrungsberichten, aller Empirie und aller wissenschaftlichen Erkenntnis zum Trotz an solchen Lehren und Vorgaben festhalten und sich dabei auf Gott berufen, um ihrer durch nichts anderes zu untermauernden Machtstellung dennoch zu Unangreifbarkeit zu verhelfen. Es sind Menschen, die kirchliche Gesetze zur Bekämpfung von Machtmissbrauch nur widerstrebend erlassen, und solche, die von der Anwendung solcher Gesetze absehen, wenn ihnen das nützt. Der Schaden, der durch den Einfluss solcher Menschen in der Kirche angerichtet wird, geht weit über Einzelschicksale hinaus. Er betrifft die ganze Kirche und sogar – mit den Worten des Matthäusevangeliums – das Himmelreich. Dort sagt Jesus: Die Gewalttäter tun dem Himmelreich

Gewalt an und reißen es an sich (Mt 11,12). Damit macht er auch klar: Solchen Gewalttätern gehört das Himmelreich nicht. Sie haben daher auch keinen legitimen Anspruch auf die Herrschaft in der Kirche. Ihre Taten disqualifizieren sie. Durch ihr Handeln unterminieren sie fortwährend nicht nur, was sie zu schützen vorgeben (die Kirche und den Glauben), sondern auch, was sie um jeden Preis zu erhalten versuchen, ihren eigenen Status und ihr Ansehen in Kirche und Welt. Sie graben sich das Fundament unter den eigenen Füßen weg. So gesehen ist es eine Frage der Zeit, bis dieses traurige Schauspiel an sein natürliches Ende gekommen sein wird. Wir sind aber nicht nur Zuschauer*innen dieses Schauspiels. Es liegt in unser aller Verantwortung, dass – solange dieses Spiel noch dauert – der Schaden für Einzelne in der Kirche so gering wie möglich bleibt und es eine Vision für eine gute Zukunft gibt.

Wolfgang F. Rothe leistet mit seinem Buch nicht nur einen wertvollen, sondern vor allem einen äußerst mutigen Beitrag dazu. Denn als promovierter Theologe und Kirchenrechtler, als ehemaliger Vertrauter moralistischer Kreise und vor allem als in einer deutschen Diözese inkardinierter katholischer Priester setzt er sich durch die Veröffentlichung dieses Buches der Gefahr sehr empfindlicher Verletzungen von verschiedenen Seiten aus. Und das, obwohl und weil von diesem Buch gerade jene am meisten profitieren können, die sich von ihm wohl besonders herausgefordert und bloßgestellt fühlen werden. Dieses Buch ist also nicht nur inhaltlich ein besonderer und wichtiger Beitrag zur Bewältigung der gegenwärtigen Krise, sondern mit Blick auf die Reaktionen, die es ernten wird, könnte man es zugleich als ein Experiment betrachten: Man darf insbesondere gespannt sein, wie jene kirchlichen Obrigkeiten darauf reagieren werden, die Macht über den Priester Wolfgang F. Rothe haben. Welchen Weg sie beschreiten – beredtes Schweigen, öffentlichkeitswirksames Sprechen, erkenntnisschaffender Dialog oder mehr oder weniger subtile Versuche, den Autor zu verleumden und ihn zum Schweigen zu bringen –, vermag uns einiges über den Zustand unserer Kirche zu offenbaren. Aber es vermag – und das ist vielleicht der Kern und Grund seines Buches – den Menschen Wolfgang F. Rothe nicht mehr unter die Gewaltherrschaft zu zwingen. Denn er ist frei.

Dr. Doris Reisinger

Dank

Dass dieses Buch trotz mancher (innerer wie äußerer) Widerstände entstehen konnte, habe ich zuallererst zwei ebenso kirchentreuen wie kirchenkritischen Frauen zu verdanken, die ich aufgrund dessen, und zwar ohne jede Ironie, als Kirchenlehrerinnen zu bezeichnen pflege: Dr. Christiane Florin und Dr. Doris Reisinger. Obwohl ich seit Langem wusste, dass ich dieses Buch irgendwann würde schreiben müssen, war es Dr. Christiane Florin, die mich dazu gebracht hat, mit dem Schreiben zu beginnen, und die mich immer wieder ermutigt hat, damit fortzufahren. Letzteres gilt auch für Dr. Doris Reisinger, die mir dabei sowohl Vorbild als auch Maßstab war und mir zudem die Ehre erwiesen hat, dieses Buch durch ein ebenso tiefsinniges wie weitsichtiges Nachwort zu bereichern.

Zu danken habe ich weiterhin der Verlagsgruppe Droemer Knaur, von der ich bereits wenige Tage nach Fertigstellung des Manuskripts dessen Veröffentlichung zugesagt bekam. Mein besonderer Dank gilt Jürgen Bolz, der mich als Lektor auf dem Weg vom Manuskript zum fertigen Buch mit großem Wohlwollen und Sachverstand begleitet hat. Für die Mühe des Korrekturlesens danke ich Traudi Heigl. Des Weiteren danke ich den Menschen in meinen Gemeinden, dem Pfarrverband München-Perlach sowie der »Whisky-Gemeinde«, deren beständige Motivation, Wertschätzung und Unterstützung mir viel bedeuten. Ich danke Christina (»Hexe«) Fürbaß, der besten Freundin, die man nur haben kann. Und nicht zuletzt danke ich dem, dem ohnehin alles zu verdanken ist: Deo gratias!

Verzeichnis der zitierten Literatur

Aymans, Winfried: Kanonisches Recht / Lehrbuch aufgrund des Codex Iuris Canonici (begründet von Eichmann, Eduard, fortgeführt von Mörsdorf, Klaus), Band II / Verfassungs- und Vereinigungsrecht; Paderborn / München / Wien / Zürich (Verlag Ferdinand Schöningh) 1997.

Aymans, Winfried: Kanonisches Recht / Lehrbuch aufgrund des Codex Iuris Canonici (begründet von Eichmann, Eduard, fortgeführt von Mörsdorf, Klaus), Band III / Verkündigungsdienst und Heiligungsdienst; Paderborn / München / Wien / Zürich (Verlag Ferdinand Schöningh) 2007.

Beinert, Wolfgang: Geleitwort; in: Wagner, Doris: Nicht mehr ich / Die wahre Geschichte einer jungen Ordensfrau; vollständige Taschenbuchausgabe, München (Verlagsgruppe Droemer Knaur) 2016, S. 11–18.

Berger, David: Der heilige Schein / Als schwuler Theologe in der katholischen Kirche; Berlin (Ullstein Verlag) 2010.

Bogner, Daniel: Ihr macht uns die Kirche kaputt … doch wir lassen das nicht zu!; Freiburg im Breisgau / Basel / Wien (Verlag Herder) 2019.

Bosinski, Hartmut A. G.: Eine Normvariante menschlicher Beziehungsfähigkeit / Homosexualität aus Sicht der Sexualmedizin; in: Goertz, Stephan (Hg.): »Wer bin ich, ihn zu verurteilen?« / Homosexualität und katholische Kirche; Freiburg im Breisgau / Basel / Wien (Verlag Herder) 2015, S. 91–130.

Brüntrup, Godehard: Zölibat als Risikofaktor für sexuellen Missbrauch?; in: Remenyi, Matthias / Schärtl, Thomas (Hg.): Nicht ausweichen / Theologie angesichts der Missbrauchskrise; Regensburg (Verlag Friedrich Pustet) 2019, S. 109–121.

Bühling, Daniel (mit Englmann, Felicia): Das 11. Gebot: Du sollst nicht darüber sprechen / Dunkle Wahrheiten über das Priesterseminar; München (riva Verlag) 2014.

Demel, Sabine: Frauen und kirchliches Amt / Vom Ende eines Tabus in der katholischen Kirche; Freiburg im Breisgau / Basel / Wien (Verlag Herder) 2004.

Demel, Sabine: Recht leben in der Kirche – Anspruch und Wirklichkeit / Anfragen durch den sexuellen Missbrauch; in: Remenyi, Matthias / Schärtl, Thomas (Hg.): Nicht ausweichen / Theologie angesichts der Missbrauchskrise; Regensburg (Verlag Friedrich Pustet) 2019, S. 146–163.

Dörner, Reinhard (Hg.): Der Wahrheit die Ehre! / Der Skandal von St. Pölten; Stadtlohn (Verlag Kardinal-von-Galen-Kreis) 2008.

Ernst, Stephan: Sexueller Missbrauch in der katholische Kirche – Herausforderungen für die theologische Ethik?; in: Remenyi, Matthias / Schärtl, Thomas (Hg.): Nicht ausweichen / Theologie angesichts der Missbrauchskrise; Regensburg (Verlag Friedrich Pustet) 2019, S. 125–145.

Farley, Margaret A.: Verdammter Sex; 2. (unveränderte) Auflage, Darmstadt (Konrad Theiss Verlag) 2014.

Florin, Christiane: Der Weiberaufstand / Warum Frauen in der katholischen Kirche mehr Macht brauchen; 3. Auflage, München (Kösel-Verlag) 2017.

Florin, Christiane: Sag niemals »ich«; in: Remenyi, Matthias / Schärtl, Thomas (Hg.): Nicht ausweichen / Theologie angesichts der Missbrauchskrise; Regensburg (Verlag Friedrich Pustet) 2019, S. 63–72.

Florin, Christiane: Trotzdem! / Wie ich versuche, katholisch zu bleiben; München (Kösel-Verlag) 2020.

Goertz, Stephan: Einleitung: »Wer bin ich, ihn zu verurteilen?« / Kontexte und Themen der Beiträge; in: Goertz, Stephan (Hg.):

»Wer bin ich, ihn zu verurteilen?« / Homosexualität und katholische Kirche; Freiburg im Breisgau / Basel / Wien (Verlag Herder) 2015, S. 7–16.

Goertz, Stephan: Zwischen »himmelschreiender Sünde« und »Geschenk der Liebe« / Konzepte und Bewertungen von Homosexualität in der Moraltheologie und im römischen Lehramt; in: Goertz, Stephan (Hg.): »Wer bin ich, ihn zu verurteilen?« / Homosexualität und katholische Kirche; Freiburg im Breisgau / Basel / Wien (Verlag Herder) 2015, S. 175–236.

Grabe, Martin: Homosexualität und christlicher Glaube / Ein Beziehungsdrama; Marburg an der Lahn (Verlag der Francke-Buchhandlung) 2020.

Hallay-Witte, Mary / Janssen, Bettina: Gegen das Vergessen schwerer Fehler und Versäumnisse / Der lange Lernprozess der katholischen Kirche in Deutschland im Umgang mit sexuellem Missbrauch an Schutzbefohlenen; in: Remenyi, Matthias / Schärtl, Thomas (Hg.): Nicht ausweichen / Theologie angesichts der Missbrauchskrise; Regensburg (Verlag Friedrich Pustet) 2019, S. 90–108.

Haslbeck, Barbara / Heyder, Regina / Leimgruber, Ute: Erzählen ist Widerstand / Zur Einführung; in: Haslbeck, Barbara / Heyder, Regina / Leimgruber, Ute (Hg.): Erzählen als Widerstand / Berichte über spirituellen und sexuellen Missbrauch an erwachsenen Frauen in der katholischen Kirche; Münster (Aschendorff Verlag) 2020, S. 13–24.

Hauke, Manfred: Das Weihesakrament für die Frau – eine Forderung der Zeit? / Zehn Jahre nach der päpstlichen Erklärung »Ordinatio Sacerdotalis« (= Respondeo, 17); Siegburg (Verlag Franz Schmitt) 2004.

Hieke, Thomas: Kennt und verurteilt das Alte Testament Homosexualität?; in: Goertz, Stephan (Hg.): »Wer bin ich, ihn zu verurteilen?« / Homosexualität und katholische Kirche; Freiburg im Breisgau / Basel / Wien (Verlag Herder) 2015, S. 19–52.

Katsch, Matthias: Damit es aufhört / Vom befreienden Kampf der Opfer sexueller Gewalt in der Kirche; Berlin (Nicolai Publishing & Intelligence) 2020.

Kingata, Yves: Die Weiheverfahren; in: Haering, Stephan / Rees, Wilhelm / Schmitz, Heribert: Handbuch des katholischen Kirchenrechts, 3. (vollständig neu bearbeitete) Auflage; Regensburg (Verlag Friedrich Pustet) 2015, S. 1722–1732.

Kirchmayr, Alfred: Das »Opus Dei« und sein »heiliger« Gründer Josemaría Escrivá – katholischer Fundamentalismus und Sadomasochismus mit päpstlichem Segen / Eine theologische und tiefenpsychologische Analyse; in: Kirchmayr, Alfred / Scharmitzer, Dietmar: Opus Dei / Das Irrenhaus Gottes; Wien / Klosterneuburg (Edition Va Bene) 2008, S. 17–121.

Küchl, Ulrich: Im Harmannsdorfer Exil / Erinnerungen an einen Skandal; Eisgarn (Eigenverlag) 2020.

Martel, Frédéric: Sodom / Macht, Sexualität und Doppelmoral im Vatikan; Frankfurt am Main (S. Fischer Verlag) 2019.

Mödl, Ludwig: Zölibat; in: Campenhausen, Axel Freiherr von / Riedel-Spangenberger, Ilona / Sebott, Reinhold: Lexikon für Kirchen- und Staatskirchenrecht, Band 3 (N-Z); Paderborn / München / Wien / Zürich (Verlag Ferdinand Schöningh) 2004, S. 911–912.

Morsbach, Petra: Der Elefant im Zimmer / Über Machtmissbrauch und Widerstand; München (Penguin Verlag) 2020.

Müller, Gerhard Ludwig: Der Empfänger des Weihesakraments / Quellen zur Lehre und Praxis der Kirche, nur Männern das Weihesakrament zu spenden; Würzburg (Echter Verlag) 1999.

Müller, Wunibald: Aus dem Dunkeln ans Licht gebracht / Welche Konsequenzen ergeben sich aus der Missbrauchskrise?;

in: Remenyi, Matthias / Schärtl, Thomas (Hg.): Nicht ausweichen / Theologie angesichts der Missbrauchskrise; Regensburg (Verlag Friedrich Pustet) 2019, S. 164–176.

Mönkebüscher, Bernd: Unverschämt katholisch / Anstiftungen; Würzburg (Echter Verlag) 2019.

Rath, Philippa (Hg.): »Weil Gott es so will« / Frauen erzählen von ihrer Berufung zur Diakonin und Priesterin; Freiburg im Breisgau / Basel / Wien (Verlag Herder) 2021.

Ratzinger, Joseph (Benedikt XVI.): Salz der Erde / Christentum und katholische Kirche im 21. Jahrhundert / Ein Gespräch mit Peter Seewald; München (Deutsche Verlags-Anstalt) 1996, unveränderter Nachdruck 2006.

Reisinger, Doris / Röhl, Christoph: Nur die Wahrheit rettet / Der Missbrauch in der katholischen Kirche und das System Ratzinger; München (Piper Verlag) 2021.

Remenyi, Matthias / Schärtl, Thomas: Einleitung; in: Remenyi, Matthias / Schärtl, Thomas (Hg.): Nicht ausweichen / Theologie angesichts der Missbrauchskrise; Regensburg (Verlag Friedrich Pustet) 2019, S. 9–15.

Scharmitzer, Dietmar: Neun Jahre im »Irrenhaus Gottes« – ein Erfahrungsbericht; in: Kirchmayr, Alfred / Scharmitzer, Dietmar: Opus Dei / Das Irrenhaus Gottes; Wien / Klosterneuburg (Edition Va Bene) 2008, S. 141–245.

Schöch, Nikolaus: Die Ehe in der kirchlichen Rechtsordnung; in: Haering, Stephan / Rees, Wilhelm / Schmitz, Heribert: Handbuch des katholischen Kirchenrechts; 3. (vollständig neu bearbeitete) Auflage, Regensburg (Verlag Friedrich Pustet) 2015, S. 1243–1267.

Seewald, Michael: Reform – Dieselbe Kirche anders denken; Freiburg im Breisgau / Basel / Wien (Verlag Herder) 2019.

Stanzel, Norbert: Die Geißel Gottes / Bischof Kurt Krenn und die Kirchenkrise; Wien (Molden Verlag) 1999.

Steffens, Melanie Caroline / Niedlich, Claudia: Homosexualität zwischen Akzeptanz und Diskriminierung / Eine sozialwissenschaftliche Perspektive; in: Goertz, Stephan (Hg.): »Wer bin ich, ihn zu verurteilen?« / Homosexualität und katholische Kirche; Freiburg im Breisgau / Basel / Wien (Verlag Herder) 2015, S. 131–158.

Straub, Jacqueline: Endlich Priesterin sein!; Freiburg/Schweiz (Paulusverlag) 2017.

Striet, Magnus: Schöpfungsglaube und Homosexualitätskonzepte; in: Goertz, Stephan (Hg.): »Wer bin ich, ihn zu verurteilen?« / Homosexualität und katholische Kirche; Freiburg im Breisgau / Basel / Wien (Verlag Herder) 2015, 161–174.

Theobald, Michael: Paulus und die Gleichgeschlechtlichkeit / Plädoyer für einen vernünftigen Umgang mit der Schrift; in: Goertz, Stephan (Hg.): »Wer bin ich, ihn zu verurteilen?« / Homosexualität und katholische Kirche; Freiburg im Breisgau / Basel / Wien (Verlag Herder) 2015, S. 53–88.

Tillmans, Reiner: Gewaltenunterscheidung / II. Kath.; in: Campenhausen, Axel Freiherr von / Riedel-Spangenberger, Ilona / Sebott, Reinhold: Lexikon für Kirchen- und Staatskirchenrecht, Band 2 (G–M); Paderborn / München / Wien / Zürich (Verlag Ferdinand Schöningh) 2002, S. 133–134.

Wagner, Doris: Nicht mehr ich / Die wahre Geschichte einer jungen Ordensfrau; vollständige Taschenbuchausgabe, München (Verlagsgruppe Droemer Knaur) 2016.

Wagner, Doris: Spiritueller Missbrauch in der katholischen Kirche; Freiburg im Breisgau / Basel / Wien (Verlag Herder) 2019.

Wagner, Doris / Schönborn, Christoph: Schuld und Verantwortung / Ein Gespräch über Macht und Missbrauch in der Kirche; Freiburg im Breisgau / Basel / Wien (Verlag Herder) 2019.

Wolf, Hubert: Zölibat / 16 Thesen; München (Verlag C. H. Beck) 2019.

Wollbold, Andreas: Als Priester leben / Ein Leitfaden; Regensburg (Verlag Friedrich Pustet) 2010.

Zollner, Hans: Kirchenleitung und Kinderschutz / Theologie im Kontext des Kinderschutzgipfels 2019; in: Remenyi, Matthias / Schärtl, Thomas (Hg.): Nicht ausweichen / Theologie angesichts der Missbrauchskrise; Regensburg (Verlag Friedrich Pustet) 2019, S. 189–200.